全能型乡镇供电所
建设知识读本

刘铜锁　主编

中国电力出版社
CHINA ELECTRIC POWER PRESS

内 容 提 要

本书紧紧围绕国家电网公司深化"两个转变",加快"一强三优"现代公司建设的战略部署,以"全能型"乡镇供电所建设为主线,总结乡镇供电所各类知识点,以网络化、系统化、体系化为总体思路,形成供电所工作人员的应知应会体系,以知识问答形式,内容包括"全能型"乡镇供电所建设工作解读,互联网+、APP应用、营销移动作业等新型业务知识,基础业务应用等。

本书适用于从事乡镇供电所管理工作以及乡镇供电所"综合柜员"及"台区经理"等人员阅读。

图书在版编目(CIP)数据

全能型乡镇供电所建设知识读本/刘铜锁主编. —北京:中国电力出版社,2018.6
ISBN 978-7-5198-1847-0

Ⅰ.①全… Ⅱ.①刘… Ⅲ.①农村配电—供电—工业—企业管理—中国 Ⅳ.①F426.61

中国版本图书馆 CIP 数据核字(2018)第 045548 号

出版发行:中国电力出版社
地　　址:北京市东城区北京站西街 19 号(邮政编码 100005)
网　　址:http://www.cepp.sgcc.com.cn
责任编辑:宋红梅　董艳荣(010-63412383)
责任校对:常燕昆
装帧设计:王红柳
责任印制:蔺义舟

印　　刷:北京雁林吉兆印刷有限公司
版　　次:2018 年 6 月第一版
印　　次:2018 年 6 月北京第一次印刷
开　　本:787 毫米×1092 毫米　16 开本
印　　张:17
字　　数:350 千字
印　　数:0001—6000 册
定　　价:68.00 元

编 委 会

前　言

农电体制改革后，原乡镇电管站撤销建制，同时，成立乡镇供电所，在隶属关系上，乡镇供电所是县供电企业的派出机构，其人、财、物由县供电企业统一管理；在工作性质上，是直接为农业、农民、农村供用电服务的"窗口"，是国家电网公司面向客户的"最后一公里"，也是践行"人民电业为人民"企业宗旨的最前沿阵地。

在国家电网公司内部，乡镇供电所处于公司组织体系中的最基层，是构成整个农电管理体系的基石。农电工作的优劣直接体现为供电所工作的好坏，农电管理是否成功最终要看供电所的管理是否到位。

2017年年初，国家电网公司提出"改善生产条件，推进营配合一，打造业务协同运行、人员一专多能、服务一次到位的'全能型'乡镇供电所"，为乡镇供电所未来一段时间的工作指明了方向。同时，对乡镇供电所软、硬件建设，乡镇供电所管理和运行方式以及员工知识结构提出了更新、更高的要求。

本书立足国家"互联网＋"发展战略和国家电网公司"以客户为中心"的客户服务体系，结合"全能型"乡镇供电所建设相关要求和编者多年从事供电所管理的工作经验和专业积累，参阅了大量相关法律、法规、标准、规程和制度，不断提炼、修改完成。本书以紧扣工作实际为编制原则，涵盖了"互联网＋"新知识、网站、APP应用等新型业务，以及农配网基础知识、供电服务规范、用电检查、业扩报装等传统业务的相关知识点。

由于编者水平有限，疏漏之处在所难免，恳请各位专家和读者提出宝贵意见。我们将根据您提出的意见、建议，以国家和国家电网公司的新规定、新要求为依据，结合工作实践，不断对本书加以修正、补充和完善。同时，也希望本书能对各单位"全能型"乡镇供电所建设以及培养"一专多能"的乡镇供电所员工起到积极作用。

编　者

2018年3月

目　录

全能型乡镇供电所
建设知识读本

第一章

"全能型"乡镇供电所建设解读

一、"全能型"乡镇供电所的基本内涵、基本原则和工作目标

（一）面临的新形势

外部环境："十三五"期间，我国将全面建成小康社会，要求实现城乡供电服务均等化，对加快构建城乡一体的现代农村供电服务体系提出了新要求，需要始终坚持以客户为导向，构建反应敏捷、响应快速、执行有力的新型服务模式，不断提升农村供电服务保障能力和效率，为全面小康社会提供坚强供电服务保障。

内部环境：公司加快推进"互联网＋营销服务""互联网＋配电运检"建设，使得营配调贯通、智能供电服务不断深化应用，信息技术支撑能力不断优化提升，线上服务资源和手段不断丰富完善，为乡镇供电所优化布局和作业组织形式、缩短管理链条、推进业务融合、提高工作效率创造了有利条件。

2016 年 11 月，公司党组专题研究加强乡镇供电所管理工作，并做出工作安排和部署，要求公司系统各单位因地制宜，优化作业组织、拓展服务领域、创新服务方式，持续提升农村供电服务保障能力和服务效率。

舒印彪董事长在公司 2017 年职代会上提出："改善生产条件，推进营配合一，打造业务协同运行、人员一专多能、服务一次到位的'全能型'乡镇供电所"，为公司系统加强乡镇供电所管理工作指明了方向。

韩君副总经理在 2017 年营销（农电）工作会上明确提出：加强乡镇供电所建设。乡镇供电所是营销业务执行的最小单元，又是直面市场、服务客户的最前端，必须高度重视、加强建设。要明确各级管理责任，理顺管理关系，实施差异化管控，推进末端融合、营配合一，打造业务协同运行、人员一专多能、服务一次到位的"全能型"乡镇供电所。具备条件的乡镇供电所，要逐步推进开展电能替代推广、电动汽车充电设施运维、光伏发电代维等新型业务。

（二）基本内涵

以营配调贯通和现代信息技术应用为依托，推进营配业务末端融合，建立网格化供电服务模式，优化班组设置，培养复合型员工，支撑新型业务推广，构建快速响应的服务前端，建设业务协同运行、人员一专多能、服务一次到位的"全能型"乡镇供电所。

（三）基本原则

1. 坚持效率优先

以客户为中心，优化乡镇供电所作业组织形式，应用"互联网＋"技术，推进乡镇供电所营配业务末端融合，建立更加高效的农村供电管理和服务模式。

2. 坚持因地制宜

综合考虑地区地理环境、农网规模、队伍状况以及业务需求等因素，差异化地设置乡镇供电所，满足新型业务发展需要。

3. 坚持规范运作

建立健全适应"全能型"乡镇供电所业务的制度、标准和流程，强化关键业务环节的监督和制约，防范安全、廉政和服务风险。

二、加快推进"全能型"乡镇供电所建设工作

舒印彪董事长在公司 2017 年二季度会上指出：加快"全能型"乡镇供电所建设。乡镇供电所是公司营配业务融合的重点。建设"全能型"乡镇供电所，要定位于提高服务质量和效率，以信息化为支撑，加快构建网格化供电服务模式，培育一专多能复合型职工队伍，集成农村低压配电运维、设备管理、营销服务等业务，实现"一口对外"和"一站式"服务。

（一）如何开展工作

1. 文件要吃透，要用好政策好事干好

2017 年以来，围绕"全能型"乡镇供电所建设工作，国家电网公司分别印发了《国家电网公司关于进一步加强乡镇供电所管理工作的若干意见》（国家电网办〔2017〕78号）、《国家电网公司关于进一步加强乡镇供电所人力资源管理的指导意见》（国家电网人资〔2017〕190 号）、《国网营销部关于印发 2017 年"全能型"乡镇供电所建设的工作意见》（营销农电〔2017〕16 号）3 个文件，由此可见，国家电网公司总部各专业都很重视这项工作。

如何理解和吃透有关文件精神显得尤为重要。国家电网办〔2017〕78 号是总纲和原则，是今后一段时间加强乡镇供电所管理工作的方向指引，也是我们将来的努力方向。文件中有关政策和原则突破了原有的框架和格局，给乡镇供电所管理、农电用工队伍建设、供电服务公司管理等方面都带来了很多利好政策。

国家电网人资〔2017〕190 号和营销农电〔2017〕16 号是对国家电网办〔2017〕78号的补充和细化，分别从乡镇供电所及其班组、岗位设置和人员配置等方面和营配业务执行方面进行了说明，充分体现了因地制宜，更具有操作性。

2. 思路要明确，要知道怎样去干

"全能型"乡镇供电所的建设要以"规定动作尽量少、自选动作尽量多"为工作原则，明确必要的规定动作，尽量减少不必要的统一规定对基层单位的制约，鼓励基层单位要以"全科医生"为工作目标，在基本框架内根据自身实际情况量身定制建设推进方案。要借助"三集五大"体系提升优化的契机，改进工作方法，更多地调动基层单位的工作积极性。鼓励有条件的基层单位在原则范围内因地制宜，放开去做、放手去干，丰富试点样本的多样性，提升试点工作的有效性。

3. 套路要清楚，要学会如何去干

加快推进"全能型"乡镇供电所建设工作，由农电处抓总、业务工作由各专业处室协同推进，各处根据职责分工，强化部内专业管理，研究、讨论创建过程中存在的问题和困难，提出解决问题的措施、方案，制定工作考核关键指标，按照时间节点要求统筹推进各项工作。

（二）重点工作任务

重点抓好七个方面的工作：

1. 优化组织设置，明确职责定位

一是坚持因地制宜，优化组织设置。按照国家电网人资〔2017〕190 号有关要求，

因地制宜，优化调整乡镇供电所（布局）及其班组、岗位设置和人员配置等。乡镇供电所所长一般按股级配置，对于规模较大，重要性比较高的供电所，需按照副科级配置的报国家电网公司总部审批。根据党内有关规定设立党组织，配置专（兼）职党支部书记，参照供电所所长级别管理。

二是明确职责定位，厘清工作界面。乡镇供电所建立营配业务融合实施的综合性班组，一般设置内勤班和外勤班两类班组，为实现"一口对外"服务和"一站式"服务提供组织保障。乡镇供电所员工较多的，在满足班组设置有关规定的前提下，可设多个平行班组。

内勤班主要负责乡镇供电所综合管理、所务管理、营业厅事务、系统监控和分析等所内工作。

外勤班主要负责配电设施运维检（抢）修、营销业务、台区线损管理、用电信息采集、设备运维和属地协调等低压营配业务的现场工作。

三是关于 10kV 配电运维检修业务。国家电网人资〔2017〕190 号规定在具备条件的供电所，可综合考虑设备数量、售电量、服务半径等因素，在县公司运检部［检修（建设）工区］或供电所内设置专业班组管理供电所 10kV 业务。

原则上，县公司运检部（工区）有能力的，由主业来做；不具备能力的，由供电服务公司承揽或外委给社会上的企业来做，并给足委托费用。

对于农电用工超员单位，一是可在每个乡镇供电所成立 10kV 高压运维班，二是可在几个相邻的乡镇供电所供电辖区内成立 10kV 运维检修站。由县公司运检部组织委托和专业指导，供电服务公司负责承揽和具体实施，负责辖区内 10kV 供电设施的运维、检修业务。

对于农电用工缺员单位，一是缺员情况不严重的，可由供电服务公司招聘一些本企业的合同用工，补齐定员，承揽 10kV 运维检修业务。二是缺员情况严重的，能力不足以支撑 10kV 运维业务的，可考虑供电所优化设置或业务外包给社会上的企业。

2. 推进营配融合，构建网格服务模式

一是推进营配融合，提高服务效率。外勤班人员实行集农村低压配电运维、设备管理、台区营销管理和客户服务于一体的"台区经理制"。

划分"责任田"，将台区线损率、采集成功率、设备消缺率、电费回收率、客户满意率等关键指标明确到台区经理，变被动服务为主动服务，变单一服务为综合服务，将管理末端转变为服务前端。

二是构建网格服务模式，提升保障能力。由若干个工作地点相邻的台区经理组成供电服务小组，以小组为单元划分农村供电服务网格，由外勤班统筹安排工作任务，实施供电服务网格化管理。

成立"互助组"，供电服务网格内的台区经理就近相互支持和协作，协同开展工作，实现工作有支撑、有监护，质量有监督。

3. 推进服务转型提升，强化综合服务能力建设

一是推动乡镇供电所营业厅由传统业务型向体验型转变。拓宽乡镇供电所营业厅受理和直接办理业务范围，推行营业厅综合柜员制，建立健全以客户需求为导向的内部协调沟通机制，融合业务咨询、受理、缴费等职能，建设"全能型"服务窗口。优化营业厅功能设置、升级硬件设备设施、完善业务渠道，着力打造智能化、体验型营业厅。

二是积极推广"互联网＋"线上服务。强化营业厅系统支撑和智能化改造，推进线下业务向线上转化，因地制宜，积极推广电费代收点、自助交费终端、"掌上电力"手机APP、"电e宝"等多种业务办理渠道。加强营业厅综合服务能力建设，拓展营业厅服务功能，推动营业厅向业务自助办理、家用电器现场体验、用电节能知识宣传推广等综合服务模式转型。

4. 积极开拓和探索，支撑新型业务

一是积极开拓农村电能替代市场。围绕农业供给侧改革和农村消费升级，制定电能替代工作目标和措施，推进"油改电""煤改电"、农产品电烘干、养殖电温控及农村生活电气化，宣传推广电能替代技术，因地制宜开展示范项目建设，深入开展"电网连万家、共享电气化"主题活动。

二是支撑电商业务发展。建立常态化电子渠道推广机制，加快推广"电e宝"企业电费代收、居民电费代扣、扫码支付、电子账单、电子发票等功能应用。

三是探索开展电动汽车充换电业务。发挥乡镇供电所就近、就地服务优势，探索从事电动汽车充换电设施建设与服务。

四是探索承接光伏等分布式电源运维（代维）业务。适应农村地区光伏等分布式电源快速发展新趋势，探索承接运维及代维服务，开辟新服务领域。

5. 切实加强计量专业管理

一是规范计量器具资产管理。按照《计量资产全寿命周期管理办法》等工作制度开展计量器具资产管理，有工作流程、岗位职责、作业指导书，定期开展资产盘点，保证库房计量资产账、卡、物一致。加强SG186营销业务应用系统信息核查清理，保证现场运行计量装置信息正确。

二是强化用电信息采集系统监控和分析。按照《用电信息采集系统运行维护管理办法》，负责辖区内采集任务配置与执行、计量装置在线监测与智能诊断以及低压费控执行情况监控、采集系统运行指标分析、采集系统故障与处理情况、各项业务应用情况分析等。

三是强化低压台区线损监测。对低压台区线损制定考核标准，低于理论线损值要制定治理方案，具有治理工作流程和考核制度，对台区线损异常，有窃电嫌疑的客户应建立档案，加强监测和分析，保证有专人定期（每周、每月）开展相关分析工作，提交结果给用电检查人员。

四是增强外勤人员计量专业工作能力。外勤人员应同时具备装表接电及故障抢修、采集设备调试、计量和用电信息采集设备运维、核（补）抄、费控停电客户复电等多项相关工作能力，全面开展营销计量现场工作，建立计量装置现场巡视业务融合机制，保证计量装置安全稳定运行。

6. 强化技能培训，培养"全能型"员工队伍

融合实施好营配业务，关键在于培养一支"全科医生"式复合型员工队伍。编制

新形势下乡镇供电所岗位培训教材。采取集中培训与岗位培训、技能比武、实操训练相结合等方式，开展营配知识技能交叉培训和内部调考，补齐专业知识和技能操作的短板。

7. 加强机制建设，强化工作协同

一是完善制度规范，优化业务流程。建立健全适应"全能型"乡镇供电所的制度、标准和流程，编制营配业务融合岗位规章制度"一本通"，并依托信息系统实施电子化应用，实现与乡镇供电所岗位工作的深度融合。合理分配内、外勤班组在业扩报装、计量管理、用电检查等关键业务方面的职责，优化调整班组间业务交互工作流程。

二是强化工作协同，规范业务运行。健全"专业＋综合"的乡镇供电所管理机制，实行营销、运检、安监等各专业管理制度、标准、流程在乡镇供电所的全面延伸。供电服务网格之间、外勤班组之间，以及内勤与外勤班组之间，既有分工、又有协作，既互为支撑、又相互监督。

三是健全工作机制，强化监督管控。抄表、收费、计量、业扩、抢修等业务的非现场环节向上集约，现场环节由供电所组织融合实施。在市、县公司统一的调度、指挥、监控下，现场服务执行"首问负责制""首到责任制"，按照就近响应、协同跟进、现场对接、共同处置的方式组织实施，形成以台区经理为责任主体的现场服务快速响应模式。

四是强化支撑保障，助力全能型建设。整合生产、营销等系统资源，形成营配信息贯通、业务相融，实现配网信息全覆盖、服务状态全监控，发挥后台的指挥调度和信息支撑作用。全面推广乡镇供电所综合业务监控平台。应用台区经理移动业务终端，为现场服务提供工单处理以及信息上传、更新的助手，实现智能化管理、可视化监控和信息化调度。编制乡镇供电所建设规划及计划，完善乡镇供电所设施，持续改善生产条件。

（三）关键指标设置

1. 设置"营配业务融合乡镇供电所比率"指标

营配业务融合乡镇供电所比率＝实现营配业务融合的乡镇供电所数量/乡镇供电所总数×100%

2. 设置"实行'台区经理制'的乡镇供电所比率"指标

实行"台区经理制"的乡镇供电所比率＝实行"台区经理制"的乡镇供电所数量/乡镇供电所总数×100%

3. 设置"台区经理覆盖率"指标

台区经理覆盖率＝台区经理覆盖的台区数量/台区总数量×100%

4. 设置"综合柜员制比率"指标

综合柜员制比率＝实行营业厅综合柜员制的乡镇供电所数量/乡镇供电所总数×100%

5. 设置"综合业务监控平台覆盖比率"指标

综合业务监控平台覆盖比率＝综合业务监控平台覆盖的乡镇供电所数量/乡镇供电所总数×100%

6. 设置"营销服务规范率"指标

强化投诉分级管控和考核，每季度公布指标情况，作为评价乡镇供电所服务水平依据。

营销服务规范率＝（1－一类服务不规范投诉数/供电所辖区当期营业户数/100）×0.7＋（1－二类服务不规范投诉数/供电所辖区当期营业户数/100）×0.2＋（1－服务不规范举报数/供电所辖区当期营业户数/100）×0.1

7. 设置"智能电能表库存超期率"指标

智能电能表库存超期率＝乡镇供电所合格在库时间超过 6 个月智能表数量/乡镇供电所合格在库智能表×100%

8. 设置"台区线损合格率"指标

台区线损合格率＝台区线损合格数量/总台区数量×100%

9. 设置"采集运维及时率"指标

采集运维及时率＝现场工单处理派发率×0.4＋现场工单处理率×0.4＋现场工单归档率×0.2

（四）正确处理好几个关系

1. 营配业务融合与专业化管理的关系

近期，基层有一种说法：原来的乡镇供电所就是营配合一，后来实施了专业化管理，如今又在搞营配业务融合，是不是在走回头路？

乡镇供电所营配业务融合不是在走回头路，是在生产力实现高度进步的新形势下生产关系的优化调整，是对专业化管理的深化，是提升供电服务效率、效益的必然选择。

2. 台区经理与包（驻）村电工的区别

包（驻）村电工：亦工亦农，以包代管、包而不管、缺乏监管。

台区经理：职业化团队，是在乡镇供电所、外勤班统一指挥和监控下，实行全日制集中工作制，执行工单制统一派工，既是设备的主人，又是业务的执行人、台区指标的责任人。

3. 乡镇供电所与供电服务公司的关系

乡镇供电所作为县公司的派出机构，负责一个或几个乡镇的营销服务、0.4kV 电网运维检修，以及电网安保、建设协调等属地工作。

供电服务公司是支撑乡镇供电服务工作的重要平台。乡镇供电所的业务以业务委托的方式委托给供电服务公司，供电服务公司人员派驻至供电所，按照供电公司的相关标准开展工作。按照"谁主办、谁管理"的原则，落实省、市、县公司等主办单位对供电服务公司管理的主体责任。

2017 年以来的新政策：主办单位可选派综合和专业管理能力强的职工充实到供电服务公司。供电服务公司补员列入公司年度用工计划。拓宽供电服务公司员工成长通道，特别优秀的供电服务公司员工经履行严格考核、考评等程序后，可聘用到市、县公司主办的供电服务公司相应管理岗位。保障供电服务公司员工的合法权益，建立其工资收入与绩效挂钩、逐步与当地社会平均工资相适应的正常调整机制。坚持"党建带群建"，成立相应的群团组织。根据供电服务公司的业务承揽能力，及时调整其营业范围和作业组织形式，开展电气工程安装业务，锻炼员工队伍，拓展收入渠道，推进供电服务公司实体化运营。

4. 内勤班与外勤班的关系

内勤班作为乡镇供电所的"中枢大脑"，为外勤班提供后台支撑、数据支持、解决方案和供电服务信息等，并监督外勤班工作质量。

外勤班作为乡镇供电所的"多能触角"，收集客户用电需求、供电设施状况等现场信息，并反馈内勤班。

注：本章摘自国家电网公司"全能型"乡镇供电所建设会议材料。

全能型乡镇供电所
建设知识读本

第二章

新型业务开展

第一节 "互联网＋"实施背景

1. 什么是"互联网＋"?

答："互联网＋"是把互联网的创新成果与经济社会各领域深度融合，推动技术进步、效率提升和组织变革，提升实体经济创新力和生产力，形成更广泛的以互联网为基础设施和创新要素的经济社会发展新形态。

2. 如何充分发挥互联网的创新驱动作用?

答：充分发挥互联网的创新驱动作用，以促进创业创新为重点，推动各类要素资源聚集、开放和共享，大力发展众创空间、开放式创新等，引导和推动全社会形成大众创业、万众创新的浓厚氛围，打造经济发展新引擎。

3. 信息安全防护支撑措施是什么?

答：严格落实公司网络信息安全管理要求，优化用电信息采集系统网络安全防护，推广应用主站性能在线监测，实现控制类业务的专区专域部署；优化公司信息内网安全接入平台和信息外网安全交互平台功能和性能，提升移动作业专控终端接入信息内网和移动智能通用终端接入信息外网的安全接入能力，保障"互联网＋"营销服务应用工作安全和用户体验，推进隐私保护条件下的大数据分析应用建设，确保信息通信安全与可靠运行。

4. 什么是大数据?

答：大数据是以容量大、类型多、存取速度快、应用价值高为主要特征的数据集合，正快速发展为对数量巨大、来源分散、格式多样的数据进行采集、存储和关联分析，从中发现新知识、创造新价值、提升新能力的新一代信息技术和服务业态。

5. 大数据有哪些特征?

答：大数据有三个特征，分别是数据量大、实时性要求高、非结构化数据逐渐成为主流。

6. 简述大数据的发展形势和重要意义。

答：（1）大数据成为推动经济转型发展的新动力。

（2）大数据成为重塑国家竞争优势的新机遇。

（3）大数据成为提升政府治理能力的新途径。

坚持创新驱动发展，加快大数据部署，深化大数据应用，已成为稳增长、促改革、调结构、惠民生和推动政府治理能力现代化的内在需要和必然选择。

7. 大数据发展的总体目标是什么?

答：立足我国国情和现实需要，推动大数据发展和应用在未来5～10年逐步实现以下目标：

（1）打造精准治理、多方协作的社会治理新模式。

（2）建立运行平稳、安全高效的经济运行新机制。

（3）构建以人为本、惠及全民的民生服务新体系。

（4）开启大众创业、万众创新的创新驱动新格局。

（5）培育高端智能、新兴繁荣的产业发展新生态。

8. 简述大数据发展的主要任务。

答：（1）加快政府数据开放共享，推动资源整合，提升治理能力。

（2）推动产业创新发展，培育新兴业态，助力经济转型。

（3）强化安全保障，提高管理水平，促进健康发展。

9. 大数据对社会发展的影响有哪些？

答：（1）大数据决策成为一种新的决策方式。

（2）大数据应用促进信息技术与各行业的深度融合。

（3）大数据开发推动新技术和新应用的不断涌现。

10. 云计算是什么？

答：云计算是一种商业计算模型，它将计算任务分布在大量计算机构成的资源池上，使用户能够按需获取计算力、储存空间和信息服务。

11. 云计算的长短定义分别是什么？

答：长定义：云计算是一种商业计算模型，它将计算任务分布在大量计算机构成的资源池上，使用户能够按需获取计算力、储存空间和信息服务。

短定义：云计算是通过网络按需提供可动态伸缩的廉价计算服务。

12. 云计算的特点有哪些？

答：云计算的特点包括：

（1）超大规模。

（2）虚拟化。

（3）高可靠性。

（4）通用性。

（5）高伸缩性。

（6）按需服务。

（7）极其廉价。

13. 为什么云计算有压倒性的优势？

答：主要原因在于它的技术特征和规模效应所带来的压倒性的性能、价格比优势。

14. 云计算中的系统管理技术有哪些？

答：（1）大规模集群安装技术。

（2）故障检测技术。

（3）节点动态加入技术。

（4）节能技术。

15. 云计算按照服务类型可分为几类？

答：云计算按照服务类型可分为三类：

（1）基础设施作为服务。

（2）平台作为服务。

（3）软件作为服务。

16. 云计算技术结构分为几层？分别是哪几层？

答：云计算技术结构分为4层，分别是：

（1）物理资源层。

（2）资源池层。

（3）管理中间层。

（4）构建层。

17. 云数据库的特性有哪些？

答：（1）动态可扩展。

（2）高可用性。

（3）较低的使用代价。

（4）易用性。

（5）高性能。

（6）免维护。

（7）安全。

18. 云计算中的虚拟技术在云计算中是如何发挥关键作用的？

答：云计算中运用虚拟化技术主要体现在对数据中心的虚拟化上。数据中心是云计算技术的核心，近年来数据中心规模不断增大、成本逐渐上升、管理日趋复杂。传统的数据中心网络不能满足虚拟数据中心网络高速、扁平、虚拟化的要求。数据中心虚拟化可以实现资源的动态分配和调度，提高现有资源的利用率和服务的可靠性；可以提供自动化服务开通能力，降低运维成本，具有可靠的安全机制和可靠性机制，满足公众客户和企业客户的安全需求；同时也可以方便系统升级、迁移和改造。

19. 云计算中能源利用效率的计算方式是什么？

答：数据中心的能源利用率值等于数据中心总能耗与IT设备能耗的比值，基准是2，比值越接近1，表示数据中心能源利用率越高。

20. 简述云计算与物联网、三网融合的发展关系。

答：依托公众通信网络，以数据中心为核心，通过多接入端实现泛网接入，面向服务端到端体系构架、基于云计算模式，实现资源共享与产业协作，提高效率，降低成本，提升服务。

21. 什么是物联网？

答：物联网是指通过射频识别、红外感应器、全球定位系统、激光扫描等信息传感设备，按照约定的协议，把任何物品与互联网连接起来，进行信息交换和通信，以实现智能化识别、定位、跟踪、监控和管理的一种网络。

22．物联网的特征有哪些？

答：物联网一方面可以提高经济的运行效率，大大节约成本；另一方面可以为经济的复苏提供技术动力，带动所有的传统产业部门进行结构调整和产业升级，而且将推动国家整个经济结构的调整，推动发展模式从粗放型发展向集约型发展。

23．物联网中的处理节点有哪些？分别是什么？

答：物联网中的处理节点有两类，一类是感知节点；另一类是网关节点。

感知节点是感知层设备，负责采集物理信息并传输到应用层，不仅具有感知和识别能力，而且还具有一定的通信和计算能力。

网关节点是连接感知层和网关层的关键设备，负责实现异种异构网络互联互通。

24．物联网的两层意思是什么？

答：（1）物联网的核心和基础仍然是互联网，是在互联网基础上的延伸和扩展的网络。

（2）其用户端延伸和扩展到了任何物品与物品之间进行信息交换和通信。

25．推进物联网发展的基本原则有哪些？

答：推进物联网发展的基本原则有统筹协调、创新发展、需求牵引、有序推进、安全可控。

26．推进物联网发展的主要内容有哪些？

答：（1）加快技术研发，突破产业瓶颈。

（2）推动应用示范，促进经济发展。

（3）改善社会管理，提升公共服务。

（4）突出区域特色，科学有序发展。

（5）加强总体设计，完善标准体系。

（6）壮大核心产业，提高支撑能力。

（7）创新商业模式，培育新兴业态。

（8）加强防护管理，保障信息安全。

（9）强化资源整合，促进协同共享。

27．推进物联网的应用和发展有何重要意义？

答：（1）有利于促进生产生活和社会管理方式向智能化、精细化、网络化方向转变。

（2）有利于提高国民经济和社会生活信息化水平。

（3）提升社会管理和公共服务水平。

（4）带动相关学科发展和技术创新能力增强。

（5）推动产业结构调整和发展方式转变。

28. 虚拟机隔离是指什么？

答：虚拟机隔离是指虚拟机之间在没有授权许可的情况下，互相之间不可通信、不可联系的一种技术。

29. 网络隔离的关键在于什么？

答：网络隔离的关键在于系统对通信数据的控制，即通过不可路由的协议来完成网间的数据交换。

30. 蓝牙的特点是什么？

答：（1）全球范围适用。

（2）TDMA（时分多址）结构。

（3）使用跳频技术。

（4）组网灵活性强。

（5）成本低。

31. Wifi技术突出的优势是什么？

答：Wifi技术突出的优势在于：

（1）较广的局域网覆盖范围。

（2）传输速度快。

（3）无需布线。

（4）健康安全。

32. 二维码比一维码有何技术优势？

答：二维码信息容量大，能够把图片、声音、文字、指纹等可以数字化的信息进行编码并表示出来，可容纳多达1850个大写字母，或2710个数字，或1108个字节，或500多个汉字，为一维码信息容量的几十倍。

33. 物联网和互联网发展最本质的不同点是什么？

答：两者发展的驱动力不同。互联网发展的驱动力是个人，互联网改变了人与人之间的交流方式，极大地激发了以个人为核心的创造力。物联网概念下的服务平台的驱动力来自政府和企业，物联网的实现首先需要改变的是企业的生产管理模式、物流管理模式、产品追溯机制和整体工作效率。

34. 智慧城市的定义是什么？

答：所谓智慧城市，就是借助新一代物联网、云计算、大数据分析等信息技术，将城市运行的各个核心系统整合到一个大平台上，植入指挥的理念，从而更好地理解和控制城市运营，并优化城市的资源使用。

35. 中国智慧城市建设的三种模式分别是什么？

答：（1）以物联网产业发展为驱动的建设模式。

（2）以信息基础建设为先导的建设模式。

（3）以社会服务与管理应用为突破口的建设模式。

36. 建设智慧城市的基本原则有哪些？

答：（1）以人为本，务实推进。

（2）因地制宜，科学有序。

（3）市场为主，协同创新。

（4）可管可控，确保安全。

37. 智慧城市健康发展要怎样加大信息资源开发共享力度？

答：（1）加快推进信息资源共享与更新。

（2）深化重点领域信息资源开发利用。

38. 智慧城市的健康发展要如何积极运用新技术、新业态？

答：（1）加快重点领域物联网应用。

（2）促进云计算和大数据健康发展。

（3）推动信息技术集成应用。

39. 智慧城市的健康发展要如何着力加强网络信息安全管理和能力建设？

答：（1）严格全流程网络安全管理。

（2）加强要害信息设施和信息资源安全防护。

（3）强化安全责任和安全意识。

40. 简述促进智慧城市健康发展的基本原则。

答：（1）以人为本，务实推进。

（2）因地制宜，科学有序。

（3）市场为主，协同创新。

（4）可管可控，确保安全。

41. 智慧城市健康发展主要目标是什么？

答：到 2020 年，建成一批特色鲜明的智慧城市，聚集和辐射带动作用大幅增强，综合竞争优势明显提高，在保障和改善民生服务、创新社会管理、维护网络安全等方面取得显著成效。使公共服务便捷化、城市管理精细化、生活环境宜居化、基础设施智能化、网络安全长效化。

42. 什么是智慧城市的大数据分析？

答：智慧城市在一个统一的云平台上集成了城市管理和服务相关的各个系统，这些系统在云平台上聚集了海量的数据，针对这些海量数据的分析就是大数据分析。

43. 简单解释智慧园区。

答：综合运用通信、测量、自动控制及能效管理等先进技术，通过搭建智慧园区综合管控服务平台，开展用电信息采集、配电自动化、分布式电源与储能、智能楼宇、智能家居和可视化管理建设，开展能源优化配置、能效诊断分析、能源梯级利用和综合管控服务，引导用户参与需求响应，实现供电优质可靠、能效优化管理、服务智慧互动的现代园区或企业集群。

44. 智慧园区的建设内容主要包括哪八部分？

答：智慧园区的建设内容主要包括通信网络、配电自动化、用电信息采集、分布式电源与储能、智能楼宇、智能家居、可视化展厅和园区综合管控服务平台构成八部分。

45. 智慧园区建设应实现哪些目标？

答：（1）构建连接智慧园区各相关方的互动渠道，提供信息查询、业务办理、负荷监测等多样化服务，满足园区个性化的信息与业务需求。

（2）建设智慧园区综合管控服务平台，采集园区及用户内部用能信息，实现能耗监测与统计、能效分析与诊断、用能策略建议等服务，满足园区高效用能的需求。

（3）通过园区负荷管理策略，引导用户主动调整用电行为，提升园区区域负荷平衡能力，参与需求响应的能力。

（4）通过分布式电源与储能、配电自动化建设，实现园区供电优质安全、可靠，清洁能源高效利用。

（5）通过可视化展厅宣传展示智能电网建设成果，探索清洁能源认购、能源托管等智慧园区运营模式。

46. 智慧园区建设应遵循哪些原则？

答：（1）智慧园区的建设应围绕公司建设坚强智能电网的发展战略目标，选择具备智能配用电技术应用条件的园区，按照统一部署、有序推进的原则，做好规划设计、工程实施及验收评价等工作。

（2）智慧园区的建设应充分考虑政府政策支持，并结合当地实际。

（3）宜采用智能配用电领域成熟可靠、有利推广的技术和产品，注重技术应用的广度和深度，可适度超前。

（4）探索应用新型运营模式，实现政府、园区用户与电网的共赢。

47. 智慧园区通信网络建设要求有哪些？

答：（1）通信网络总体是多级分布式结构，通信系统的建设要结合智慧园区的构成、通信节点的分布、业务数据通信要求，兼顾技术性与经济性、灵活性与可靠性，因地制宜，选择适用的多种通信技术复合组网。

（2）通信网络应保证信息接入的灵活安全、稳定可靠、双向高效，通信网应优先选择电力通信专网（包括电力核心通信网、中压通信接入网、低压通信接入网），公网等其他方式作为补充（应设置安全接入区）。

（3）远程接入网采用光纤通信技术为主，无线技术和电力线通信技术作为补充。

（4）本地接入网采用光纤通信、低压电力线载波通信为主，微功率无线、RS485等作为补充方式。

（5）应遵循已颁布的相关安全防护技术规范和安全防护方案，并根据智慧园区各建设子项的不同特点和要求，进行安全防护设计，制定详细的安全防护方案。

（6）应重点关注客户用电信息、隐私信息、电能表结算信息、控制信息、重要参数设置信息、共享信息、互动信息的安全防护。

48. 智慧园区分布式电源与储能建设要求有哪些？

答：（1）应按照本地优先消纳、余量上网的原则，实现园区分布式电源及储能并网控制及双向计与电网错峰避峰。

（2）宜选择园区重要负荷及合适建筑，合理利用分布式电源与储能，建设微电网，提高重荷用电可靠性。

（3）对于非接入配电网的分布式电源与储能系统，应在其接入点部署采集装置。

（4）对于接入配电网的分布式电源与储能系统，应遵循 Q/GDW 480—2010《分布式电源接入电网技术规定》和 Q/GDW 564—2010《储能系统接入配电网的技术规定》，并纳入园区配电网统一管理。

（5）各级各类分布式电源和储能系统应参与园区配电网络的优化运行与协调控制。

49. 智慧园区配电自动化建设要求有哪些？

答：（1）应将园区配电系统运行信息传送至配电自动化主站。

（2）支持供用电运行状况、电能质量监控，故障自动检测与隔离，故障快速响应。

（3）支持园区配电设备视频监控与联动。

（4）支持电网企业与园区物业公司的故障处理协同，提高电力故障响应能力和处理速度。

（5）智慧园区配电自动化建设应遵循国家已颁布的信息安全规定，通过电力专网接入的需设置国家指定部门认证的电力专用纵向加密装置或加密认证网关，通过公网接入的需经过安全接入区并安装国家指定部门认证的电力专用单项隔离装置。

50. 智慧园区用电信息采集建设要求有哪些？

答：（1）应按需部署用电数据采集点和控制点。

（2）对于用户内部具有相关采集系统，可与智慧园区综合管控服务平台集成。

（3）应实时监测用户用电状况，主要包括电压、电流、有功功率、无功功率、电能示值、需量、时钟、费率和时段、冻结数据、事件记录等信息。

（4）应符合 Q/GDW 1373—2013《电力用户用电信息采集系统功能规范》、Q/GDW 1374—2013《电力用户用电信息采集系统技术规范》和 Q/GDW 1375—2013《电力用户用电信息采集系统型式规范》电力用户用电信息采集系统功能、技术和形式的规定。

（5）宜采用硬件加密方式，在主站、采集终端、智能监控终端、智能电能表等部分加装应用安全设备（密码机和安全芯片）来实现安全防护，且应用安全设备应完全受控，由专门机构管理、制作和发放，并采用经过国家密码管理局批准的加密方式、密码算法和密钥管理技术来增强安全保障。

51. 智慧园区综合管控服务平台建设要求有哪些？

答：（1）集成园区运行数据采集监控、分布式电源管理、配电自动化、用电信息采集、智能楼宇、智能家居服务、园区能效管理和可视化等功能应用。

（2）服务园区管委会、运营实体和用户等对象，园区管理机构用户等通过各类终端与主站双向互动。

（3）形成用能策略提供给园区管理机构和用户。

（4）主站和信息外网发布区之间应设置国家指定部门认证的电力专用正向物理隔离装置。

52. 智慧园区业务功能包括哪些？

答：智慧园区业务功能包括核心功能和扩展功能两大类。其中核心功能是指智慧园区中与电能输送、使用和服务相关的功能，主要包括配电管理、用电信息采集服务、用电互动服务、需求响应、能效分析、展示功能；扩展功能是指充分利用智慧园区的信息和通信资源，实现核心功能以外的延伸性功能，主要包括园区分布式电源与储能系统管理，园区电能质量管理，智能楼宇、智能家居服务、可视化管理等。

53. 智慧园区建设导则中提到的能耗分析包括哪些？

答：（1）提供用户能耗与行业平均能耗、最优能耗之间的对比。

（2）提供各层级用户能耗报表，包括用能特征分析、能耗结构分析、用能成本分析等。

54. 智慧园区通信网络建设在通信网络方面有哪些要求？

答：通信网络总体是多级分布式结构，通信系统的建设要结合智慧园区的构成、通信节点的分布、业务数据通信要求，兼顾技术性与经济性、灵活性与可靠性，因地制宜，选择适用的多种通信技术复合组网。

55. 智能家居信息安全方面应关注客户哪些信息防护？

答：智能家居信息安全方面应关注客户用电信息、隐私信息、电能表结算信息、控制信息、重要参数设置信息、共享信息、互动信息的安全防护。

56. 智慧园区综合管理服务平台远程接入网由哪四部分传输媒介组成？

答：（1）光纤通信（电力光纤专网）。

（2）无线专网（无线宽带等）。

（3）无线公网（4G、3G、GPS、CDMA）。

（4）其他（电力载波、电话网、有线电视网）。

57. 智慧园区综合管理服务平台本地接入网由哪四部分传输媒介组成？

答：（1）电力载波通信（窄带载波、宽带载波、工频通信）。

（2）光纤通信（光纤专网）。

（3）无线通信（Wifi、Zigbee、微波）。

（4）其他（RS485、同轴电缆）。

58. Q/GDW/Z 620—2011《智能小区功能规范》中对智能小区的定义是什么？

答：智能小区是指采用先进的通信技术，构造覆盖小区的通信网络，通过用电信息采集、双向互动服务、小区配电自动化、电动汽车有序充电、分布式电源运行控制、智能家居等技术，实现对用户供用电设备、分布式电源、公共用电设施的监测、分析和控制，使小区供电智能可靠、服务智能互动、能效智能管理，提高能源的终端利用效率，为用户提供优质、便捷的双向互动服务。

59. Q/GDW/Z 620—2011《智能小区功能规范》中对双向互动服务的定义是什么？

答：双向互动服务是指通过计算机、自助终端、智能交互终端、智能监控终端、智能电能表、电话、手机等互动渠道，为电力用户提供信息查询、电费缴纳、业务受理、用能策略、服务定制等多样化双向互动服务，实现电网与电力用户之间电力流、信息流和业务流的双向交互。

60. Q/GDW/Z 620—2011《智能小区功能规范》中对智能需求侧管理的定义是什么？

答：智能需求侧管理是指通过采取技术、经济、行政等措施，引导电力用户改变用电方式，提高终端用电效率，优化资源配置，改善和保护环境，实现电力服务成本最小化所进行的用电管理活动，如节电技术改造、智能有序用电、负荷管理、自动需求响应技术、余能回收、远程能效监测与能效诊断、能效电厂等。

61. 智能小区接入服务应提供什么服务？

答：智能小区接入服务应提供分布式电源、储能装置、电动汽车等新能源、新设备的便捷接入服务。

62. 智能小区用户响应自主方式是指什么？

答：智能小区用户响应自主方式是指用户通过智能交互设备、自助用电服务终端、计算机等设备获取电网运行状态、有序用电策略等相关信息，自主选择参与需求侧响应。

63. 智能小区用户响应委托方式是指什么？

答：智能小区用户响应委托方式是指用户以协议的形式，委托供电企业对其用电及发电设备进行控制。

64. Q/GDW/Z 620—2011《智能小区功能规范》中对智能家居系统的定义是什么？

答：智能家居系统是指利用计算机控制、网络通信和传感等技术，将家庭用电设备和服务端有机地结合到一起，既可以在家庭内部实现信息采集、共享、通信和控制，又可以与家庭外部网络进行信息交换，实现智能用电、双向互动、需求响应和对家居设备的远程控制与管理等应用的系统。

65. Q/GDW/Z 620—2011《智能小区功能规范》中对智能小区双向互动的总体要求是什么？

答：智能小区应依托用电信息采集、配电自动化、电动汽车充电管理、分布式电源管理、智能用能服务等系统以及第三方的各类系统，实现对供用电设备、家用设备、信息设备等设备的分散信息收集、储存和处理，并进行多方共享和双向互动，使智能用能等各项功能可以通过本地、远程和协作的方式实现。

66. Q/GDW/Z 620—2011《智能小区功能规范》中双向互动服务信息查询为客户提供哪些功能？

答：提供停电计划、实时电价、用电政策、用户用电量、电费余额或剩余电量、分布式电源和电动汽车充电桩运行状态等信息的查询功能。

67. 智能小区拓展功能多业务承载是指什么？

答：智能小区拓展功能多业务承载是指利用智能小区高速、可靠的统一通信网络，实现电信网、广播电视网、互联网的三网信源接入小区通信网络，开展高清数字影院、宽带接入、语音等业务，实现小区宽、窄带业务的综合接入服务。

68. 智能小区拓展功能中的三表抄收是指什么？

答：智能小区拓展功能中的三表抄收是指实现对电能表之外的水表、燃气表、热力表等居民家用收费表计的周期性自动抄读或手动抄读。

69. 智能社区通过先进可视化应用技术可以实现哪些信息的发布？

答：智能社区通过先进可视化应用技术可以实现电力信息、天气预报、空气质量、电子账单、便民信息等生活化信息的发布。

70. 智能小区的增值服务是指什么？

答：智能小区的增值服务是指可根据客户的需求和业务拓展情况，为客户提供用能策略、能效诊断、"三网融合"业务（电力光纤通道租赁业务、互联网业务、语音业务、IPTV 业务、户外视频广告业务等）等增值服务。

71. 远程接入网的通信方式主要包括什么？

答：远程接入网用于智能小区通信网络的上联（如共享数据平台、配电自动化系统主站、用电信息采集系统主站等），通信方式主要包括光纤专网、无线专网或运营商虚拟专网等。

72. 本地接入网的通信方式主要包括什么？

答：本地接入网用于连接配电台区与家庭、分布式电源、智能电能表等，通信方式主要包括光纤通信、无线通信和电力线载波通信。

73. 家庭局域网的通信方式主要包括什么？

答：家庭局域网用于连接家庭内部智能交互设备、智能插座等设备，通信方式主要包括电力线载波通信、有线通信以及无线通信等。

74. 每个智能插座应有一个至数个清晰、耐久的标识，其内容包括哪些？

答：（1）制造厂商名称或商标。

（2）型号或标志号，或其他标记，据此可从制造厂商得到产品有关资料。

（3）额定工作电压。

（4）额定输出电流。

（5）额定频率。

（6）出厂编号和出厂日期。

对于固定式智能插座，要求标识中提供明确、清晰、永久不脱落的接线图。

75. 智能插座的通信模块应具备哪些网络安全防护措施？

答：（1）接入控制：具有身份鉴别和访问控制机制，防止非法设备方与智能插座通信模块进行通信。

（2）应用访问控制：通过应用层过滤，对不同类型通信节点的数据传输内容进行限制，防止越权操作，防止智能插座的程序固件被非法篡改。

（3）协议过滤：根据约定的通信协议内容、通信频率、通信报文长度等对数据报文进行过滤，屏蔽掉不符合协议规则的数据报文，保证智能家居系统通信网络畅通，同时防止智能家居系统与智能插座之间的通信数据泄露或篡改。

（4）数据保护：控制指令、用户用电信息、用户隐私等敏感信息应加密传输。

76. 智能插座应支持本地单相交流供电方式，输入交流电压及其波动范围要求为多少？

答：（1）电压：85～265V AC。

（2）频率：50/60Hz，允许偏差为－5%～＋5%。

（3）额定切换电流：10A 或 16A。

77. 按照智能插座的安装及使用方式分类，可将智能插座分为哪两种？分别有什么作用？

答：按照智能插座的安装及使用方式分类，可将智能插座分为固定式和移动式两种：

（1）固定式智能插座：用于与固定布线连接的智能插座。

（2）移动式智能插座：同时具有插销和插套，在与电源连接时易于从一地移到另一地的智能插座。

78. 智能插座在哪些环境中应能正常工作？

答：（1）工作温度：－25～＋55℃。

（2）湿度：10%～95%无凝结。

（3）大气压力：63～108kPa（海拔 4000m 及以下）。

79. 智能插座的设计和结构应保证在正常条件下工作时不致引起任何危险，尤其应确保什么？

答：（1）抗电击的人身安全。

（2）防过高温的人身安全。

（3）防止火焰蔓延。

（4）防止固体异物进入。

80. 包装后的智能插座能储存的环境湿度和温度分别是多少？

答：包装后的智能插座应能够储存在环境温度为－25～＋55℃，相对湿度不超过93%的室内或仓库环境内，在短时间内（不超过 24h），允许环境温度达到＋60℃。

81. 智能插座的检验分为哪两类？

答：智能插座的检验分为型式试验和出厂检验两大类。

82. 智能插座应满足的环保要求是什么？

答：智能插座必须满足《电子信息产品污染控制管理办法》（信息产业部令第 39 号），对其有毒物质的限制和管理要求。

83. 智能插座对机械碰撞的防护等级要求是什么？

答：智能插座的机械碰撞防护等级应满足 GB/T 20138—2006《电器设备外壳对外界机械碰撞的保护等级（IK 代码）》规定的 IK07 级要求。

84. 智能插座的抗扰度性能按照设备的运行条件和功能要求可分为哪四级？

答：（1）A 级：在 Q/GDW 10646—2016《智能插座技术规范》给出的试验值内，性能正常。

（2）B 级：在 Q/GDW 10646—2016《智能插座技术规范》给出的试验值内，功能或性能暂时降低或丧失，但能自行恢复。

（3）C 级：在 Q/GDW 10646—2016《智能插座技术规范》给出的试验值内，功能或性能暂时降低或丧失，但需操作者干预或系统复位。

（4）D 级：在 Q/GDW 10646—2016《智能插座技术规范》给出的试验值内，因设备（元件）或软件损坏，或数据丢失而造成不能自行恢复至正常状态的功能降低或丧失。

85. 智能家居的安全防护应包括哪些内容？

答：智能家居的安全防护应实现家庭安全防护，如烟雾探测、燃气泄漏探测、防盗、紧急求助、红外探测等。

86. 智能家居通过信息采集能够实现哪些信息的采集与传递？

答：智能家居通过信息采集能够实现对家庭能源消耗、环境、设备运行状况等信息的采集与传递。

87. 我国物联网智能家居产业有哪些特点？

答：（1）需求旺盛。

（2）产业链长。

（3）渗透性广。

（4）带动性强。

88. 智能家居建设要求有哪些？

答：（1）应构建符合智能家居设备通信协议规定的家庭通信网络，实现家庭智能设备的组网与互联。

（2）应实现对家庭用电设备用电信息采集与管理，包括户内用电设备分时段电能示值、电压、电流、功率等数据。

（3）应实现家庭能效管理，能够为用户提供能效分析和用电建议。

（4）应实现与物业管理中心主站联网，居民用户可通过家庭智能终端的交互界面获取物业管理中心提供的各种增值服务。

（5）应实现家庭安全防护，如烟雾探测、燃气泄漏探测、防盗、紧急求助、红外探测等。

（6）应关注客户用电信息、隐私信息、电能表结算信息、控制信息、重要参数设置信息、共享信息、互动信息的安全防护。

第二节　国家电网公司"互联网＋"工作实施

89. 怎样建立服务资源统一调度和快速响应机制？

答：整合各类线上电子化服务渠道，构建"小前端、大后台"服务组织模式，打通各渠道壁垒，统一规划，统一运维管理，加强前端与后端衔接，实现集"服务接入、主动预约、研判分流、协调指挥、跟踪督办、审核反馈、数据校核、信息发布、流程管控、客户回访"为一体的快速响应和服务质量管控机制；开展供电服务指挥平台试点建设，依托营销系统，通过数据中心、企业服务总线等共享机制，建立与生产管理系统、配网自动化系统、用电信息采集系统的信息共享，整合业务工单运转、快速抢修复电、服务全景视图、综合展示、营配调协同应用等业务功能，实现配网运行协调、故障研判、抢修指挥、95598和线上渠道工单接派的一体化交互应用和全过程监控管理。

90. 加快推进"互联网＋"营销服务应用工作实施方案工作思路是什么？

答：坚持以市场和客户为导向，适应电力改革要求，加强"互联网＋"营销服务应用工作统筹规划，结合公司信息通信新技术创新发展行动计划，利用"互联网＋"思维和技术改造传统营销服务手段和方式，健全服务渠道、再造服务流程、创新业务体系、拓展新业务应用，更加注重贴近现场和成果应用，解决实际问题，强化"三全"（全业务、全过程、全员）质量管控，提升现场服务质量，提高市场响应速度，进一步推进营销管理信息化、自动化，现场作业线上化、标准化，客户服务互动化、跨界化，为公司发展作出积极贡献。

91. 依据《加快推进"互联网＋"营销服务应用工作实施方案》，全面构建"互联网＋"营销服务渠道，统一建设开放、互动的线上智能服务平台，实现目标是什么？

答：实现"掌上电力"手机APP、95598网站、车联网、"电e宝"全覆盖和融合应用。

92. 如何推进公司线上渠道互联互通？

答：加快线上渠道推广应用，有效利用"电e宝"电费小红包、交费盈、电力积分等营销产品，开展渠道推广引流和精准营销活动；开展"电e宝"实名认证服务，加快推动电费充值、充电支付、电商购物"一卡通"应用；推进公司"掌上电力"手机APP、"电e宝"、95598网站、国网商城和车联网等线上渠道的账户统一，实现客户"一次注册，多渠道应用"；通过H5方式实现"掌上电力"手机APP与"电e宝"之间全功能互联互通，客户通过登录"掌上电力"手机APP与"电e宝"其中一个客户端即可实现全功能应用。

93. 依据《加快推进"互联网＋"营销服务应用工作实施方案》，全面构建"互联网＋"营销服务渠道，建设业扩报装全流程管控平台，实现目标是什么？

答：实现全业务线上办理、全环节互联互动、全过程精益管控。

94. 依据《加快推进"互联网＋"营销服务应用工作实施方案》，全面构建"互联网＋"营销服务渠道，推进电费抄核收智能化，实现目标是什么？

答：实现自动抄表、智能核算、电子账单、在线交费。

95. 依据《加快推进"互联网＋"营销服务应用工作实施方案》，全面构建"互联网＋"营销服务渠道，深化大数据应用，实现目标是什么？

答：实现"量价费"精准预测、台区线损异常智能诊断、电费风险主动防范、电能替代潜力用户精准筛选、优质客户评级以及精准化、差异化服务。

96. 依据《加快推进"互联网＋"营销服务应用工作实施方案》，2019—2020 年度，传统业务线上流转的工作目标是什么？

答：（1）实现公司营销全业务线上办理。

（2）居民用户电费电子化交费比率达 90%以上，其中"电 e 宝"交费比率达 60%以上。

97. 依据《加快推进"互联网＋"营销服务应用工作实施方案》，2017—2018 年度，传统业务线上流转的工作目标是什么？

答：（1）实体营业厅 80%的业务可通过电子渠道办理，其中低压全业务可通过电子渠道办理。

（2）居民用户电费电子化交费比率达 70%以上，其中"电 e 宝"交费比率达 30%以上；电费发票实现电子化。

（3）抄核收全自动作业覆盖率达 100%。

98. 依据《加快推进"互联网＋"营销服务应用工作实施方案》，简述国网营销部负责"互联网＋"营销服务应用工作的主要内容。

答：国网营销部负责"互联网＋"营销服务应用工作整体规划、需求分析、模式创新、功能设计、项目推广和实施成效考核。

99. 简述《加快推进"互联网＋"营销服务应用工作实施方案》中的工作要求。

答：各有关部门、单位要按照"脚踏实地、精益求精、扎实推进，坚决杜绝形式主义"的要求，以成果应用为抓手，全面推进"互联网＋"营销服务应用工作。

100. 简述"互联网＋"的思维特点。

答："互联网＋"的思维特点是开放、共享、共赢、跨界。

101. 简述《加快推进"互联网＋"营销服务应用工作实施方案》的重点任务包括几个方面？

答：（1）实施业扩报装全流程管控。

（2）推广电费抄核收一体化作业。

（3）加快构建电子化渠道。

（4）深化大数据分析应用。

（5）强化营销资产在线管控应用。

（6）实施现场移动作业应用。

（7）拓展跨界公共服务应用。

102. 依据《加快推进"互联网＋"营销服务应用工作实施方案》，简述实施业扩报装全流程管控的主要工作内容。

答：（1）推行"线上全天候受理，线下一站式服务"业扩报装服务模式。

（2）全面推广业扩全流程信息公开与实时管控平台。

（3）强化"五位一体"建设。

103. 推行"线上全天候受理，线下一站式服务"业扩报装服务模式，设立电子座席，主要负责的内容有哪些？

答：设立电子座席，负责线上受理、业务咨询、跟踪协调。

104. 简述"五位一体"的具体内容。

答："五位一位"指职责、流程、制度、标准、考核。

105. 依据《加快推进"互联网＋"营销服务应用工作实施方案》，简述推广电费抄核收一体化作业的主要工作内容。

答：（1）全面推进抄核收智能化。

（2）全面深化远程费控系统建设应用。

（3）大力推广"掌上电力"手机 APP、"电 e 宝"功能应用。

（4）加快电费电子化账单和电子发票推广。

106. 全面推进抄核收智能化，优化组织模式，适应售电市场开放下电费结算和信息互动需求，构建全自动作业模式，实现目标是什么？

答：实现抄表数据自动推送，电费核算系统自动完成，现场补抄由移动平台在线支撑，停复电操作准确传达、自动下发，与市场化主体量价费的信息交互，全面提升抄核收工作质量和效率。

107. 依据《加快推进"互联网＋"营销服务应用工作实施方案》，大力推广"掌上电力"手机 APP、"电 e 宝"功能应用，通过什么方式吸引电力客户广泛应用"掌上电力"手机 APP、"电 e 宝"等渠道交费购电，有效提高客户黏性？

答：设计"电 e 宝"二维码应用标准，研发电费发票二维码和专用扫码设备，建立线上交费积分管理及兑换奖励机制，通过注册有礼、交费积分、购电兑奖等方式有效提高客户黏性。

108. 依据《加快推进"互联网＋"营销服务应用工作实施方案》，简述加快构建电子化渠道的主要工作内容。

答：（1）优化整合电子渠道。

（2）开展营业厅互动化建设。

（3）加快营销档案电子化应用。

109. 依据《加快推进"互联网＋"营销服务应用工作实施方案》，简述深化大数据分析应用的主要工作内容。

答：（1）强化数据共享和信息支撑。

（2）开展"量价费损"预测分析。

（3）开展客户信用评价和电费风险防范分析。

（4）开展电能替代大数据分析。

（5）开展支撑售电侧放开的大数据分析。

110. 依据《加快推进"互联网＋"营销服务应用工作实施方案》，简述如何强化数据共享和信息支撑？

答：强化数据共享和信息支撑，建设电力客户标签库，构建分析模型，从服务优化、降本增效、市场拓展、数据增值四个方面开展大数据分析，为电网规划、安全生产提供数据支持，深挖数据价值，持续提升运营效益。

111. 依据《加快推进"互联网＋"营销服务应用工作实施方案》，简述强化营销资产在线管控应用的主要工作内容。

答：（1）应用物联网技术提升计量资产全寿命周期管理水平。

（2）全面推广计量装置在线监测与智能诊断应用。

112. 依据《加快推进"互联网＋"营销服务应用工作实施方案》，简述实施现场移动作业应用的主要工作内容。

答：（1）实现现场移动作业应用全覆盖。

（2）进一步推进营配调贯通、末端融合。

113. 依据《加快推进"互联网＋"营销服务应用工作实施方案》，简述拓展跨界公共服务应用的主要工作内容。

答：（1）加快车联网平台建设。

（2）积极推进"多表合一"信息采集建设。

114. 依据《加快推进"互联网＋"营销服务应用工作实施方案》，深化停电信息报送应用，根据营配调贯通情况，停电信息将逐步实现什么目标？

答：逐步实现停电信息生成自动化、报送智能化、通知主动化。

115. 简述《加快推进"互联网＋"营销服务应用工作实施方案》中的支撑措施包括哪些方面？

答：（1）信息安全防护。

（2）专业化运营管理。

（3）信息化基础平台完善升级。

（4）跨专业协同应用。

116. 依据《加快推进"互联网＋"营销服务应用工作实施方案》，简述信息化基础平台完善升级，支撑"互联网＋"营销服务相关业务集成、大数据分析应用建设和渠道整合所需要的支撑措施。

答：开展公司"国网云"和全业务统一数据中心建设，构建统一对外的公共服务云和一级部署的客户基础档案系统，完善云检索和云知识库应用，实施全业务数据整合，实现海量、多源、异构营销基础数据和主数据实时集成共享。

117. 简述《加快推进"互联网＋"营销服务应用工作实施方案》中，实施"互联网＋"营销服务应用工作按照哪几条主线？

答：服务创新、数据整合、运营机制、支撑保障。

118. 简述2019—2020年度体系完善阶段实施"互联网＋"营销服务应用工作的基本内容。

答：总结"互联网＋"营销服务应用工作情况，推行基于客户差异化需求的营销服务策略，开展服务创新能力评价，持续优化完善，全面建成公司"互联网＋"营销服务应用工作体系。

119. 简述公司近年来积极开展"互联网＋"营销服务应用工作的主要内容。

答：近年来，公司积极开展"互联网＋"营销服务应用工作，拓展电子渠道，试点现场移动作业，开展大数据分析应用，强化业扩管控，支撑新型业务发展，培育公司新的效益增长点，取得阶段性成果。

120. 依据《加快推进"互联网＋"营销服务应用工作实施方案》，简述质量管控的"三全"指什么。

答：全业务、全过程、全员。

121. 依据《加快推进"互联网＋"营销服务应用工作实施方案》，为强化质量管控，提升现场服务质量，提高市场响应速度，进一步推进的主要内容有哪些？

答：进一步推进营销管理信息化、自动化，现场作业线上化、标准化，客户服务互动化、跨界化，为公司发展作出积极贡献。

122. 依据《加快推进"互联网＋"营销服务应用工作实施方案》"互联网＋"营销服务建设工作任务表，简述建设全天候网上营业厅的任务内容。

答：完善"掌上电力"手机APP、95598网站、"电e宝"、车联网、"e充电"等电子渠道，实现在线业务受理、电量查询、电费查询、电费充值、交费、电子客服等应用。

123. 依据《加快推进"互联网＋"营销服务应用工作实施方案》"互联网＋"营销服务建设工作任务表，简述完善营业厅综合服务平台的任务内容。

答：实现营业厅业务的系统全覆盖、营业厅服务设备资产全生命周期管理，推动供电营业厅业务管理规范落地，与线上营业厅形成互补。强化营业厅产品展示、服务体验功能。

124. 依据《加快推进"互联网＋"营销服务应用工作实施方案》"互联网＋"营销服务建设工作任务表，简述应用物联网技术提升计量资产全寿命周期管理水平的任务内容。

答：研发 RFID（射频识别）技术应用，实施计量设备在采购到货、设备验收、检定检测、仓储配送、设备安装、设备运行、设备拆除、资产报废 8 个环节的资产全寿命周期的可视化管理。

125. 依据《加快推进"互联网＋"营销服务应用工作实施方案》"互联网＋"营销服务建设工作任务表，简述开展客户信用评价和电费风险防范的任务内容。

答：构建电力用户信用评价模型和电费风险评估模型，实现电费风险防控大客户"一户一策"和低压客户"一类一策"。

126. 依据《加快推进"互联网＋"营销服务应用工作实施方案》"互联网＋"营销服务建设工作任务表，简述建立运营监测数据管理标准与应用功能的任务内容。

答：实现以客户全生命周期为核心的数据资产化管理，并建立与市场和营销服务相关的企业运营数据资产关联库。

127. 依据《加快推进"互联网＋"营销服务应用工作实施方案》"互联网＋"营销服务建设工作任务表，简述实施营配调数据同源管理的任务内容。

答：以"国网云"GIS2.0 为基础大力推进营销 GIS 应用，结合公司统一数据模型（SG-CIM3.0）深化应用、企业级主数据管理体系和 PMS2.0 建设推进，实现营配调数据同源管理。

128. 依据《加快推进"互联网＋"营销服务应用工作实施方案》"互联网＋"营销服务建设工作任务表，简述服务创新能力评价的任务内容。

答：建立服务创新能力评价模型，对各级单位开展创新能力评估，促进公司服务创新能力的持续提升。

129. 《国家电网公司关于 2017 年推进"互联网＋营销服务"工作安排的意见》的重点工作任务有哪几部分？分别是什么？

答：有四部分，分别是：

（1）以客户体验为导向，完善改进服务产品。

（2）以业务融合为重点，推进内部作业智能化。

（3）以跨界合作为手段，推进增值服务。

（4）以创新能力为驱动，构建"互联网＋"运营模式。

130. 《国家电网公司关于 2017 年推进"互联网＋营销服务"工作安排的意见》的工作目标中，如何推进线上线下流程融合？

答：深化移动作业、业扩报装全流程信息公开与实时管控平台的实用化应用，完成高压、低压用户业扩流程的"精、简、并"优化，客户服务、抢修作业等现场作业表单电子化率达到80%，电子账单覆盖率达到70%。

131.《国家电网公司关于 2017 年推进"互联网＋营销服务"工作安排的意见》的工作目标中，公司经营区域内营配调基础数据指标有哪些？

答：公司经营区域内营配调基础数据实现全治理、全应用，客户联络信息准确率达到 50% 以上，用户资源一致率达到 90% 以上，停电信息报送规范率、到户分析率分别达到 90%、80% 以上。

132.《国家电网公司关于 2017 年推进"互联网＋营销服务"工作安排的意见》的工作目标中，如何构建全渠道运营体系？

答：加快在线客服系统建设，构建面向客户的服务资源统一调度和分级运营体系，开展 95598 及电子渠道集中运营、在线监测和数据分析。

133.《国家电网公司关于 2017 年推进"互联网＋营销服务"工作安排的意见》的工作目标中，如何深化营销网络与信息安全管控？

答：部署信息系统和电子渠道安全监测手段，常态开展监测预警、安全分析、性能评价工作，不发生客户信息大规模泄露事件。

134.《国家电网公司关于 2017 年推进"互联网＋营销服务"工作安排的意见》的重点工作任务中，"以客户体验为导向，完善改进服务产品"包括哪些内容？

答：（1）全面实施业务流程优化和在线办理。

（2）推进公司线上渠道互联互通。

（3）开展可视化报修服务应用。

（4）实现服务信息、资源信息公开和规范化精准推送。

（5）建立公共服务 APP 联盟，深化电力积分应用。

135.《国家电网公司关于 2017 年推进"互联网＋营销服务"工作安排的意见》的重点工作任务中，"以业务融合为重点，推进内部作业智能化"包括哪些内容？

答：（1）推动营销移动作业实用化。

（2）加强电子渠道运营管理。

（3）深化业扩全流程信息公开与实时管控平台实用化应用。

（4）深入开展营销稽查应用。

（5）深入开展营销大数据分析应用。

（6）优化市场化售电应用。

136.《国家电网公司关于 2017 年推进"互联网＋营销服务"工作安排的意见》的重点工作任务中，"以跨界合作为手段，推进增值服务"包括哪些内容？

答：（1）开展"多表合一"信息采集建设应用。

（2）拓展社会电力服务企业网上交易。

（3）推进车联网平台建设。

（4）构建、完善新型节能服务体系。

137.《国家电网公司关于 2017 年推进"互联网＋营销服务"工作安排的意见》的重点工作任务中，"以创新能力为驱动，构建'互联网＋'运营模式"包括哪些内容？

答：（1）加强营销服务基础管理。

（2）建设"互联网＋"营销服务专项工作团队。

（3）建立全流程服务资源调度机制。

（4）开展"互联网＋"营销服务创新劳动竞赛。

138. 高压 8 类常用业务包括哪些？

答：高压暂停、暂停恢复、改类-基本电价计费方式变更、改类-调整需量值、高压增容、高压减容、高压减容恢复、高压更名。

139. 低压全业务包括哪些？

答：新装、增容、更名过户、销户、居民峰谷电价变更、表计申校、计量装置故障等。

140.《国家电网公司关于 2017 年推进"互联网＋营销服务"工作安排的意见》的工作安排的意见中，推进公司线上渠道互联互通的方式有哪些？

答：（1）开展"电 e 宝"实名认证服务，加快推动电费充值、充电支付、电商购物"一卡通"应用。

（2）推进公司"掌上电力"手机 APP、"电 e 宝"、95598 网站、国网商城、微信和车联网等线上渠道的账户统一，实现客户"一次注册，多渠道应用"。

（3）通过 H5 方式实现"掌上电力"与"电 e 宝"之间全功能互相融合，具备客户通过登录"掌上电力"与"电 e 宝"其中一个客户端即可实现全功能应用。

141.《国家电网公司关于 2017 年推进"互联网＋营销服务"工作安排的意见》的重点工作任务中，开展可视化报修服务应用，各单位结合各公司供电服务指挥平台建设试点如何实施？

答：推广"掌上电力"手机 APP 电力报修服务，做好抢修人员实名注册、权限分配、信息导入和 APP 使用培训工作，开展报修工单智能化自动派工，加强可视化报修数据分析，基本实现"五个一"抢修服务。

142.《国家电网公司关于 2017 年推进"互联网＋营销服务"工作安排的意见》的重点工作任务中，如何实现服务信息、资源信息公开和规范化精准推送？

答：开展电子渠道"统一消息"管理，通过 APP、微信、网站和短信等电子化服务渠道，实现业务办理信息、量价费信息、交费信息、电网计划停电等信息的点对点精准推送，降低信息公开服务成本，减少 95598 服务热线的咨询话务量。

143.《国家电网公司关于 2017 年推进"互联网＋营销服务"工作安排的意见》的重点工作任务中，建立公共服务 APP 联盟，捆绑推出"公共服务装机必备官方 APP"，其联盟公共服务行业包括哪些？

答：与各航空公司（国航、东航、南航、海航等）、电信运营商（移动、联通、电信等）、金融机构（工行、中行、建行、农行等）等公共服务行业成立公共服务事业 APP 联盟。

144.《国家电网公司关于 2017 年推进"互联网＋营销服务"工作安排的意见》的重点工作任务中，建设基于移动作业平台的营销微应用群，需要完善哪些方面功能？

答：客户服务、电费催收、业扩报装、用电检查、计量装拆等现场作业功能，基本取消纸质工单流转，提高现场综合服务能力和效率。

145.《国家电网公司关于 2017 年推进"互联网＋营销服务"工作安排的意见》的重点工作任务中，建设全渠道统一服务平台，需整合哪些资源？

答：整合"掌上电力"手机 APP、"电 e 宝"、95598 网站及在线客服。

146.《国家电网公司关于 2017 年推进"互联网＋营销服务"工作安排的意见》的重点工作任务中，深化业扩全流程信息公开与实时管控平台实用化应用的目标是什么？

答：实现业扩报装"全流程线上流转、全业务数据量化、全环节时限监控、全过程智能互动"。

147.《国家电网公司关于 2017 年推进"互联网＋营销服务"工作安排的意见》的重点工作任务中，重点针对哪些主题开展稽查监控分析？

答：重点针对电价执行、业扩报装、电费账务、计量数据、同期线损等主题开展稽查监控分析。

148.《国家电网公司关于 2017 年推进"互联网＋营销服务"工作安排的意见》的重点工作任务中，如何完成电费风险防控分析主题推广应用？

答：基于客户标签库和营销业务系统客户交费信息，健全高压客户"一户一策"、低压用户"一类一策"策略库、风险预测模型，推进高、低压客户欠费差异化催收应用。

149.《国家电网公司关于 2017 年推进"互联网＋营销服务"工作安排的意见》的重点工作任务中，优化市场化售电应用的原则是什么？

答：以"安全、灵活、易用、平稳"为原则。

150.《国家电网公司关于 2017 年推进"互联网＋营销服务"工作安排的意见》的重点工作任务中，如何开展"多表合一"信息采集建设应用？

答：积极拓展代抄代收业务规模，构建支撑电、水、气、热用能费用代收业务的服务平台，加快实现档案管理和联合抄表功能系统应用，为客户提供方便、灵活的用能费用交付结算服务，拓展损耗分析、用能分析、客户行为分析、客户信用分析等增值服务。

151.《国家电网公司关于 2017 年推进"互联网＋营销服务"工作安排的意见》的重点工作任务中，拓展社会电力服务企业网上交易，户用分布式光伏用户有哪些特色服务？

答：打造特色化的线上分布式光伏"售、险、贷、租"四位一体的服务，结合"电

e 宝"开展补贴电费的资金结算。

152.《国家电网公司关于 2017 年推进"互联网＋营销服务"工作安排的意见》的重点工作任务中，如何推进车联网平台建设？

答：推进车联网平台运营监控中心及可视化系统和社会运营商互联互通支撑平台建设，加快市场化商业运作，推进社会充电桩接入，实现财务收费、客户管理、设施监控、运维检修、充电服务、电动汽车租赁服务等全业务上线运行，拓展车险、网络广告等增值服务功能。

153.《国家电网公司关于 2017 年推进"互联网＋营销服务"工作安排的意见》的重点工作任务中，如何构建完善新型节能服务体系？

答：（1）依托国网商城，构建线上节能服务生态圈，实现节能政策资讯实时发布、设备服务线上交易、运营监测规范有效，满足用户足不出户开展节能服务需求。

（2）建立"千家能源服务联盟"，积极运用"线上线下"业务模式，推动项目合作，打造新盈利增长点。

154.《国家电网公司关于 2017 年推进"互联网＋营销服务"工作安排的意见》的重点工作任务中，如何建设"互联网＋"营销服务专项工作团队？

答：建立健全新形势下的营销专业人才培养机制，着力打造一支懂营销、精数据、会技术，具有"互联网＋"创新意识的复合型人才队伍，统一规划业务功能融合，统一策划形象设计及宣传推广文案，支撑电子渠道集中运营、运维工作。

155.《国家电网公司关于 2017 年推进"互联网＋营销服务"工作安排的意见》的重点工作任务中，如何建立全流程服务资源调度机制？

答：将各种线上电子化服务渠道整合成一个后台平台，构建"小前端、大后台"服务组织模式，打通各渠道壁垒，统一规划，统一运维管理，加强前端与后端衔接，实现集"服务接入、主动预约、研判分流、协调指挥、跟踪督办、审核反馈、数据校核、信息发布、流程管控、客户回访"为一体的快速响应和服务质量管控机制，提升 O2O 营销服务效率。

156.《国家电网公司关于 2017 年推进"互联网＋营销服务"工作安排的意见》的重点工作任务中，为何开展"互联网＋"营销服务创新劳动竞赛？

答：通过竞赛，增强公司各级管理人员和基层员工以客户体验为导向的"互联网＋"服务创新意识，引导青年员工在客户服务、市场开拓、用电技术等工作中创新创效，提高公司营销队伍的技能水平及市场化意识，促进营销服务更优质便捷、精益高效，提高公司新形势下的市场竞争能力。

157.《国家电网公司关于 2017 年推进"互联网＋营销服务"工作安排的意见》的工作任务安排中，全面实施业务流程优化和在线办理的工作要求有哪些？

答：（1）优化高压 8 类常用业务和低压全业务，并实现线上办理。

（2）拓展电子渠道电费交纳形式。

（3）全面应用电费电子账单和电子发票。

（4）提高客户体验度。

158.《国家电网公司关于 2017 年推进"互联网＋营销服务"工作安排的意见》的工作任务安排中，推进公司线上渠道互联互通的工作要求有哪些？

答：（1）推进多渠道账户融合。

（2）加快推动电费充值、充电支付、电商购物"一卡通"应用。

（3）"掌上电力"与"电 e 宝"之间全功能互相融合。

159.《国家电网公司关于 2017 年推进"互联网＋营销服务"工作安排的意见》的工作要求有哪些？

答：（1）进一步加强组织协同。

（2）确保网络与信息安全。

（3）提高思想认识，全面提升营销服务。

160.《国家电网公司关于 2017 年推进"互联网＋营销服务"工作安排的意见》的工作要求中，如何确保网络与信息安全？

答：（1）按照总部统一部署，组织营销系统员工，认真学习国家网络安全法等法律法规，加大信息管控，强化各专业安全管理与监测，严防发生失泄密事件。

（2）积极应用网络安全防护新技术，打通各渠道壁垒，统一运维管理，组织实施数据库级别的数据信息脱敏工作，细化各业务岗位数据访问权限和范围，加强对运维操作账号、密码、运行指令的可追溯审计，定期组织进行数据核对，同时加强责任追究力度，限制非法操作，发现问题立即整改。

161.《国家电网公司关于 2017 年推进"互联网＋营销服务"工作安排的意见》的工作思路是什么？

答：积极适应售电侧改革和"互联网＋"技术发展新形势，以市场为导向、客户体验为中心，以标准化、数字化、智能化、互动化为手段，构建全渠道运营体系，整合"掌上电力"手机 APP、"电 e 宝"、95598 网站及在线客服资源，优化线上线下一体化流程，打造前端触角敏锐、后端高度协同的 O2O 闭环服务链，实现营销服务线上化、数字化、互动化，树立国家电网公司"办电更简捷、用电更智慧、服务更贴心"的服务形象。

162.《国家电网公司关于 2017 年推进"互联网＋营销服务"工作安排的意见》的工作目标有哪些？

答：（1）做强线上电子服务渠道。

（2）推进线上线下流程融合。

（3）夯实"互联网＋"应用基础数据质量。

（4）构建全渠道运营体系。

（5）深化营销网络与信息安全管控。

163. 国家电网公司 2017 年完成全业务线上渠道建设和全网覆盖应用，线上业务渗透率提升指标是多少？

答：（1）低压居民客户线上交费应用率为 30%。

（2）低压非居民客户业扩线上办电率为 80%。

（3）高压客户业扩线上办电率为 90%。

164. 在转变电网发展方式中，安全发展指的是什么？

答：安全发展就是要坚守发展决不能以牺牲安全为代价这条红线，把大电网安全作为重中之重，强化本质安全，把安全和质量要求贯穿规划、设计、招标、监造、建设、运维全过程，实现电网结构合理、设备先进可靠、技术手段领先、管理科学高效，做到结构好、设备好、技术好、管理好，不断提高装备质量和电网安全水平。

165. 在转变电网发展方式中，清洁发展指的是什么？

答：清洁发展就是要着眼促进清洁能源发展和电能替代，充分发挥电网优化配置资源能力和市场平台功能，提高电网平衡调节能力和源网荷协调互动水平。

166. 在转变电网发展方式中，智能发展指的是什么？

答：智能发展就是要大力推动"大云物移"信息技术、自动控制技术和人工智能技术在电网中的融合应用，实施发电、输电、变电、配电、用电、调度等各环节建设与改造，适应各类电源灵活接入、设备即插即用、用户互动服务等需求，建设具有信息化、自动化、互动化特征的智能电网。

167. 在转变电网发展方式中，协调发展指的是什么？

答：协调发展就是要落实国家能源战略，坚持电力系统统一规划，建设以特高压为骨干网架、各级电网协调发展的坚强智能电网，推进电网与电源、送端与受端、交流与直流、一次与二次等协调发展，提高电网整体效能，实现电力与经济社会环境协调发展。

168. 如何进一步转变公司发展方式？

答：适应全面深化改革、参与市场竞争的新形势，必须进一步转变公司发展方式，突出效率和效益导向，把集团化、集约化、精益化、标准化、信息化、国际化向纵深推进，全面提升现代化管理水平。

169. 进一步转变公司发展方式中，集团化指的是什么？

答：集团化就是要坚持全公司一盘棋，发挥总部"四个中心"作用，深化总分部一体化运作，加强集团统一管控，在电网业务上形成"两级法人、三级管理"组织架构，在产业、金融、国际业务上形成高效协同的发展格局，打造产业链优势，形成强大的集团合力。

170. 进一步转变公司发展方式中，集约化指的是什么？

答：集约化就是要推进人、财、物在更高水平上深度集约，坚持因地制宜、分类管控，推进科学集约、流程优化、合理授权，提高基层配置资源的灵活性和快速响应市场需求能力，最大限度发挥规模效应、防范经营风险。

171. 进一步转变公司发展方式中，精益化指的是什么？

答：精益化就是要基于量化分析，发展上精准投入、注重产出，管理上创新方式、优化提升，流程上精简环节、提高效率，强化各层级、各业务科学管控、有机衔接，提升发展质量和投入产出效率。

172. 进一步转变公司发展方式中，标准化指的是什么？

答：标准化就是要根据电网业务同质化特点，形成覆盖各专业、全流程的统一技术标准和通用制度体系，注重标准和制度的执行、评价和考核，通过标准化建设提升效率、效益和管理规范化水平。

173. 进一步转变公司发展方式中，信息化指的是什么？

答：信息化就是要把现代信息通信技术与企业生产经营深度融合，加强数据资产管理，整合信息资源，完善基础数据平台，统一数据标准，打破信息壁垒，深入挖掘大数据价值，提高核心业务信息系统自主化水平，促进管理转型升级、经营绩效提升。

174. 进一步转变公司发展方式中，国际化指的是什么？

答：国际化就是要落实中央"一带一路"建设部署，以电网互联互通、优质资产投资运营、国际产能合作为主攻方向，统筹利用国内国际两个市场、两种资源，发挥协同优势，推动业务、技术、管理、标准全方位国际化，提升国际竞争力和影响力。

175. 试述传统电网面临哪些问题。

答：（1）化石能源枯竭、环保压力大。

（2）系统维护不易、运行可靠性低。

（3）电网传输效率有限，电网安全维护难度大。

（4）用户服务模式单一，难以满足能源多元化需求。

176. 智能电网的定义是什么？

答：智能电网就是电网的智能化，它建立在集成的、高速双向通信网络的基础上，通过先进的传感和测量技术、先进的设备技术、先进的控制方法以及先进的决策支持系统技术的应用，实现电网的可靠、安全、经济、高效、环境友好和使用安全的目标。

第三节　网站、APP 应用

177. 在网站上进行故障报修、业务咨询、投诉、举报、表扬、建议、意见申请登记后，分别会在何时给用户答复？

答：咨询转出工单 5 个工作日答复客户；投诉工单 1 个工作日内联系客户，7 个工作日内答复客户；举报、意见、建议工单 10 个工作日答复客户；报修工单接收回单后 24h 内完成工单回复；表扬工单无具体答复时限。

178. 准实时电量与电量电费有什么不同?

答:准实时电量是指前一天系统统计时段为 00:00:00~23:59:59 的电量,电费电量是用户一个抄表周期内合计的电费和电量,两者有明显的差别。通常一个抄表周期内的电费电量等于此时间内准实时电费电量的合计。

179. 客户绑定是指什么?

答:注册用户通过 95598 智能互动网站将注册账户与营销业务应用系统、电动汽车等多个业务系统客户进行绑定,提供在线绑定、解除绑定系统信息的功能。

180. 用户留言是指什么?

答:注册用户通过留言方式向供电企业提交意见或请求,提供查询留言历史记录及回复情况的功能。

181. 简述 95598 智能互动网站信息订阅与退订板块。

答:95598 智能互动网站信息订阅与退订板块是认证用户提供发送停电信息、用电常识、欠费信息等功能集合。

182. 自助服务中用电查询可以查询的内容有哪些?

答:自助服务中用电查询可以查询的内容有账户余额查询,电费电量查询,准实时电量查询,业务办理进度查询,智能表余额查询,用电档案查询,客户查询密码修改。

183. 95598 服务网站注册个人与家庭账户时必须输入的资料有哪些?

答:网站账号、设置密码、确认密码、所属地区、联系人、验证码。

184. 95598 智能互动网站的建设,实现了哪些业务功能?

答:电力信息发布、网上业务受理、网上支付、用电信息查询、故障投诉举报等网络服务业务功能。

185. 95598 智能互动网站的建设目的是什么?

答:达到拓展营销服务渠道、提升业务宣传能力、提高优质服务水平、增强企业品牌认知、树立企业良好形象、适应客户服务方式多元化发展趋势的目的。

186. 95598 智能互动网站内容包括哪些?

答:网站展现、账户管理、用电服务、智能用电小区服务、电动汽车服务、能效服务、客户监督、增值服务、网站座席业务处理、网站运营管理、网站系统管理等内容。

187. 客户在 95598 智能互动网站查询停电公告的方法有哪些?

答:用户点击停电公告标题,查看停电公告详细信息,选择所属区域,停电开始、结束日期,搜索停电范围,点击查询。

188. 简述"e 充电"中,用户注册流程。

答:(1)点击"我的"—"登录/注册"跳转至登录页面。

（2）在登录页面点击注册跳转至注册页面。（若已有"e 充电"账号在此页面登录即可）。

（3）在注册页面输入手机号、密码（8～20 位）并点击获取验证码后输入短信验证码即可完成注册。

189."e 充电"中，充电桩筛选的内容有哪些？

答：可对桩的功率、充电接口类型、运营商、支付方式、电桩类型、电站类型进行筛选，或直接选择已保存的偏好设置。

190. 简述充电卡充电操作的流程。

答：（1）选择充电方式。

（2）输入金额与密码。

（3）刷卡启动充电。

（4）充电中。

（5）停止充电。

（6）刷卡结算。

（7）充电完成。

191. 客户咨询"e 充电"APP 发生故障时，使用充电卡充电被吞卡，当日抢修人员无法为客户取出卡片，客户着急需要赶路，如何处理？

答：除北京城区内少数充电桩外，全国大部分充电桩采用的是接触式充电卡模式，不存在吞卡问题。假如在北京城区内出现吞卡现象，答复客户，并联系车联网平台值班员通知相关运维人员赶往现场处理。提供的答复如下：

话术：××先生/女士，请您将吞卡的充电站名称和充电桩编号提供给我们，我们将尽快安排专业人员帮您取卡。如果您需要马上充电，可以通过手机下载"e 充电"APP软件，然后注册账号充值，并通过充电二维码扫码或者输入充电账户和密码等方式使用充电服务。如您对这两种充电方式使用存在疑问，我们设有车联网专席，为您详细解释相关诉求，请您拨打 95598 按 7 号键，将会有专业客服专员为您服务，感谢您的来电，再见！

192. 客户咨询关于"e 充电"APP 账户余额退款该如何处理？处理的步骤有哪些？

答：（1）"e 充电"电子账户退费流程：

1）"e 充电"电子账户可通过登录车联网网站（http：//www.echargenet.com），在个人主页→我的账户→退费记录→申请退费菜单中提交退费申请。

2）国网电动汽车公司工作人员审核客户退费信息，审核通过后受理客户退费申请。自受理之日起 15 个工作日,通过网银转账方式将清算后的卡内余额存入客户银行借记卡账户中。

3）流程为退费申请—退费审核—完成，客户可通过网站查看退费结果。

成功：资金退到客户提供的银行卡账户内。

失败：客户资金将回到电子账户余额。

客户可点击失败按钮查看原因，根据原因在网站自行修改个人信息，回到个人主页→我的账户→退费记录→申请退费菜单中重新提交退费申请。

国网电动汽车公司工作人员重新审核客户退费信息，审核通过后重新受理客户退费申请，并更新退费周期。

4）目前常见退费失败原因：身份证件图片缺失，不清晰，无法识别，客户姓名、身份证件号、银行卡号、开户行信息虚假，不属于同一个人。

身份证件信息错误导致退费失败的，需在网站：个人主页→安全设置→实名认证→修改实名认证中重新上传身份证件，或修改姓名、身份证号。

银行卡信息、开户行信息问题导致退费失败的，重新申请退费时填写正确有效信息即可。

（2）实名制充电卡客户退费流程：

1）实名制充电卡客户可到营业网点申请销卡退费。申请销卡退费时，个人客户应提供本人身份证件或护照原件（港澳台同胞提供来往大陆通行证）；单位客户应提供加盖公章的营业执照及法人代表身份证复印件，如为代理人办理，还需提供授权委托书及代理人身份证原件。

客户填写退费信息，营业网点工作人员负责将客户退费信息录入车联网平台。

2）国网电动汽车公司工作人员审核客户退费信息，因身份证件图片缺失，不清晰，无法识别，客户姓名、身份证件号、银行卡号、开户行信息虚假，不属于同一个人等原因，将会导致审核不通过。审核不通过的，客户须重新到营业厅更正退费信息，因信息提供错误导致的退费失败责任由客户自行承担。

3）客户退费信息无误后，国网电动汽车公司工作人员受理客户退费申请。自受理之日起15日内，通过网银转账方式将清算后的卡内余额存入客户银行借记卡账户中。

193. 客户咨询目前APP体验不佳，遇到充电卡故障或APP故障（无法扫码、无法账号登录、冻结金额无法使用等），客户无法使用智能模式进行自助充电如何处理？

答：（1）如果客户有充电卡，有APP账号，充电桩在线，则客户可以从充电卡、扫二维码、账户三种方式中任选一种充电。

（2）如果客户有充电卡，充电桩离线，则客户可以采用支付卡方式充电。

（3）如果客户无充电卡，有APP账号，充电桩在线，则客户可采用二维码或账号方式充电。

（4）如果客户无充电卡，有APP账号，充电桩离线，则提示客户使用其他设备充电。

194. 高速充电卡和市区充电卡是否可以跨区域使用？各省、市充电卡的区别有哪些？

答：车联网充电卡可以在全国贴有国网标识的所有公共充电设施及高速充电设施充电，充电消费不存在地域区别。目前各省充电卡有各自独立号段，车联网平台系统不支持跨省开卡、换卡和销卡，其他充值、充电、解灰、解锁、挂失、补卡、查询等功能均不受限制。

195. 客户表示自行通过"e充电"网站或手机APP查询充电桩正常投入使用并是空闲状态，到达现场后发现无法正常充电或并未投入使用，如何答复客户？

答：出现客户无法充电或充电桩未投入使用的情况时，答复客户，并联系车联网平台值班员通知相关运维人员对未投运充电桩进行处理。提供的答复如下：

话术：××先生/女士，非常抱歉给您带来不便，该充电站的充电桩系统存在问题，暂时无法进行充电，请您前往下一个服务区。如您需要查询附近充电站，我们设有车联网专席，为您详细解释相关诉求，请您拨打 95598 按 7 号键，将会有专业客服专员为您服务，感谢您的来电，再见！

196. "e 充电" APP 中显示的充电桩信息有哪些？

答："e 充电" APP 中显示的充电桩信息有充电桩类型、营业时间、地址、闲置状态、充电桩编号、接口标准、车辆 SOC、额定功率、额定电压、实时电流、实时电压、收费信息（包括充电费、服务费、停车费），支付方式（包括二维码、充电卡、账户余额）。

197. 客户表示部分高速服务区上的电桩在使用电卡时会提示输入密码，但是部分电桩无"下一步"按钮，无法跳过此步骤，无法继续充电，如何处理？

答：遇到充电桩无"下一步"按钮，客户无法跳过此步骤继续充电时，请用户输入初始密码"123456"即可。该现象因程序版本较早，后续版本已统一操作方式，更新程序即可解决。

198. 国网电动汽车服务 e 车城能为客户提供哪些服务？

答：国网电动汽车 e 车城为用户提供新能源汽车、充电桩、充电卡、金融保险、汽车配饰、增值服务六种不同类型的商品售卖。

199. 为什么用户的智能电卡会被锁定？怎么解锁？

答：为了避免用户的损失，在用户进行充电时会对用户的智能电卡卡内金额进行锁定，防止用户在两处交易导致扣费异常。充电结束后用户需要再次刷卡解除锁定。

如果用户的智能电卡已经被锁定，用户需到附近营业厅网点进行解锁。

200. 简述刷卡充电的步骤。

答：用户需要持国家电网公司统一发行的电动汽车充电卡到国家电网公司充电桩进行充电操作：

（1）把充电枪正确插入电动汽车充电接口。

（2）在桩上选择充电卡充电，设置所需的充电金额。

（3）首先进行第一次刷卡，预扣充电金额，激活充电桩，启动充电。

（4）结束充电进行第二次刷卡，确认充电完整性，完成扣款流程。

201. 简述二维码充电的步骤。

答：（1）把充电枪正确插入电动汽车充电接口。

（2）在确定插枪正确后，在桩上操作选择二维码充电，选择预充金额生成二维码。（充电桩需网络在线）。

（3）"e 充电" APP 地图右上方点击"扫一扫"图标，进入扫描界面。

（4）对准充电设备上的二维码进行扫描，激活充电桩，锁定充电枪，开始充电。APP 扫描成功，后台会同时返回 6 位验证码。

（5）在充满指定的金额后自动停止充电，输入扫码后返回的验证码并验证成功后，结束充电。

（6）若想提前结束充电，点击充电桩充电界面上的"停止按钮"输入扫码后返回的验证码并验证成功后，结束充电。

202. 简述"e充电"账号充电过程。

答：（1）把充电枪正确插入电动汽车充电接口。

（2）在确定插枪正确后，在桩上操作选择"e充电"账号充电（充电桩需网络在线）。

（3）在桩上选择预充金额，并输入"e充电"APP账号和6位支付密码，启动充电。

（4）在充满后自动停止充电，输入交易密码并验证成功后，结束充电。

（5）若想提前结束充电，点击充电桩充电界面上的"停止按钮"输入交易密码并验证成功后，结束充电。

203. 车联网平台对于充电站的电量公司是如何管理的？

答：充电站关口电能表及电量纳入公司用电信息采集管理；充电桩交易结算表按照《国网营销部关于加强电动汽车充电桩内置计量器具首检工作的通知》（营销计量〔2016〕19号）要求管理，电量纳入车联网平台管理。收费与结算以充电桩交易结算表所计电量为准。

204. 车联网平台个人客户如何开具发票？

答：个人客户充值时不开具发票，实际充电后3个月内可申请开具增值税普通发票。实名充电卡客户可关联"e充电"电子账户后通过"e充电"网站申请开具发票，也可在营业网点申请开具发票；非实名制充电卡客户只能在营业网点申请开具发票；"e充电"电子账户可通过"e充电"网站申请开具发票。发票由国网电动汽车公司统一开具并免费邮寄。

205. 营业网点运营应具备什么条件？

答：营业网点应具备互联网网络，设置专用售卡工位，配备专用计算机、读卡器、密码键盘、针式打印机、扫描仪、扫码枪、打印纸、保险柜，现金收款营业网点还应配备验钞机。

206. 单位客户开卡充值应如何办理？

答：单位客户通过电汇方式充值的，营业网点应在完成信息录入后，向客户告知国网电动汽车公司账户信息，客户通过电汇方式支付资金。国网电动汽车公司确认资金到账后，通知客户到营业网点继续完成充值业务办理。

207. 什么情况会造成充电卡灰锁，如何处理？

答：由于客户误操作、系统故障导致充电中断的，可能造成充电卡灰锁。充电卡灰锁记录满5条后，将暂时无法充电。客户可在任意充电桩和营业网点进行解灰。无法解灰的，客户可在7日后到营业网点强制解灰。

208. 什么情况下可以换卡，换卡的步骤是什么？

答：实名充电卡因污损、残缺等影响使用，可到本省营业网点换卡。充电卡仍可读取的，如原有灰锁记录应先完成解灰操作；如原卡没有灰锁记录可立即办理换卡。充电卡不可读取的，换卡申请受理后，客户需在 10 日后携带与原卡一致的有效证件到业务受理营业厅领卡，营业网点将清算后的原卡余额存入新卡。

209. "e 充电"电子账户管理具有哪些功能？

答："e 充电"电子账户由国网电动汽车公司通过车联网平台统一管理，具有充值、圈存、充电、退费、查询等功能。"e 充电"电子账户资金可在营业网点向关联的充电卡进行圈存，暂不可圈提。

210. "电 e 宝"的基本功能包括哪些？

答："电 e 宝"的基本功能包括银行卡绑定、充值、提现、转账、账单、设置、二维码扫描、付款码。

211. "电 e 宝"具备哪 4 项特色功能？

答："电 e 宝"具备生活缴费、国网商城、电费小红包、掌上电力 4 项特色功能。

212. "电 e 宝"的实名认证有什么作用？

答：不进行实名认证，会在单笔交易、当月限额等方面受限制；实名认证，能够更好地保障客户账户和资金安全，客户可享有更高的交易限额。

213. 用户在"电 e 宝"网站进行交易记录查询时，可以看到哪些信息？

答：消费记录、充值记录、提现记录、转账记录、退款记录。

214. 用户使用"电 e 宝"时提示快捷支付失败，应该怎么处理？

答：请用户核实是否已扣款，若已扣款，需提供快捷支付失败报错的提示信息、账户名、交易流水号、开户行、卡号的后四位（储蓄卡或信用卡），反馈至相关部门处理；若无扣款，重新下单支付。

215. 商户忘记"电 e 宝"企业登录账户名怎么办？

答：可以查询，但是为了保证企业信息不被泄露，为确定商户的身份需要提供企业的法人名称及营业执照注册号才可以告知商户企业的"电 e 宝"账户名。客服专员需记录信息并反馈至相关部门处理。

216. 简述"电 e 宝"网站使用的知识背景。

答："电 e 宝"由国网电商公司独立开发，拥有自主知识产权，集成第三方风险管控系统，具有较高安全防护能力，既是国网统一的互联网交费工具，又是独具特色的"PDF"（即"平台＋数据＋金融"）移动互联网金融创新平台，面向用户提供一站式理财及电力特色服务，帮助用户实现"便利生活，乐享财富"的目标。

217. "电 e 宝"短信验证码收不到是什么原因？

答：如是在绑卡过程中请核对绑定银行卡的银行预留手机号码、姓名，需要与注册"电 e 宝"的注册手机号码、姓名是否一致；可能是手机默认将平台短信加入黑名单，请客户从短信黑名单中还原至正常状态；可能是短信平台系统问题。

218. 用户咨询电力营销人员，在使用"电 e 宝"的过程中，她的电费小红包使用后未成功，随后消失了，应该如何处理？

答：由于红包全额支付电费操作导致消失的会在 30min 内自动退回您的卡包中，由于红包和银行卡混合支付操作导致消失的会同银行卡退款时间一致退回到卡包中，由于转赠操作导致消失的小红包会在 2h 后自动退回客户的卡包中。

219. 用户使用"电 e 宝"时，如果出现银行卡盗刷问题，如何解决？

答：如果客户银行卡被盗刷，银行方确认是"电 e 宝"渠道的原因，需要客户联系"电 e 宝"客服确认盗刷行为是否被风控拦截，如未被拦截，则无法追回款项，如已被拦截，需客户提供身份认证、银行卡信息等材料核实并返还给客户。

220. 某用户向供电营业人员反映其银行卡在"电 e 宝"APP 绑定不上，工作人员该如何答复用户？

答：可能是由于以下原因导致：

（1）目前绑定银行卡的银行预留手机号码、姓名需要与注册"电 e 宝"的注册手机号码、姓名保持一致，才可以绑卡成功的。

（2）客户的发卡方的银行卡信息与银联中登记的信息不符，而我方绑卡时是与银联的信息进行核对的，建议客户咨询自己的发卡方，确定银行卡在银行的信息是否与在银联的信息一致。

221. 用户在"电 e 宝"中进行交易时，交易限额是多少？

答：绑卡之 31 天内的新用户，一般地区单日/单月 100 笔，单月 1000 元（对于开展电费业务推广的省公司风控规则可适当上调）；如您是老用户，每月缴纳电费的笔数按照单日 50 笔、单月累计 50 笔进行控制，交费金额按照不同级别认证客户的余额支付、快捷支付限额进行控制：余额支付未认证每笔限额 1000 元，单日限额 1000 元，单月限额 2000 元；银行卡认证每笔限额 2500 元，单日限额 5000 元，单月限额 10000 元；身份证认证每笔限额 5000 元，单日限额 10000 元，单月限额 20000 元，快捷支付银行卡认证每笔限额 5000 元，单日限额 10000 元，单月限额 20000 元；身份证认证每笔限额 10000 元，单日限额 10000 元，单月限额 50000 元。

222. 当用户打开"电 e 宝"生活界面，找到全部应用，会发现其中有一个称为体验师的功能模块，这个模块的作用和使用权限设置是什么？

答：体验师的主要功能是为各省（区、市）电力公司营销口的主要人员提供意见交流的入口，运营人员首先将主要人员的手机号录入运营后台系统，只有录入过的人员才能使用体验师的功能。

223. "电 e 宝"APP 中的电费小红包的概念是什么？它的获取方式和使用规则是什么样的？

答：电费小红包由"电 e 宝"发行，具备国家电网公司特色，以电力消费为特性的互联网支付红包，是"电e宝"提升服务品质及影响力的重要手段。

用户可通过购买、预存电费、注册新用户及抽奖等活动获取。

小红包可赠送给微信朋友及通信录朋友，支持交纳电费，但不可提现。缴纳电费时最多可以使用 10 个电费小红包，且总金额上限为 200 元。

224. "电e宝"中的供电窗是什么？它的开发特点是什么？

答："电e宝"的供电窗类似于支付宝的服务窗和微信的公众号，是为了更好地提升"电e宝"的服务功能，为各省、市电力公司专门设计的供电服务窗口。

各省、市电力公司可以按照"电e宝"的标准接口，自主开发、设计各自服务举措和个性特色，使"电e宝"成为国家电网公司和用电客户的智能交互平台，极大地提升用户黏性。

225. 什么是国网商城？

答：是以"电"为主线，以"节能""智能"为产品特色，以电动汽车、分布式电源、电工电气等产品在线销售和配套服务为主要经营内容的网上商城，着力构建电子商务专业化、差异化、特色化核心竞争力，全面建设具有国网特色的综合电子商务生态网络。

226. 用户在"电e宝"APP进行充值缴费的步骤是什么？

答：（1）进入生活缴费，选择缴费类型。

（2）选择缴费地区，填写客户编号。

（3）选择支付方式。

（4）输入支付密码并确定。

227. "电e宝"第三方支付平台的定义是什么？

答："电e宝"第三方支付平台是国家电网公司自有互联网电力缴费平台，构建以"收费＋服务"为内涵的核心竞争力，提供一站式移动交费服务；是具有国家电网公司特色的供电服务和电费支付品牌；实现与"掌上电力"的无缝连接，最终打造集公用事业交费、电力在线服务、金融交易服务于一体的互联网交易平台。

228. 简述易充电充值方式。

答：支持支付宝、网银、电力宝等多种方式为账户充值。

229. 易充电怎样更换手机号码？

答：用户可以更换现在的手机号。有通过手机或邮箱两种更换方式。更换成功后，需使用新手机号码重新进行登录。

230. 简述 POS 充值失败补录操作步骤。

答：当 POS 机刷卡成功后，而客户尚未写卡，执行交易失败补录操作。对客户的电卡进行补录点击平台功能菜单中的"客户服务→充值失败补录"，进行读卡操作，显示充电卡所有当日交易的失败记录信息，选中其中需要处理的记录，在操作栏下点击相关操作：打开充值补录界面，点击充值，进行写卡操作，成功后显示打印充值凭证界面。

231. 简述 POS 结算操作步骤。

答：POS 需要每天进行结算，以便对 POS 刷卡笔数与金额进行核对。在等待命令界面下按 POS 按键"菜单"之后按 2 对 POS 进行"结算"操作。打印结算单（总笔数、总金额），可选择打印明细（每笔交易金额）是或否。查看与当日凭条是否一致。

232. 使用 POS 机刷卡什么情况会造成充值失败，如何进行补录？

答：当 POS 机刷卡成功后，而客户尚未写卡，执行交易失败补录操作。对客户的电卡进行补录。点击平台功能菜单中的"客户服务→充值失败补录"，进行读卡操作，显示充电卡所有当日交易的失败记录信息，选中其中需要处理的记录，在操作栏下点击相关操作：打开充值补录界面，点击充值，进行写卡操作，成功后显示打印充值凭证界面。

233. "掌上电力"如何解除客户编号与注册账户的绑定关系？

答：客户编号可通过如下三种途径解绑：

（1）客户通过掌上电力 APP "我的"中【户号绑定】功能删除已绑定户号后，自行解绑。

（2）通过拨打 95598 热线电话由统一账户平台解绑。

（3）通过各省公司客服中心及营业厅进行解绑。

234. 使用"掌上电力"如何获取查询密码？

答：查询密码可通过如下三种途径获取：

（1）通过短信查询（北京）。

（2）拨打 95598 热线。

（3）到电力营业厅办理。

235. 易充电管理平台中营业厅工作人员为客户办理充电卡解款业务需如何操作？

答：点击平台功能菜单中的"收费账务→解款"，选择收费类型、解款状态（默认为现金充值、未解款），点击查询，显示收费记录列表，选中一条记录，选择结算方式、解款银行，点击解款。在弹出的是否确认的提示框中点击确认，提示解款成功。

236. 易充电管理平台中知识库查询有什么基本功能？

答：知识库查询主要是提供对知识库的精准查询和分类查询，方便客服座席人员及时根据客户提出的问题给予解答。

237. 在"掌上电力""电 e 宝"及国网商城，新注册的用户提示已有账户怎么办？什么原因？

答：建议使用当前手机号尝试登录，密码参考"如何找回密码"问题，再尝试登录。

原有"掌上电力""电 e 宝"及国网商城任一家账号的客户，在 2017 年 8 月 13 日统一账户后，使用重复手机号注册新账户时，会出现该问题。

238. 使用"掌上电力"用户名登录，提示不存在怎么办？什么原因？

答：建议客户使用注册手机号登录。密码如果忘记，可"找回密码"。

239. 什么是统一账户认证？什么是"国网统一账号"？

答：统一账户认证打通了国家电网公司旗下多渠道的账户，包括"掌上电力""电e宝"、国网商城等。"国网统一账号"实现线上渠道间数据共享和融合应用，为用户带来"一次注册、全渠道应用"的便捷体验。

240. 如何合并国家电网公司账户？合并规则是什么？

答：如已有国家电网公司多家平台的多个账户，会在"掌上电力""电e宝"及"国网商城"登录时，收到多个账号的合并提示，建议选择近期常用账号（及密码），作为首选账户合并，今后作为"国网统一账号"。如使用用户名登录不成功，建议用手机号登录。如遇密码失效、验证失败、密码错误，则建议尝试"找回密码"。

241. "掌上电力"手机APP"服务"模块包括哪些功能？

答："服务"包括网点查询、停电公告、用电申请、业务记录、业务办理指南、资费标准、用电知识、帮助与反馈8项功能。

242. 在"掌上电力"和"电e宝"互联互通工作中，在业务验证阶段，验证原则有哪些？

答：（1）开展覆盖各省公司的业务验证工作，确保融合架构升级后"电e宝"及"掌上电力"手机APP业务稳定运行。

（2）预设覆盖融合业务的测试用例及预期测试结果，按用例分省分用户类型开展业务验证，并与预期测试结果进行复核性校验，形成有针对性的测试结论。

（3）从性能、安全等技术方面设定技术性的业务验证方法，确保业务并发性能及安全防护满足要求。

（4）从客户体验角度设定交互及界面验证方法，确保布局、交互及关键提示基本合理，满足用户习惯。

243. 在"掌上电力"和"电e宝"互联互通工作中，非功能性验证的内容有哪些？

答：性能测试、兼容性验证、风格统一性验证、安全性验证。

244. 某用户在"掌上电力"官方版进行了更名过户业务申请，在其提交申请后，营销工作人员应该在营销系统内核对哪些信息后才可以选择受理业务？

答：（1）客户所拍摄的身份证及房产证是否为原件。

（2）客户上传的图片资料是否清晰可辨。

（3）身份证及产权人姓名与电能表户名是否一致。

（4）身份证号码与所输入的身份证号码是否一致。

（5）房产证地址与营销系统中的用电地址是否一致。

（6）房产证上的产权证编号是否清晰可见。

245. 某用户想要使用"掌上电力"官方版进行业务申请，但是用户不知道他的用电户号，他可以通过什么途径获取户号？

答：（1）从各类单据获取。如电力营业厅购电发票、客户用电登记表等。

（2）拨打 95598 热线咨询。

（3）到电力营业厅咨询。

246. "掌上电力"官方版支持用户通过哪些渠道进行支付？同时用户可以通过哪些方式完成支付购电操作？

答：主要为用户提供便捷的交费服务，支持预付费和后付费客户线上交费及"电 e 宝"、银联、支付宝等多种支付方式。

进入"支付购电"页面的方式有 3 种：

（1）方式一。通过"首页"中"购电"快捷入口进入。

（2）方式二。通过"电费余额"页面中的"支付购电"按钮进入。

（3）方式三。通过"用电"中的【支付购电】功能进入。

247. "掌上电力"官方版的电量电费查询页面有哪些特色及功能？

答：（1）电量电费为用户展示最新结算月的电量电费信息。

（2）点击"历史用电"，进入近 1～3 年的用电情况页面，可查看其他月份的电量电费信息及当年的年总电量电费信息，点选"年份"，查看其他年份的年总电量电费和月电量电费信息。

（3）点击右上角"分享"按钮，还可将电量电费信息分享至微信好友、微信朋友圈、QQ、QQ 空间等社交平台。

248. "掌上电力"官方版中，哪些功能必须是登录或绑定后才可以使用的（答出 6 项即可）？

答：支付购电、办电申请、电量电费、购电记录、电费余额、日用电量、我要报修、我要咨询、我有话说、投诉举报。

249. 用户在"掌上电力"进行暂停业务申请时，平台显示的暂停业务流程包含哪些步骤？

答：用电申请、申请预审、资料上传、设备封停、结束。

250. 营销工作人员接到用户来自"掌上电力"的暂停业务申请时，需要查看客户需暂停的变压器名称、申请停用日期及计划恢复日期，在这个阶段工作人员需要验证的项目有哪些？

答：（1）年度内变压器累计暂停时间是否超过 6 个月（若暂停时间已满 6 个月，需工作人员电话通知客户到营业厅办理减容业务）。

（2）需量客户是否为整日历月的暂停（需量客户非整日历月暂停的，基本电费按整日历月收取，需工作人员电话通知客户，如客户仍要办理的，需上传加盖公章的承诺书）。

（3）续停客户暂停日期是否连续（若两次暂停时间不连续，需工作人员电话通知客户期间将正常收取基本电费。

251."掌上电力"企业版共分为几个功能模块？在服务界面下，又有哪几项主要服务项目？

答：主要分为首页、用电、服务、我的网点查询、停电公告、用电申请、业务记录。

252."掌上电力"企业版的定义是什么？

答："掌上电力"企业版是国家电网公司为高压企业客户（10kV 及以上）提供的专业掌上互动服务应用软件，具备用电业务办理、业务办理进度查询、用电信息查询、能效信息查询、用户档案信息查询、在线停电公告查询等服务功能，为广大高压企业用户提供随时随地的贴心电力服务。

253.大用户用电管理系统主要功能模块包括什么？

答：电能数据采集、数据库维护、档案参数维护、网络平台管理、统计分析、电量计算、多级线损分析、用电异常分析、配电变压器监测、曲线分析、系统报警、图形系统、报表输出、Web 发布、信息化集成等。

第四节　营销移动作业

254.现场充换电功能服务的基本功能有哪些？

答：（1）通过移动终端下装现场充换电工作任务。

（2）通过充换电现场作业，录入并保存"现场充换电信息"（13_001_001）。

（3）任务环节处理完成后，将移动终端处理结果信息回传电动汽车智能运营管理系统，完成现场作业操作。

255.用能勘查功能服务的基本功能有哪些？

答：（1）现场勘查人员通过移动终端下装现场勘查工作任务。

（2）通过现场用能勘查，录入并保存"用户用电设备信息"（12_002_001）。

（3）任务环节处理完成后，将移动终端处理的结果信息回传电能服务管理系统。

256.设备检查功能服务的基本功能有哪些？

答：（1）通过移动终端下装设备检查工作任务，获取检查任务信息。

（2）通过现场检查设备情况，录入并保存"设备检查信息"（12_001_001）。

（3）任务环节处理完成后，将移动终端处理结果信息回传电能服务管理系统并发送下一环节进行处理。

257.市场跟踪功能服务的基本功能有哪些？

答：（1）及时跟踪项目进度情况，记录开展的工作及未按计划完成的项目原因及采取的措施、建议。

（2）跟踪客户各个实施阶段的完成情况，分析存在的问题，协助客户解决并记录"项目实施跟踪进度信息"（11_002_001）。

（3）录入完成后，支持将数据上传营销系统。

258. 工作量分析功能服务的基本功能有哪些？

答：供电单位、业务类型、日期展示平均待办工单数量、平均已办工单数量。

259. 工作路径功能服务的基本功能有哪些？

答：按移动作业人员展示实时的、完成的工作路径。

260. 分布情况功能服务的基本功能有哪些？

答：按移动作业人员展示经纬度。

261. 稽查工单处理功能服务的基本功能有哪些？

答：（1）可输入查询条件查询或直接选定稽查工单处理的工作单。

（2）输入并保存"稽查问题处理信息"。

（3）支持现场将"稽查问题处理信息"上传营销稽查系统。

262. 现场巡视功能要求的基本功能有哪些？

答：（1）可输入查询条件查询或直接选定现场巡视的工作单。

（2）输入并保存"现场巡视信息"。

（3）支持现场将"场巡视信息"上传采集系统。

263. 现场客户服务中功能服务的基本功能有哪些？

答：（1）通过移动终端下装现场客户方服务工作任务。

（2）通过移动终端查看"电动汽车用户基本信息"。

（3）通过现场客户服务，记录并保存"充电业务数据信息"。

（4）任务环节处理完成后，将移动终端处理结果信息回传电动汽车智能运营管理系统，完成现场客户服务处理。

264. 市场调查功能服务的基本功能有哪些？

答：（1）通过移动终端下装市场调查任务单，并获取市场调查计划任务列表信息。

（2）通过市场调查，记录并保存"客户调查结果明细信息"（11_001_001）。

（3）市场调查信息录入任务环节处理完成后，将移动终端处理结果信息回传营销业务应用系统。

265. 工作质量分析功能服务的基本功能有哪些？

答：供电单位、业务类型、移动作业人员展示平均超期数量、平均超期天数。

266. 工作量负荷功能服务的基本功能有哪些？

答：按供电单位、业务类型、移动作业人员展示待办工单、已办工单数量。

267. 运营展示功能要求的基本功能有哪些？

答：（1）通过移动作业终端获取公司关键指标。

（2）展示公司关键指标，包括售电量、电费回收、售电均价、市场发展情况。

1）按日、月、年展示售电量的情况，并展示与昨日、上月、去年的增减情况。

2）按月、年展示电费回收率的情况，并展示与上月、去年的增减情况。

3）按月、年展示售电均价的情况，并展示与上月、去年的增减情况。

4）按月、年展示市场占有率的情况，并展示与上月、去年的增减情况。

268．低压集抄新装功能要求的基本功能有哪些？

答：（1）可输入查询条件查询或直接选定终端安装的工作单。

（2）输入并保存"终端参数信息""终端方案信息""采集对象方案信息"。

（3）支持现场将"终端参数信息""终端方案信息""采集对象方案信息"上传采集系统。

269．简述营销移动业务应用架构构成，并简述其作用。

答：营销移动业务应用架构主要包括移动终端应用、移动应用服务两大部分。移动终端应用是营销移动业务数据展现及作业应用的承载平台。移动应用服务是给予监控、统计分析及应用管理的支撑平台。同时移动应用服务模块涵盖接口服务，实现各业务系统的集成与通信，为营销移动业务前端应用提供支撑。

270．营销移动业务应用与其他应用系统如何实现信息交换和数据共享。

答：营销移动业务应用与其他应用系统通过调用标准业务服务接口进行数据交互，按照统一的信息模式标准，通过集成外部设备及内网业务支撑系统，主要包括营销业务应用系统、电能信息采集系统、电动汽车运营管理系统、售电系统、短信平台等系统进行集成。集成方式分别采用 Webservice、API、SDK 等完成系统数据的传输，从而实现信息交换和数据共享。

271．如何实现移动业务应用终端层对终端设备的安全接入、安全处理及防护？

答：移动业务应用终端层是应用前端展示和操作的模块，需采用专用的 SIM 卡和安全 TF 卡，通过供应商提供的专用的网络通信通道，并通过安全接入平台接入信息内网，实现对终端设备的安全接入，同时实现对终端用户身份认证、传输数据的加解密、对终端传输到内网的数据进行安全处理或防护等。

272．简述移动业务应用的离散性，并给出离散情况下移动应用的可操作性方法及特点。

答：营销移动业务应用的一个显著特征是其应用的离散性——用户访问和操作的离散性，以及无线网络覆盖的特点，很多情况下用户需要在离线状态下进行事务处理。

为解决离线情况下移动应用的可操作性问题，利用手机 SQLite 数据库引擎提供一种通用的能够支撑企业级移动应用进行离线应用机制，为现有的移动应用添加离线操作能力。

特点为统一体验、本地储存、本地资源访问、离线操作。

273．简述营销移动业务应用的集中接入方式。

答：营销移动业务应用采用无线 APN 专网接入，通过外网安全交互区，进行统一安全管理，实现对业务系统的访问控制、安全数据交换、集中监控、通道安全、终端身份认证、安全接入。营销移动业务应用采用互联网网络接入的互联网终端，实现外网统一的安全交互区接入，互联网终端通过数字证书与外网安全交互区建立加密传输隧道，保障终端数据安全、可靠交互。

274. 简述营销移动作业平台项目组成及其作用。

答：营销移动作业平台可分为互联网端的移动终端应用和内网端的移动服务应用。其中移动服务应用包括移动作业前置、移动作业应用管理、移动作业借口服务和文件服务。移动终端应用实现数据提取，展现与用户的交互功能。对电力用户，通过 Android 终端软件提供数据展现和任务环节的处理与信息收集；移动作业前置实现前端请求安全接入及分发，保障从互联网到信息内网数据通信的可靠性和稳定性；移动作业应用管理实现对终端信息进行收集和管理，提供一系列系统功能来支撑复杂的业务应用，并提供消息推送、安全审计等系统支撑；移动作业接口服务主要解决客户端业务处理信息与支撑客户端应用的业务系统之间的集成调用；文件服务实现移动作业应用前端非结构数据的存储。

275. 营销移动作业应用项目中网络架构问题主要有哪几点？

答：（1）营销移动作业应用系统需要专线通道接入。

（2）移动 PAD 需要 SIM 卡与服务端通信。

（3）需要确认 SIM 提供方（移动、联通）和 SIM 卡费用问题（包月、流量）。

276. 营销移动作业应用项目的建设思路有哪几点？

答：（1）系统建设分步推进：一期以基础数据获取即与外围系统接口为主，后期进行功能扩展、业务深化。

（2）数据架构遵循国家电网公司公共信息模型（SG-CIM）、依托国家电网公司统一开发平台（SG-UAP、ISC 统一权限）进行开发。

（3）通过三步设计方法，暨通过业务架构、应用架构和系统架构的规划，建立了从业务到系统的有形、科学的方法，保证业务能够得到系统支撑。

277. 移动应用服务数据库主要存放满足平台需要的数据内容有哪些？

答：（1）营销业务应用、用电采集系统需要推送到现场的任务相关信息。

（2）移动作业完成后需要反馈到业务系统的任务相关信息。

（3）移动应用服务应用产生的监控信息。

（4）满足移动作业需要的基础信息，包括作业人员、设备、移动工作流定义，以及相关业务系统同步的公共代码信息。

（5）满足工作质量管理需要的工作质量统计信息。

278. 移动终端的网络安全设计主要包括哪几个方面？

答：（1）身份认证。移动终端应支持采用智能卡认证，提供身份认证、电子签名、权限管理等诸多安全功能。

（2）通信加密。移动终端应提供基于硬件或软件加解密的接口，实现对通信过程中应用数据的机密性和完整性保护。

（3）访问控制。移动终端应采取安全措施对系统资源如CPU指令、存储器、通信模块、设备驱动以及系统内核等资源进行强行访问控制，防止非法操作。

279. 营销移动业务应用存储的数据主要由哪6大类的数据域组成？

答：业务处理域、工作分析域、工作监控域、平台管理域、系统支撑域、附件域。

280. 实物与信息交接时，应注意哪些内容？

答：交接时应注意核对实物、单据和信息系统信息的一致性，并及时确认，信息维护时限不应超过规定的期限。

281. 营销移动业务总体设计原则有哪些？

答：规范性原则、实用性原则、安全性原则、可靠性原则、可扩展性原则、经济性原则。

282. 简述营销移动作业终端安全管理的主要内容。

答：（1）移动作业终端在使用过程中，使用人应高度重视对移动作业涉密数据的防护。

（2）移动终端应用在设备锁屏或根据设定的会话时限进入锁屏界面，使用人需要重新输入密码进入系统。

（3）终端使用人应定期更改注册账号密码，密码强度符合数字与字母组合且不小于8位。

283. 简述移动作业终端现场催费及停复电业务适用范围。

答：移动作业终端现场催费及停复电业务适用于现场催费、停电通知及欠费停复电工作。

284. 公司营销部（农电工作部）是公司移动作业平台归口管理部门，简述其主要职责。

答：（1）组织编制和修订营销移动作业平台相关管理制度和标准规范。

（2）负责营销移动作业平台业务的统一规划、设计与完善工作。

（3）负责指导各省公司营销移动作业平台的软硬件建设与业务推广。

（4）负责公司营销移动作业平台应用情况的监督与考核。

（5）负责审核各单位营销移动终端购置需求，组织招标采购工作。

285. 公司营销部（农电工作部）是本单位营销移动作业平台应用的归口管理部门，简述其主要职责。

答：（1）负责本单位营销移动作业平台的建设、推广和运行管理。

（2）负责本单位移动作业终端的设备管理以及营销移动终端购置需求汇总及上报。

（3）负责组织开展本单位营销移动作业平台应用与培训工作。

（4）负责本单位营销移动作业平台新增、变更业务需求审定与上报工作。

（5）负责本单位营销移动作业平台应用情况的评价考核。

286. 依据《营销移动作业应用管理规范》移动作业应用中设备管理是指什么？

答：设备管理是指移动作业终端、SIM 卡、TF 安全接入卡、外设设备的资产建档、领用、使用、收回、维修、丢失、报废等全寿命周期的管理。

287. 简述营销移动作业的含义。

答：营销移动作业是指借助移动互联技术，以客户为导向，以提升营销服务能力、提高工作效率为目标，通过移动化方式实现业扩、用检、抄催等业务现场作业与后台工作一体化应用。

288. 根据现场作业业务需要，现场移动业务功能包括哪些？

答：现场业扩、现场抄表、现场催费及停复电、现场检查、现场服务。

289. 通过移动作业终端现场开展勘查业务，须根据终端提示，确认哪些现场信息？并录入用电方案生成勘查工作单，客户审核后完成电子签字确认工作。

答：（1）确认现场工作危险点和安全措施。

（2）现场核查客户申请信息。

（3）确定是否符合新装（增容）或变更用电条件。

290. 《营销移动作业应用管理规范》明确了哪些内容？

答：明确了营销移动作业平台的职责分工、业务应用管理、主站运行管理、设备管理、安全管理、考核评价等。

291. 营销移动作业应用的设计原则是什么？

答：统一性、安全性、实用性、先进性、开放性。

292. 营销移动作业应用应坚持的工作要求是哪四个统一？

答：统一规划、统一建设、统一部署、统一实施。

293. 营销移动业务应用管理功能主要包括哪 7 大功能模块？

答：营销移动业务应用管理功能主要包括接口管理、应用管理、消息推送、终端管理、统计分析、服务支持、系统管理 7 个功能模块。

294. 营销移动作业应用现场业扩-高压新装现场勘查界面需要处理哪几个信息模块？

答：营销移动作业应用现场业扩-高压新装现场勘查界面需要处理注意事项、信息核对、勘查结果、现场勘查 4 个信息模块。

295. 营销移动作业应用现场业扩-高压新装业务受理界面需要处理哪几个信息模块？

答：营销移动作业应用现场业扩-高压新装业务受理界面需要处理用电申请信息、申请资料、联系信息 3 个信息模块。

296. 营销移动作业应用现场业扩-高压新装中间检查界面需要处理哪几个信息模块？

答：营销移动作业应用现场业扩-高压新装中间检查界面需要处理注意事项、信息核对、线路（电缆）3 个信息模块。

297. 营销移动作业应用会带来哪些好处？

答：（1）提高效率。受理和勘查同步完成，故障电子工单即时到达，移动资产盘点，减少工作量和差错概率。

（2）加强管理。工作现场实时定位，智能抢修，专家远程支持，抄表率、现场检查到位率等，实时运营检测。

（3）促进营销。主动上门受理业务，加快装表接电流程，用户诉求快速响应。

（4）提升服务。受理到接电一站式服务；移动营业厅实施贴心和便民服务；智能抢修，减少停电时长；现场复电，提高客户满意度。

298. 简述移动作业应用业务功能中日志管理功能的主要工作是什么？

答：记录平台正常日志及异常日志，正常日志记录移动作业终端登录、档案维护、数据上传等关键操作并进行管理，异常日志记录系统业务处理、服务端口调用、程序异常停止运行、数据下装（上传）异常和信息安全风险等报出的错误及管理。

299. 在营销移动作业平台中建设模板库，支持统一模板管理、自定义模板管理，分别简述两种模板管理有何不同点。

答：统一模板为公司根据客户用电性质和业务类型制定的常用数据模板，字段完整。

自定义模板为终端使用人根据自身岗位工作经验自定义数据模板，供同类型业务选择使用，支持终端上传。

300. 简单描述营销移动作业设备配置的基本要求。

答：移动终端应用适配 Android4.0 及以上操作系统，应支持设备分辨率自适应功能，支持 5 寸及以上移动设备的多种分辨率。移动终端应用应具有位置服务功能、网络状态变化提醒、用户电子签名、打印功能、条码扫描功能、高频射频卡读写功能。

301. 移动终端应用在离线和在线模式下都可以进行业务处理，简述两者有何不同点？

答：移动终端应用经 APN 无线接入移动作业平台，采用在线作业模式开展相关业务应用，与各业务应用系统进行交互，移动终端应用必须在在线模式下实现业务签收，在线模式下与平台进行用户验证。不具备实时网络通信条件时，可以采用离线作业模式开展现场作业，在离线模式下，网络通信正常时，将离线作业数据上传至服务端，离线模式下与数据库用户进行校验。

302. 移动作业应用系统配置管理是指什么？

答：移动作业应用系统配置管理是对移动作业平台进行整体管理。包括对平台承载的现场业扩、现场抄催、现场客服和现场用检四大业务相关电子表单、数据模板进行管理，对平台正常操作及异常情况的日志管理以及对终端应用的版本进行更新管理。

303. 营销移动作业应用调查问卷管理模块中调查问卷内容应包括哪些方面？

答：营销移动作业应用调查问卷管理模块中调查问卷内容包括调查内容、调查选择方式（客观选择、主观填写）、调查问卷评估规则。

全能型乡镇供电所**建设知识读本**

304. 简述营销移动作业终端服务支持包含哪些基本功能模块。

答：营销移动作业终端服务支持包含了移动作业模式适配、移动作业工单管理、移动作业图片管理、移动作业模板管理、移动作业账号管理、移动作业设备配置、移动作业版本更新数据同步等功能模块。

305. 简述移动作业终端操作要求。

答：（1）切勿用硬物触碰或按压移动作业终端显示屏，在进行移动作业终端及相关外设清洁前需先关机。

（2）为了延长移动作业终端使用寿命，充电时必须使用标配充电器，注意充电时间，过度充、放电会减损电池的寿命。

（3）避免移动作业终端及其配件淋水，如遇此情况，请立即关闭电源，使移动作业终端断电，并使其干燥。

（4）对于出现移动作业终端遗失、损坏等情况，参照省公司现有资产管理办法执行。

（5）当发生移动作业终端丢失的情况时，使用者须第一时间告知本单位资产管理员，管理员应及时更新系统中的终端状态。

306. 简述移动作业终端故障处理方法。

答：（1）使用人员应用过程遇到的问题，应及时找寻本单位资产管理员或联系技术支持人员帮助，不得私自隐瞒或调试。

（2）移动作业终端出现故障应及时维修，因无法维修或达到使用年限的设备，履行报废手续。

307. 简述营销移动作业终端管理办法的目的和内容。

答：为规范营销移动作业终端管理工作，加快推进营销移动作业应用，提高营销现场工作效率和服务品质，根据国家电网公司"互联网＋"营销服务建设的总体部署，制定本办法。本办法主要包括营销移动作业终端的职责分工、工作流程、使用要求、管理考核等方面内容，适用于营销各业务的移动应用工作。

308. 若移动作业终端及其配件淋水，该如何处理？

答：应立即关闭电源，使移动作业终端断电，并使其干燥。

309. 营销移动服务作业手持式终端的移动作业功能有哪些？

答：（1）抄表管理：对低压居民手工抄表的用户通过移动终端进行抄表，包括移动抄表、零度户核查。

（2）收费管理：对没有按时交费的用户按照催费段进行催费，同时对能交现金的用户进行走收收费。

（3）用电检查：包含现场检查和违约用电、窃电处理。

（4）库房盘点：现场工作人员通过移动终端对库房资产设备周期性巡检和资产盘点。

（5）表计装换：包含批量新装、批量轮换、单户装拆等终端维护功能。

（6）现场数据采录：包括数据的下载、录入、上传，资产的扫描，地图信息加载并进行基本操作功能。

54

310. 营销移动服务作业手持式终端的系统支撑功能有哪些？

答：（1）组织及权限管理：对组织机构和角色权限进行管理。

（2）工作流管理：含待办工单、已办工单和历史工单的管理查询工作。

（3）系统参数管理：包括系统参数和参数值的分类和维护。

（4）消息管理：提供通过页面消息、手机短信、电子邮件等手段将缴费接入平台信息，发送给相关人员，并能实现广播信息发布的功能。

（5）系统日志管理：记录用户登录、系统操作、接口访问等的日志信息。

（6）自定义查询：包括自定义查询的维护和执行。

（7）自定义报表：包括报表的定制和查询。

（8）地理位置定位：提供了针对 GPS 模块通用访问能力的封装，地理位置定位信息主要包括纬度、经度、GPS 时间、GPS 服务状态。

（9）移动 GIS 功能：包括基本地图操作、图层管理和查询、检索、分析、导航功能。

（10）个性化参数配置：提供针对不同用户的个性化参数配置。

（11）移动应用监控：监控移动设备及其应用信息，为组件路径优化提供依据。

（12）移动应用管理：与移动作业平台进行信息交互，包括移动应用下载安装、更新、数据信息同步等。

311. 营销移动服务作业手持式终端的功能包含哪些？

答：营销移动服务作业手持式终端的功能包含移动作业、移动服务、运行管理、系统支撑。

312. 营销移动服务作业手持式终端的移动服务功能有哪些？

答：（1）单户居民新装受理：现场作业人员在工作中通过移动终端录入用户用电需求与基本情况等信息、扫描用户资料等，接收用户用电相关需求。针对新装容和变更用电两种类型，定制对应的功能展现与特性。移动终端通过数据同步，将现场收集的信息与资料传递给营销系统，以便开展后续工作。

（2）通用查询：为方便客户，现场作业的业务人员可以通过 PDA 实时查询客户相关信息和业务信息，包括客户档案信息、抄表数据、欠费明细、缴费记录、业扩报装、95598 客服等信息的查询。

313. 营销移动服务作业手持式终端的运行管理功能有哪些？

答：（1）资源管理：设备资源管理是对移动设备和设备卡实行统一管理，主要实现设备卡的建档、移动设备的建档及使用管理、知识库管理、终端软件版本管理等功能。

（2）任务管理：工作任务管理是对现场作业人员的工作任务进行管理，主要实现任务的获取、下载和上传，任务查询，人员日程查询，现场资料信息查看，离线任务获取等功能。

314. 供货商应在生产的设备出厂前，按照相关规范检测设备，测试设备的驱动程序，确保产品能够符合项目单位的要求，出厂检验内容包含哪些？

答：（1）设备的硬件配置应满足相关规范的要求。

（2）基于指定操作系统的硬件模块驱动程序应能够正确运行。

项目单位有权派遣其检验人员到供应商及其分包商的车间场所，对合同设备的加工制造进行检验和监造。

315. 营销移动作业终端涉及现场计量的环节有哪几个？
答：现场装拆、现场校验、入库核验、出库核验。

316. 营销移动作业终端涉及市场管理的环节有哪几个？
答：市场调查、市场跟踪。

317. 营销移动作业终端涉及现场业扩的环节有哪几个？
答：现场勘查、中间检查、竣工验收、送电管理。

318. 营销移动作业终端涉及现场抄催的环节有哪几个？
答：现场补抄、现场催费、欠费停复电、零度户现场核查。

319. 国家电网营销移动业务应用系统概要设计遵循的基本原则有哪些？
答：（1）规范性原则。
（2）实用性原则。
（3）可靠性原则。
（4）可扩展性原则。
（5）经济性原则。

320. 国家电网营销移动业务应用终端管理业务包含哪几大部分？
答：国家电网营销移动业务应用终端管理包含终端登记、终端领用、终端管理、终端审核、终端授权五大部分。

321. 使用移动作业终端开展业扩工作竣工验收环节的三个基本功能有哪些？
答：（1）可输入查询条件查询或直接选定竣工验收的工作单。
（2）现场检查时，根据竣工验收信息输入并保存"竣工验收信息""竣工验收明细信息"。
（3）竣工验收完成后，支持现场将竣工验收记录信息上传营销系统。

322. 描述使用移动作业终端开展减容恢复受理工作的基本功能。
答：（1）根据客户申请内容，选择录入"减容恢复用户申请信息"，支持断点保存。
（2）支持对用户提供的资料信息进行拍照。
（3）上传用户申请信息至营销业务应用系统。

323. 描述使用移动终端开展现场业扩工作的主要内容。
答：通过移动作业终端下载现场勘查、中间检查、竣工验收等环节工单，前往客户现场进行现场勘查、中间检查、竣工验收、送电管理等操作，完成现场工作后，工作人员可以通过在线方式将现场作业信息上传到营销系统。包括："现场勘查""中间检查"

"竣工验收""送电管理"。

324.　描述使用移动终端开展现场催抄工作涉及的主要内容。

答：现场抄催主要涉及"现场补抄""现场催费""欠费停复电""零度户现场核查"。

325.　描述使用移动作业终端开展周期检查工作的主要内容。

答：通过移动作业终端下载工单，前往客户现场进行周期检查，专项检查，缺陷、隐患整改，违约用电、窃电检查等操作，包括"周期检查""专项检查""缺陷、隐患整改""违约用电、窃电检查"。

326.　描述使用移动作业终端开展现场客服工作的主要内容。

答：通过移动作业终端记录查询客户的用电申请信息，接受客户新装增容及变更用电的申请，包括"高压增容受理""减容恢复受理""装表临时用电受理""无表临时用电受理""减容受理""低压居民新装""低压非居新装""低压居民增容""低压非居增容""更名""改类"。

327.　描述使用移动终端开展现场用检工作的主要内容。

答：通过移动作业终端下载工单，前往客户现场进行周期检查、专项检查、缺陷、隐患整改，违约用电、窃电检查等操作，包括"周期检查""专项检查""缺陷、隐患整改""违约用电、窃电检查"。

328.　描述使用移动终端开展现场计量工作的主要内容。

答：通过移动作业终端下载工单，对计量装置进行出入库核验、现场装拆、现场校验等操作，包括"现场装拆""现场校验""入库核验""出库核验"。

329.　营销移动作业应用系统防护原则是什么？

答：按照"分区分域、安全接入、动态感知、全面防护"的安全策略防护，从物理、边界、应用、数据、主机、网络、终端等层次进行安全防护设计，最大限度保障营销移动作业应用系统的安全、可靠和稳定运行。

330.　营销移动作业应用系统防护目标是什么？

答：（1）保障移动终端安全认证和数据安全。

（2）防范非授权终端、丢失终端接入，保证终端应用安全。

（3）保证系统数据安全，防范数据在移动网络传输过程中不发生泄漏、被篡改等事件。

（4）实现终端可控、终端行为可监督、通信链路可信。

331.　营销移动作业应用系统边界面临哪些网络攻击风险？

答：营销移动作业应用系统边界面临 SQL 注入、脚本攻击、病毒攻击等网络攻击风险。

332. 营销移动作业应用系统授权按照"三权分立"原则划为哪四类权限?

答：营销移动作业应用系统授权按照"三权分立"原则划分审计员账号、系统管理员账号、业务配置员账号、普通用户账号四类权限。

333. 营销移动作业客户端应用有哪些功能?

答：移动客户端应用采用国网营销部定制的智能终端,通过移动 APP 为现场作业人员提供现场业扩、现场计量、现场抄催、现场用检、现场客服、移动抢修等功能。

全能型乡镇供电所
建设知识读本

第三章

基础业务应用

第一节　农配网基础知识

1. 什么叫电流？什么叫电流强度？电流强度的简称又叫什么？

答：电荷在电路中有规则地定向运动叫电流。

单位时间内流过导体横截面的电荷量叫电流强度。

电流强度的简称又叫电流。

2. 在电路计算时，电流的方向是怎样规定的？与计算结果的正负是什么关系？

答：电流的方向规定为正电荷移动的方向。

计算时先假定参考方向，计算结果为正说明实际方向与参考方向相同；反之，计算结果为负说明实际方向与参考方向相反。

3. 什么叫电位？什么叫电位差？什么叫电压？电位与电压是什么关系？电压的方向是怎样规定的？

答：电场中某点电场力对单位正电荷具有的做功能力称为这点的电位能，简称电位。

电场力将单位正电荷从 a 点移动到 b 点所做功的能力称为这两点的电位差能，简称电位差。

电场力将单位正电荷从 a 点移动到 b 点所做的功称为这两点间的电压，或者说电场中两点的电位差称为这两点的电压。

电位与电压关系：电场中两点的电压等于电场中这两点的电位之差。

电压的方向规定为从高电位到低电位的方向，也就是电位降方向。

4. 什么叫电源？什么叫电动势？电动势的方向是怎样规定的？

答：电源是将其他形式的能转换成电能的一种转换装置。

电源力将单位正电荷从电源负极移动到正极所做的功称为电源的电动势。

电动势的方向规定为低电位到高电位的方向，也就是电位升方向。

5. 什么叫静电感应？

答：把一个带电体移近一个原来不带电的用绝缘架支撑的另一导体时，在原不带电体的两端将出现等量异性电荷。接近带电体的一端出现的电荷与移近的带电体上的电荷相异，远离带电体的一端出现的电荷与移近的带电体上的电荷相同，这种现象叫做静电感应。

6. 什么叫导体？什么叫导体的电阻？

答：容易通过电流的物体叫导体。

导体对电流的阻碍作用称为导体的电阻。

7. 什么叫绝缘体？什么叫半导体？

答：不导电的物体叫绝缘体。

导电能力介于导体和绝缘体之间的物质叫做半导体。

8. 什么叫电路？什么叫电路图？

答：电流的通路称为电路。

用理想元件代替实际电器设备而构成的电路模型，叫电路图。

9. 简述欧姆定律的内容，并列出一种表达公式。

答：流过电阻的电流 I，与加在电阻两端的电压 U 成正比，与电阻值 R 成反比，这就是欧姆定律。

表达式为 $I=\dfrac{U}{R}$

10. 简述全电路欧姆定律的内容，并列出一种表达公式。

答：在闭合的电路中，电路中的电流与电源的电动势 E 成正比，与负载电阻 R 及电源内阻 R_0 之和成反比，这就是全电路欧姆定律。

表达式为 $I=\dfrac{E}{R+R_0}$

11. 简述基尔霍夫第一定律（节点电流定律 KCL）的内容，并列出一种表达公式。

答：对于电路中的任一节点，流入节点的电流 I_r 之和等于流出该节点的电流 I_c 之和。

表达式为 $\Sigma I_r=\Sigma I_c$

12. 简述基尔霍夫第二定律（回路电压定律 KVL）的内容，并列出一种表达公式。

答：对于电路中的任一回路，沿任一方向绕行一周，各电源电动势的代数和等于各电阻电压降的代数和。

表达式为 $\Sigma E=\Sigma IR$

13. 什么叫电阻的串联？串联电路总电阻的阻值与各电阻的阻值是什么关系？并列出表达式。

答：几个电阻头尾依次相接，没有分支地连成一串，叫做电阻的串联。

串联电路的总电阻等于各电阻之和。

表达式为 $R_\Sigma=R_1+R_2+\cdots=\Sigma R_i$

14. 串联电路有什么特点？

答：（1）电路各电阻上流过的电流相等。

（2）总电压等于各电阻上电压降之和。

（3）电路的总电阻等于各电阻之和。

15. 什么叫电阻的并联？并联电路总电阻的阻值与各电阻的阻值是什么关系？并列出表达式。

答：将几个电阻的头与头接在一起、尾与尾接在一起的连接方式叫做电阻的并联。

并联电路等效电阻的倒数等于各支路电阻的倒数之和。

表达式为 $\dfrac{1}{R_\Sigma}=\dfrac{1}{R_1}+\dfrac{1}{R_2}+\cdots$

16. 并联电路具有什么特点？

答：（1）各电阻两端间的电压相等。

（2）总电流等于各支路电流之和。

（3）电路的总电阻的倒数等于各支路电阻倒数之和。

17. 什么叫电功？列出求解表达式。

答：电源力或电场力在电路中移动正电荷所做的功叫做电功。

表达式为

$$W=IUt=I^2Rt=\frac{U^2}{R}t$$

式中　t——时间。

18. 什么叫电功率？列出求解表达式。

答：电功率简称功率，即单位时间内电源力（或电场力）所做的功。

表达式为

$$P=\frac{W}{t}=IU=I^2R=\frac{U^2}{R}$$

19. 什么叫电流的热效应？列出求解表达式。

答：电流通过电阻会产生热的现象，称为电流的热效应。

表达式为

$$Q=Pt=I^2Rt=IUt=\frac{U^2}{R}t$$

20. 什么叫趋肤效应？

答：当交流电流通过导线时，其横截面中心处的电流密度较小，表面附近的电流密度较大，这种电流分布不均匀的现象叫做趋肤效应。

21. 什么叫电器设备的额定电压、额定电流、额定功率？

答：允许电器设备在一定时间内安全工作的最大电压、电流或功率，分别叫做额定电压、额定电流或额定功率，用 U_N、I_N 或 P_N 表示。

22. 简答电器设备的额定工作状态（满负荷）、轻负荷（欠负荷）和过负荷（超负荷）状态的概念。

答：用电设备在额定功率下的工作状态称为额定工作状态（满负荷），低于额定功率的工作状态称为轻负荷（欠负荷），高于额定功率的工作状态称为过负荷（超负荷）。

23. 磁体具有哪些性质？

答：（1）吸铁性。

（2）具有南北两个磁极，即 N 极（北极）和 S 极（南极）。

（3）不可分割性。

（4）磁极间有相互作用。

（5）磁化性。

24. 什么叫磁通？什么叫磁感应强度（磁通密度）？

答：磁通是表示穿过某一截面的磁力线数量的物理量。

磁感应强度也称为磁通密度，简称磁密，是指穿过垂直于磁力线方向单位面积上磁力线的数量。

25. 简述右手螺旋定则（也叫安培定则）的内容。

答：（1）对于单根通电导线，右手螺旋定则可以叙述为：用右手握导线，大拇指伸直，指向电流的方向，其余四指的方向就是磁力线的方向。

（2）对于通电的螺旋管线圈，右手螺旋定则可叙述为：右手握螺旋管线圈，让四指和线圈中电流方向一致，伸直的大拇指所指的方向就是螺旋管内部磁力线的方向。

26. 简述左手定则（也叫左手电动机定则）的内容。

答：平伸左手，让大拇指和其余四指垂直，磁力线垂直穿入掌心，四指指向电流方向，则大拇指的指向就是电磁力的方向。

27. 简述右手定则（也叫右手发电机定则）的内容。

答：右手平伸，大拇指和其他四指垂直，让磁力线垂直穿过掌心，且大拇指的指向和导线运动方向一致，则其余四指所指的方向就是感应电动势的方向。

28. 简述楞次定律的内容。

答：线圈中感应电动势的方向可用楞次定律来判断。该定律可叙述为：感应电动势的方向总是企图产生感应电流来阻碍原磁通的变化。

29. 什么叫交流电？

答：所谓交流电，是指电动势、电压或电流的大小和方向都是随时间而变化的。

30. 在纯电阻电路中，电流与电压的关系是怎样的？

答：在纯电阻电路中，外加正弦交流电压时，电路中有正弦交流电流，电流与电压的频率相同，相位也相同。

31. 欧姆定律在交流电路中也适用吗？

答：在交流电路中，电压与电流的大小关系用瞬时值、有效值及最大值表示时均符合欧姆定律。

32. 常用电杆分哪几类？

答：常用电杆分为直线杆、耐张杆、终端杆、转角杆、跨越杆、分支杆。电杆按其结构形式还可分为单杆结构和型杆结构。

33. 农村电网中的配电线路主要由哪些元件组成？

答：农村电网中的配电线路主要采用架空线路方式，由电杆、导线、绝缘子、金具、拉线、基础等组成。

34. 线路绝缘子主要分为哪几种类型？

答：线路绝缘子主要分为针式绝缘子、蝶式绝缘子、悬式绝缘子、瓷横担、瓷拉棒、拉线绝缘子等多种类型。

35. 金具按使用性能可分哪几种类型？

答：金具按使用性能可分为支持金具、固定金具、连接金具、接续金具、防护金具、拉线金具等几个类型。

36. 瓷横担有哪些优点？

答：瓷横担具有绝缘性强、节约原材料、造价低廉等优点。

37. 设备的缺陷是怎样分类的？

答：设备的缺陷按其严重程度可分为一般缺陷、重大缺陷、紧急缺陷几类。

38. 隔离开关起什么作用？

答：隔离开关起隔离电压的作用，有明显绝缘断开点，以保证检修人员安全。

39. 自动空气断路器的种类有哪些？

答：（1）框架式低压断路器。

（2）塑料外壳式低压断路器。

（3）电动斥力自动开关。

（4）漏电保护自动开关。

40. 交流接触器的构造主要包括哪几部分？

答：交流接触器的构造主要包括触头系统、电磁系统、灭弧装置、其他部分。

41. 自动空气断路器有哪些作用？

答：自动空气断路器是一种既可以接通、分断电路，又能对电路进行自动保护的低压电器。当所控制的电路中发生短路、过载、电压过低等情况时能自动切断电路。

42. 电动机铭牌接法标△，额定电压标 380V，表明什么含义？

答：指电动机在额定电压下定子三相绕组的连接方法。若铭牌标△，额定电压标 380V，表明电动机电源电压为 380V 时应接△形。

43. 若电压标 380/220V，接法标 9/△，表明什么含义？

答：若电压标 380/220V，接法标 9/△，表明电源线电压为 380V 时应接成 9 形；电源线电压为 220V 时应接成△形。

44. 抄表卡片中的基本内容有哪些？

答：抄表卡中的基本内容有登记种别、用电分类、电能表的制造厂家、电压等级、容量、电能表编号、电流表及电压表变比、实用倍率、电价、户名、用户地址等。

45. 简要回答触电的种类。

答：触电有直接接触触电、间接接触触电、感应电压电击、雷击电击、残余电荷电击、静电电击等。

46. 什么叫电伤？电伤有哪几种？

答：电伤是指电对人体的外部造成的局部伤害。

电伤有电灼伤、电烙印、皮肤金属化等。

47. 配电线路导线的截面应怎样选择？

答：选择线路导线截面积时，一般是按经济电流密度来选择，按机械强度、电压损失、导线发热进行校验，经过综合分析，选用能满足上述条件的导线截面。

48. 配电线路拉线的主要作用是什么？

答：配电线路拉线的主要作用是平衡导（地）线的不平衡张力，稳定杆塔、减少杆塔的受力。

49. 拉线按实际作用分哪几类？各有什么作用？

答：拉线按实际作用分为普通拉线、高桩拉线、自身拉线和撑杆。其作用如下：

（1）普通拉线：通过连接金具连接承受电杆的各种应力。

（2）高桩拉线：用拉线将电杆与高桩连接紧固。

（3）自身拉线：在因街道狭窄或因电杆距房屋太近而无条件埋普通拉线时应使用自身拉线。

50. 拉线主要由哪些元件组成？各元件有什么作用？

答：拉线主要由钢绞线、拉线棒、拉线盘、拉线金具、绝缘子等组成。其作用如下：

（1）钢绞线起承受拉线的全部拉力的作用。

（2）拉线棒起拉线与拉线盘的连接作用。

（3）拉线金具起拉线与电杆、拉线棒、绝缘子的连接作用。

（4）拉线盘分为混凝土拉线盘和石材拉线盘，它装设于拉线的最下部，深埋在土壤内。起固定拉线的作用。

（5）绝缘子在拉线的中间部位，起把拉线上把与下把绝缘作用。

51. 线路设备巡视能达到什么目的？

答：（1）掌握线路及设备运行情况，包括观察沿线的环境状况，做到心中有数。

（2）发现并消除缺陷，预防事故发生。

（3）提供翔实的线路设备检修内容。

52. 线路设备巡视的种类有哪些？安规对定期巡视的周期是如何规定的？

答：线路设备巡视的形式一般有正常巡视、夜间巡视、特殊巡视、故障巡视、登杆检查等。

定期巡视的周期：重要线路每月一次，一般线路每季一次。

53. 缺陷管理首先要做好哪些工作？

答：缺陷管理首先要做好缺陷记录工作。巡线人员发现缺陷后，要及时做好缺陷记录，缺陷记录是巡线人员的工作记录本，通过记录情况可以考核各巡线人员的工作优劣。

54. 线路缺陷应如何进行分级管理？

答：（1）一般缺陷。由巡线人员填写缺陷记录，交由检修班在检修时处理。

（2）重大缺陷。在巡线人员报告后，线路主管部门及有关人员对现场进行复核鉴定，提出具体技术方案，经批准后实施。

（3）紧急缺陷。应立即报生产主管部门，采取安全技术措施后迅速组织力量进行抢修。缺陷消除后，应该在缺陷记录上详细记录下缺陷的消除情况，如消除人、消除时间等，消除人本人要签字，以考核缺陷处理工作。

55. 低压接户线的最小线间距离是如何规定的？

答：低压接户线的最小线间距离见表 3-1。

表 3-1　　　　　　　　　　　　低压接户线的最小线间距离

电压	架设方式	挡距（m）	线间距离（mm）
1kV 及以下	从电杆上引下	25 及以下	150
	沿墙敷设	6 及以下 6 以上	100 150

56. 低压接户线的最小截面是如何规定的？

答：低压接户线的最小截面规定见表 3-2。

表 3-2　　　　　　　　　　　　低压接户线的最小截面

低压接户线 架设方式	挡距 （m）	最小截面（mm²）	
		绝缘铜线	绝缘铝线
自电杆引下	10 以下	2.5	4
	10~25	4	6
沿墙敷设	6 以下	2.5	4

57. 低压接户线与建筑物的最小距离是如何规定的？

答：低压接户线与建筑物的最小距离规定见表 3-3。

表 3-3　　　　　　　　　　　低压接户线与建筑物的最小距离

接户线接近建筑物的部位	最小距离（m）
至通车道路中心的垂直距离	6
至难通车道路、人行道中心的垂直距离	3
至屋顶的垂直距离	2
在窗户以上	0.3
至窗户或阳台的水平距离	0.75
在窗户或阳台以下	0.8
至墙壁、构架之间的距离	0.05
至树木之间的距离	0.6

58. 填料熔断器有哪些形式和用途？

答：（1）RT0 系列。该系列熔断器用于交流 50Hz、额定电压 380V 或直流电压 440V 及以下短路电流较大的电路中。

（2）RT10 系列。该系列熔断器用于交流 50Hz（或 60Hz）、额定电压在 500V 或直流电压 500V 及以下、额定电流 100A 以下的电路中。

（3）RT11 系列。用于交流 50Hz（或 60Hz）、额定电压 500V 以下、额定电流 400A 及以下的电路中。

（4）RL1 系列。用于交流 50Hz（或 60Hz）、额定电压 380V 或直流电压 440V、额定电流 200A 及以下的电路中。

（5）RS0 系列。用于交流 50Hz、额定电压 750V 以下、额定电流 480A 及以下电路中，作为半导体整流元件及其成套装置的短路保护和过负荷保护。

（6）RS3 系列。用于交流 50Hz、额定电压 1000V 及以下、额定电流 700A 及以下的电路中，作晶闸管整流元件及其成套装置的过负荷保护。

（7）RLS1 螺旋式快速熔断器。用于交流 50Hz、额定电压 500V 以下或直流额定电压 380V 及以下、额定电流 100A 及以下的电路中，作为硅整流元件及其成套装置的短路或过负荷保护。

（8）RZ1 系列。用于交流 50Hz、电压 380V、电流 800A 的电路中，与塑壳自动开关组成高分断能力、高限流型自动开关。

59. 简述交流接触器的工作原理。

答：交流接触器是利用电磁机构及弹簧等构成的一种低压电器。当交流接触器励磁绕组中通入电流时，铁芯被磁化而动铁芯被吸动与静铁芯吸合，带动主触头闭合，接通主电路。辅助常开触头闭合，辅助常闭触头打开。当励磁绕组断电时，动铁芯在弹簧的作用下打开。

60. 农村井用异步电动机常用的有哪几个类型？其新代号和旧代号各是什么？

答：（1）异步电动机。新代号是 Y，旧代号是 J、JO、JX、JK。

（2）绕线转子异步电动机。新代号是 YR，旧代号是 JR、JRO、YR。

（3）大型高速异步电动机（快）。新代号是 YK，旧代号是 JK。

（4）高启动转矩异步电动机。新代号是 YQ，旧代号是 JQ、JQO。

（5）多速异步电动机。新代号是 YD，旧代号是 JD、JDO。

（6）笼型转子立式异步电动机（大中型）。新代号是 YL，旧代号是 YLL、JSL。

（7）绕线转子立式异步电动机（大中型）。新代号是 YRL，旧代号是 JRL。

（8）立式深井泵用异步电动机。新代号是 YLB，旧代号是 JLB。

（9）井用（充水式）潜水异步电动机。新代号是 YQS，旧代号是 JQS。

（10）井用（充油式）潜水异步电动机。新代号是 YQSY，旧代号是 JQSY。

61. 简要回答三相异步电动机的工作原理。

答：三相异步电动机的定子绕组通入三相交流电，就会产生一个旋转磁场，旋转磁场的磁力线通过定子铁芯、气隙和转子铁芯构成回路。三相异步电动机转子绕组导体由于相对于旋转磁场运动，就会因切割磁力线而感应电动势，因而转子绕组就会流过电流。载流的转子绕组导体在旋转磁场中会受到电磁力的作用。在电磁力形成的电磁转矩作用下，电动机转子就沿着旋转磁场的方向转动起来。

62. 允许电动机直接启动的原则是什么？

答：电动机由变压器供电的动力回路，不经常启动的电动机，其容量不宜超过变压器容量的 30%；经常启动的电动机，其容量不宜超过变压器容量的 20%。照明与动力混合回路，允许直接启动的电动机容量将会更小。

63. 用熔断器对三相异步电动机进行短路保护时，熔丝或熔体的额定电流应怎样选择？

答：对于单台电动机，可按 1.5～2.5 倍电动机的额定电流来选用，重载启动的取值较大，轻载或降压启动的取值较小；绕线型异步电动机一般取 1.25 倍额定电流即可。对于多台电动机，熔体的额定电流应大于或等于最大一台电动机的额定电流的 1.5～2.5 倍，再加上同时使用的其他电动机额定电流之和。

64. 简要说明抄表器有哪些主要功能。

答：抄表器主要功能有抄表功能、计算功能、防止估抄功能、纠错功能、统计功能、检索功能、报警功能、通信功能。

65. 抄表器的关机方法有几种？说明每种关机方法的特点是什么。

答：抄表器的关机方法有两种。

（1）按［关机］键关机。

特点：下次再开机时，可以快速进入关机前状态。这种关机方法虽然使用很方便，但是抄表的数据容易被修改。

（2）回到主控台关机。

特点：再次开机时，要输入密码才能进入应用程序。使用时，虽然麻烦一些，但是抄表数据不易被改动。

66. 什么叫电击？对人体有什么危害？

答：电击是指人的内部器官受到电的伤害。

当电流流过人的内部重要器官时，如呼吸系统、中枢神经系统、血液循环系统等，将造成损坏，内部系统工作机能紊乱，严重时会休克甚至死亡。遭电击者，一般在电流的入口和出口处留有击穿的痕迹，若接触电压较高，则击穿的伤口较大，较深，不易愈合。电击除造成人体生理性质的伤害外，神经也可能受伤。

67. 电灼伤对人体有什么危害？

答：电灼伤一般有接触灼伤和电弧灼伤两种。接触灼伤发生在高压触电事故时，电流流通的人体皮肤进、出口处，一般进口处比出口处的灼伤严重，接触灼伤的面积较小，但深度深，大多为三度灼伤。灼伤处呈现为黄色或褐黑色，并可累及皮下组织、肌腱、肌肉、神经及器官，甚至使骨骼呈现炭化状态。当发生带负荷误拉、合隔离开关、带地线合隔离开关时，所产生强烈的电弧都可能引起电弧的灼伤，其情况与火焰烧伤相似，会使皮肤发红，起泡、烧焦组织，并使其坏死。

68. 电烙印对人体有什么危害？

答：电烙印发生在人体与带电体之间有良好的接触部位处。在皮肤表面留下与带电接触体形状相似的肿块痕迹。电烙印边缘明显，颜色多呈灰黄色。电烙印一般不发臭或化脓，但往往造成局部麻木或失去知觉。

69. 触电急救坚持的"八字原则"是什么？

答：迅速、就地、准确、坚持。

70. 简要回答脱离电源的一般方法。

答：首先要使触电者迅速脱离电源。要把触电者接触的那一部分带电设备的开关关闭，或设法将触电者与带电设备脱离。同时救护者也要注意保护自己不要触电。

71. 发生火灾必须同时具备的条件是什么？

答：发生火灾必须同时具备三个条件，一是可燃性物质；二是助燃性物质（氧化剂、氧气）；三是火源或高温。

72. 电气火灾和爆炸的原因是什么？

答：（1）有易燃易爆的环境，也就是存在易燃易爆物及助燃物质。

（2）电气设备产生火花、危险的高温。

73. 引起电气设备过度发热的原因有哪些？

答：引起电气设备过度发热的原因有以下几方面：

（1）短路。

（2）过负荷。

（3）接触不良。

（4）铁芯发热。

（5）发光发热设备的正常运行温度，如电炉、白炽灯等的外壳表面温度。

（6）通风散热不良。

74. 线路短路引起火灾的原因是什么？

答：线路短路时由于短路电流的热效应使得温度急剧升高，从而引起绝缘材料燃烧，使线路附近的易燃物燃烧着火。

发生短路引起火灾的主要原因有：

（1）线路安装不正确。

（2）对运行线路未能及时发现缺陷。

（3）使用不正确。

75. 线路过负荷引起火灾的原因是什么？

答：（1）导线截面选择偏小。

（2）线路所接的用电设备增加时未能及时更换大截面导线。

（3）过负荷保护整定值偏大，使线路长期过负荷运行。

76. 引起变压器火灾的主要原因是什么？

答：（1）绕组匝间、层间或相间绝缘损坏发生短路，造成绕组发热、燃烧。

（2）铁芯间绝缘或铁芯与夹紧螺栓间绝缘损坏，引起涡流损耗增加，温度上升，可使绝缘油分解燃烧。

（3）绕组及分接头引线连接点接触电阻过大，引起高温起火。

（4）绝缘油老化、变质、杂质过多，都可引起耐压等级下降，发生闪弧。

（5）变压器渗漏油引起油面下降，散热作用减少引起绝缘材料过热和燃烧。

（6）变压器外部线路短路，严重过负荷而保护又拒动，也会引起内部起火、爆炸。

77. 引起电动机火灾的原因有哪些？

答：（1）电动机绕组发生单相匝间短路、单相接地和相间短路，引起绕组发热，绝缘损坏而燃烧。

（2）电动机过负荷、缺相或电源电压降低，引起转速降低，绕组过电流发热，绝缘损坏，引起火灾。

（3）电动机润滑不足，或受异物卡住，堵转引起电流过大而发生火灾。

（4）接线端松动，接触电阻过大产生局部高温或火花，引起绝缘或易燃物燃烧。

（5）通风槽被粉尘或异物堵塞，散热不良引起绕组过热而起火。

78. 引起油断路器起火爆炸的主要原因有哪些？

答：（1）断路器遮断容量不足，当断路器遮断容量小于系统的短路容量时，断路器不能及时熄弧，由于电弧的高温使油加热分解成易燃物及气体，从而引起燃烧、爆炸。

（2）油面偏低或偏高，当油面偏低，在切断电弧时油质分解的气体不能及时冷却，从而与上层空气混合，造成燃烧、爆炸；油面偏高时气体冲不出油面，内部压力过大引起爆炸。

（3）套管积垢受潮，造成相间击穿闪络，引起燃烧、爆炸。

79. 引起电缆终端盒火灾的原因有哪些？

答：（1）终端盒绝缘受潮、腐蚀、绝缘被击穿。

（2）充油电缆由于安装高度差不合要求，压力过大使终端盒密封破坏，引起漏油起火。

（3）电缆通过短路电流，使终端盒绝缘炸裂。

80. 低压配电屏（盘）发生火灾的主要原因有哪些？

答：（1）安装不符合要求、绝缘损坏、对地短路。

（2）绝缘受潮，发生短路。

（3）接触电阻过大或长期不清扫，积灰受潮短路。

81. 简述电费账务的分类。

答：（1）应收电费账。

（2）实收电费账。

（3）电费收入明细账。

（4）银行存款明细账。

（5）其他账务。

82. 常见的收费方式有哪些？

答：（1）走收。

（2）银行代收电费。

（3）计算机储蓄。

（4）购电制。

（5）委托银行收费。

83. 脚扣登杆的注意事项有哪些？

答：（1）使用前必须仔细检查脚扣各部分有无断裂、腐朽现象，脚扣皮带是否结实、牢固，如有损坏，应及时更换，不得用绳子或电线代替。

（2）一定要按电杆的规格，选择大小合适的脚扣，使之牢靠地扣住电杆。

（3）雨天或冰雪天不宜登杆，容易出现滑落伤人事故。

（4）在登杆前，应对脚扣作人体载荷冲击试验，检查脚扣是否牢固。

（5）穿脚扣时，脚扣带的松紧要适当，应防止脚扣在脚上转动或脱落。

（6）上、下杆的每一步都必须使脚扣与电杆之间完全扣牢，以防下滑及其他事故。

84. 登高板登杆的注意事项有哪些？

答：（1）登高板使用前，一定要检查登高板有无开裂和腐朽、绳索有无断股等现象，如果有此现象应及时更换或处理。

（2）登高板挂钩时必须正勾，切勿反勾，以免造成脱钩事故。

（3）登杆前，应先将登高板钩挂好，用人体作冲击荷载试验，检查登高板是否安全可靠；同时对安全带也用人体作冲击荷载试验。

85. 怎样判定触电伤员意识是否丧失？

答：对于意识丧失的触电伤员，应在 10s 内，用看、听、试的方法，判定伤员呼吸和心跳情况：

（1）看。看伤员的胸部、腹部有无起伏动作。

（2）听。用耳贴近伤员的鼻处，听有无呼气声音。

（3）试。用手背前部试测口鼻有无呼气的气流，再用两手指轻试喉结旁凹陷处的颈动脉有无搏动。

若看、听、试结果，既无呼吸又无颈动脉跳动，可判定呼吸和心跳停止。

86. 怎样预防线路短路引起火灾？

答：（1）按规程要求，对线路的连接和安装进行严格检查，确保符合规定要求。

（2）正确选择导线截面，并与保护配合。

（3）正确运行维护，经常检查绝缘状况，对绝缘薄弱点及时采取措施。

87. 怎样预防线路过负荷引起火灾？

答：（1）根据线路所带负荷的大小，正确选择导线截面，在负荷增加时应当更换大截面导线。

（2）正确整定过负荷保护的动作值。

（3）加强线路负荷电流的监测，发现过负荷立即切除部分用电设备。

88. 怎样预防变压器火灾？

答：（1）按期进行检修及预防性试验，发现缺陷及时处理。

（2）装设防爆管和温度保护装置，注意检查油位。

（3）合理配置继电保护装置。

（4）合理设计和安装。

（5）配备灭火器材。

89. 怎样预防电缆终端盒火灾？

答：（1）正确施工，保证密封良好，防止受潮，充油电缆的高度差要符合要求。

（2）加强检查，发现漏油及时采取修复措施。

90. 预防电加热设备火灾的措施有哪些？

答：（1）正确使用。运行中的电加热设备需有专人监视，周围不得有易燃物，电加热设备必须安装在不燃烧、不导热的基座上。

（2）合理选择电源线及开关、熔断器，防止过负荷和短路引起的火灾。

91. 扑救旋转电动机的火灾时，应注意什么？

答：先断开电源。扑救旋转电动机的火灾时，为防止轴承变形，可使用喷雾水流均匀冷却，不得用大水流直接冲射，另外可用二氧化碳、1211、干粉灭火器扑救。严禁用黄砂扑救，以防进入设备内部损坏机芯。

92. 防止照明器具引发火灾的主要措施有哪些？

答：防止照明器具引发火灾的主要措施有让灯泡远离易燃物、在易燃易爆场所必须使用防爆灯。另外，要经常检查绝缘和清洁状况，防止短路起火。

93. 装饰装潢火灾的预防措施有哪些？

答：（1）电动工具尽量不要过载。

（2）装修中产生的易燃物品及时清理，与电动工具、导线、灯具及时分离。

（3）导线连接牢固并做好绝缘。

94. 常用电气安全工作标示牌有哪些？对应放在什么地点？

答：（1）禁止合闸，有人工作！悬挂在一经合闸即可送电到施工设备的断路器和隔离开关操作把手上。

（2）禁止合闸，线路有人工作！悬挂在一经合闸即可送电到施工线路的断路器和隔离开关操作把手上。

（3）在此工作！悬挂在室外和室内工作地点或施工设备上。

（4）止步，高压危险！悬挂在施工地点临近带电设备的遮栏上、室外工作地点临近带电设备的构架横梁上、禁止通行的过道上、高压试验地点。

（5）从此上下！悬挂在工作人员上下的铁架、梯子上。

（6）禁止攀登，高压危险！悬挂在工作人员可能误上下的铁架及运行中变压器的梯子上。

95. 登高工具试验标准有哪些内容？怎样规定的？

答：登高工具试验标准见表3-4。

表3-4　　　　　　　　　　　常用登高工具试验标准

名称	试验静拉力（N）	试验周期	外表检查周期	试荷时间（min）	备注
安全带	大带2205；小带1470	半年一次	每月一次	5	
安全腰带	2205	半年一次	每月一次	5	
升降板	2205	半年一次	每月一次	5	
脚扣	980	半年一次	每月一次	5	
梯子荷重	1765	半年一次	每月一次	5	

96. 使用高压验电器应注意哪些事项？

答：（1）使用高压验电器验电时，应选用与被测设备额定电压相应电压等级的专用验电器，并戴绝缘手套操作。

（2）使用高压验电器前，先要在确实带电的设备上检查验电器是否完好。

（3）雨天不可在户外进行验电。

（4）验电时，要做到一人操作、一人监护。

（5）验电时要防止发生相间或对地短路事故。

（6）人体与带电体应保持足够的安全距离。

（7）验电人员站在木杆、木梯或木架构上验电时，若因无接地线而不能指示者，可在验电器上接地线，但必须经值班负责人的许可。

（8）高压验电器应定期进行试验，不得使用没有试验过或超过试验周期的验电器验电。

97. 使用压接钳应注意哪些事项？

答：（1）压接管和压模的型号应根据导线型号选用。

（2）在压接中，当上下压模相碰时，压坑深度恰好满足要求。压坑不能过浅，否则压接管握着力不够，导线会抽出来。

（3）应按规定完成各种导线的压坑数目和压接顺序。每压完一个坑后持续压力1min后再松开，以保证压坑深度准确。钢芯铝绞线压接管中应有铝垫片填在两导线间，以便增加接头握着力，并使接触良好。

（4）压接前应用布蘸汽油将导线清擦干净，涂上中性凡士林油后，再用钢丝刷清擦一遍。压接完毕，应在压管两端涂红丹粉油。压接后要进行检查，若压管弯曲过大或有裂纹的，要重新压接。

（5）截面 16mm^2 及以上的铝绞线，可采用手提式油压钳。

98. 使用绝缘棒应注意哪些事项？

答：（1）操作前，棒表面应用清洁的干布擦拭干净，使棒表面干燥、清洁。

（2）操作时，应戴绝缘手套，穿绝缘靴或站在绝缘垫（台）上作业。

（3）操作者的手握部位不得越过护环。

（4）使用绝缘棒的规格必须符合相应线路电压等级的要求，切不可任意取用。

（5）应使用定期试验过的绝缘棒，超试验周期的不得使用。

99. 使用绝缘夹钳应注意哪些事项？

答：（1）夹钳只允许使用在额定电压为 35kV 及以下的设备上，且应按电压等级、使用在户内外不同场所选用相应的规格形式。

（2）操作时必须将绝缘夹钳擦拭干净，戴上绝缘手套，穿上绝缘靴及戴上防护眼镜，必须在切断负载的情况下进行操作。

（3）应使用定期试验过的绝缘夹钳，超试验周期的不得使用。

100. 使用接地线应注意哪些事项？

答：（1）装设接地线必须先装接地端，后接导体端，且应接触良好。应使用专用线夹固定在导体上，严禁用缠绕方法进行接地或短路。拆接地线顺序与此相反。

（2）装拆接地线应使用绝缘棒和绝缘手套。

（3）三相短路接地线，应采用多股软铜绞线制成，其截面应符合短路电流热稳定的要求，但不得小于 25mm^2。

（4）接地线装设点不应有油漆。

（5）接地线应编号，固定存放。

（6）每次检修使用多少接地线应记录，完工后应清点接地线数目，少一组都不能送电。

101. 触电者触及低压带电设备，如何使其脱离电源？

答：（1）拉开电源开关或隔离开关，拔除电源插头等。

（2）使用绝缘工具、干燥的木棒、木板、绳索等不导电的东西解脱触电者。

（3）抓住触电者干燥而不贴身的衣服，将其拖开。

（4）戴绝缘手套或将手用干燥衣物等包裹起来绝缘后去解脱触电者。

（5）救护的人员可站在绝缘垫上或干木板上，绝缘自己进行救护。

（6）触电者紧握电线，可设法用干木板塞到身下，使其与地隔离。

（7）用干木把斧子或有绝缘柄的钳子等将电线剪断。

102. 触电发生在架空线杆塔上，如何使其脱离电源？

答：触电发生在架空线杆塔上，如是低压带电线路，应迅速切断电源，或者由救护人员迅速登杆，系好自己的安全皮带后，用带绝缘胶柄的钢丝钳、干燥的不导电物体或绝缘体将触电者拉离电源；如是高压带电线路，又不可能迅速切断电源开关的，可以采用抛挂足够截面和适当长度的金属短路线方法，造成线路短路使电源开关跳闸。

103. 触电者触及断落在地上的带电高压导线，如何使其脱离电源？

答：触电者触及断落在地上的带电高压导线时，如尚未确认线路无电，救护人员在未做好安全措施（如穿绝缘靴或临时双脚并紧跳跃地接近触电者）前，不能接近断线点至 8～10m 范围内，以防止跨步电压伤人。触电者脱离带电导线后也应迅速带至 8～10m 以外处立即急救。只有在确认线路已经无电，才可在触电者离开触电导线后，立即就地进行急救。

104. 怎样预防电动机火灾？

答：（1）正确安装和使用。对潮湿及灰尘较多的场所应采用封闭型；易燃易爆场所采用防爆型。电动机的机座采用不可燃材料，四周不准堆放易燃易爆物。

（2）经常检查维修，清除内部异物，做好润滑，定期测试绝缘电阻，发现缺陷及时进行处理。

（3）合理设置保护装置。一般设短路、过负荷及缺相保护，大型电动机增设绕组温度保护装置等。

105. 怎样预防油断路器起火爆炸？

答：（1）正确选用断路器，其遮断容量应大于系统的短路容量。

（2）在箱盖上安装排气孔。

（3）加强巡视检修，发现油面位置偏低，及时加油，定期进行预防性试验，油质老化时及时更换。

（4）正确选择和安装，油断路器应设在耐火建筑物内。

106. 怎样预防低压配电屏（盘）发生火灾？

答：（1）正确安装接线，防止绝缘破损，避免接触电阻过大。

（2）装在清洁干燥场所，定期检查。

（3）连接导体在灭弧装置上方时，应保持一定飞弧距离，防止短路。

107. 带电灭火的注意事项有哪些？

答：发生电气火灾，有时情况危急，等断电扑救就会扩大危险性，这时为了争取时间控制火势，就需带电灭火。带电灭火的注意事项如下：

（1）带电灭火必须使用不导电灭火剂，如二氧化碳、1211、干粉灭火器、四氯化碳等。

（2）扑救时应戴绝缘手套，与带电部分保持足够的安全距离。

（3）当高压电气设备或线路发生接地时，室内扑救人员距离接地点不得靠近 4m 以内，室外不得靠近 8m 以内，进入上述范围应穿绝缘靴、戴绝缘手套。

（4）扑救架空线路火灾时人体与带电导线仰角不大于 45°。

108. 说出 5 个及以上低压线路针式绝缘子型号。

答：PD—1T；PD—2T；PD—3T；PD—1—1T；PD—1—2T；PD—1M；PD—2M；PD—3M；PD—M；PD—2W。

109. 说出 5 个及以上低压线路蝶式绝缘子的型号。

答：ED—1；ED—2；ED—3；ED—4；163001；163002；163003；163004；163005。

110. 说出 4 个及以上低压线路线轴式绝缘子型号。

答：EX—1；EX—2；EX—3；EX—4；166001；166002；166003；166004；166005。

111. 一般在什么地方采用钢索配线？

答：在比较大型的厂房内，由于屋顶构架较高、跨度较大，而灯具安装又要求敷设较低的照明线路时，常常采用钢索配线。

112. 塑料管配线在有可能受到碰撞的地方和在地面下敷设时应如何处理？

答：在有可能受到碰撞的地方，应该把塑料管埋在墙内并用水泥砂浆保护；在地面下敷设时，需用混凝土把塑料管保护起来。

113. 说出 5 个及以上常用的绝缘漆型号。

答：常用的绝缘漆有油性漆布（黄漆布）2010 和 2012 型；油性漆绸（黄漆绸）2210 和 2212 型；油性玻璃漆布 2412 型；还氧玻璃漆布 2433；沥青漆 1010、1011、1210 和 1211 型；耐油清漆 1012 型；甲酚清漆 1014 型；还氧脂漆 1033 型；灰瓷漆 1320 型；红瓷漆 1322 型等。

114. 说出 4 个及以上常用裸导线类型。

答：软铜圆线 TR；硬铜圆线 TY；特硬铜圆线 TYT；软铝圆线 LR；H4～H9 状态硬铝圆线 LY4～LY9 型。

115. 说出 4 个及以上常用裸绞线类型。

答：铝绞线 LJ；钢芯铝绞线 LGJ；防腐型钢芯铝绞线 LGJF；铜绞线 TJ；镀锌钢绞线 GJ。

116. 说出 5 种及以上聚氯乙烯绝缘导线及型号。

答：（1）铜芯聚氯乙烯绝缘导线 BV。

（2）铝芯聚氯乙烯绝缘导线 BLV。

（3）铜芯聚氯乙烯绝缘聚氯乙烯护套圆型导线 BVV。

（4）铝芯聚氯乙烯绝缘氯乙烯护套圆型导线 BLVV。

（5）铜芯聚氯乙烯绝缘聚氯乙烯护套平型导线 BVVB。

（6）铝芯聚氯乙烯绝缘聚氯乙烯护套平型导线 BLVVB。

（7）铜芯聚氯乙烯绝缘软导线 BVR。

117. 说出 4 种以上橡皮绝缘导线及型号。

答：（1）铜芯橡皮绝缘棉纱或其他纤维编织导线 BX。

（2）铝芯橡皮绝缘棉纱或其他纤维编织导线 BLX。

（3）铜芯橡皮绝缘棉纱或其他纤维编织软导线 BXR。

（4）铜芯橡皮绝缘编织双绞软导线 RXS。

（5）铜芯橡皮绝缘编织圆型软导线 RX。

118. 电力电缆的常用类型有哪些？

答：（1）铜芯黏性油浸纸绝缘铅包聚氯乙烯护套电力电缆 ZQ02、ZQ03、ZQ20 型。

（2）铝芯黏性油浸纸绝缘铅包聚氯乙烯护套电力电缆 ZLQ02、ZLQ03、ZLQ20 型。

（3）铜芯（铝芯）不滴流油浸纸绝缘铅包聚氯乙烯护套电力电缆 ZQD02、ZQD03、ZQD20。

（4）铝芯不滴流油浸纸绝缘铅包聚氯乙烯护套电力电缆 ZLQD02、ZLQD03、ZLQD20。

（5）铜芯聚氯乙烯绝缘聚氯乙烯护套电力电缆 VV。

（6）铝芯聚氯乙烯绝缘聚氯乙烯护套电力电缆 VLV。

119. 简答精电 200 系列防腐降阻剂 6 种型号及其适用场所。

答：（1）精电 200—N 为普通型，适用于大多数接地工程。

（2）精电 200—G 为保证型，适用于特别重要的接地工程。

（3）精电 200—SB 型为特别抗盐型，适用于严重的盐碱地条件下的接地工程。

（4）精电 200—D 为特别抗干旱型，适用于严重干旱地区。

（5）精电 200—M 为特别防水型，适用于特别潮湿的场合。

（6）精电 200—K 为物理型，适用于对金属腐蚀严重的地区。

120. 简述钳型电流表使用注意事项。

答：（1）测量前应先估计被测电流的大小，以选择合适的量限。或先用大量限，然后再逐渐切换到适当的量限。注意不能在测量进行中切换。

（2）钳口相接处应保持清洁、平整、接触紧密，以保证测量准确。

（3）一般钳型电流表适用于低压电路的测量，被测电路的电压不能超过钳型电流表所规定的使用电压。

（4）测量时，每次只能钳入一相导线，不能同时钳入两相或三相导线，被测导线应放在钳口中央。

（5）使用钳型电流表时，应戴绝缘手套，穿绝缘鞋。读数时要特别注意人体、头部与带电部分保持足够的安全距离。

（6）测量低压熔断器和水平排列低压母线的电流时，测量前应将各相熔断器和母线用绝缘材料加以隔离，以免引起相间短路。

（7）测量完毕后，应把选择开关拨到空挡或最大电压量程一挡。

121. 简述万用表的使用方法。

答：（1）首先将红色表笔插入有"＋"号的插孔，黑色表笔插入有"－"号的插孔。

（2）使用前，应检查指针是否指在零位上，如不在零位，可调整表盖上的机械零位调整器，使指针恢复至零位；如无法使指针调到零位时，则说明万用表内的电池电压太低，应更换新电池。

（3）根据被测量的种类和大小，将功能和量程转换开关旋转到相应的挡位。

（4）测电压时，应把万用表并联接入电路。测电流时，应把万用表串联接入电路。

（5）测交、直流 2500V 高电压时，应将红表笔插入专用的 2500V 插孔中。

122. 简述万用表使用的注意事项。

答：（1）正确选择功能和量程转换开关的挡位，若不知道被测量的大致范围，可先将量程放到最高挡，然后再转换到合适的挡位，严禁带电转换功能和量程开关。

（2）测量电阻时，必须将被测电阻与电源断开，并且当电路中有电容时，必须先将电容短路放电。

（3）用欧姆挡判别晶体二极管的极性和晶体三极管的管脚时，应记住"＋"插孔是接自内附电池的负极，且量程应选 $R \times 100$ 或 $R \times 10$ 挡。

（4）不准用欧姆挡去直接测量微安表头、检流计、标准电池等的电阻。

（5）在测量时，不要接触测试棒的金属部分，以保证安全和测量的准确性。

（6）万用表使用后，应将转换开关旋至交流电压最高挡或空挡。

123. 简述绝缘电阻表的使用方法。

答：（1）按被测设备的电压等级选择绝缘电阻表。

（2）绝缘电阻表有"线"（L）、"地"（E）和"屏"（G）三个接线柱，测量时，把被测绝缘电阻接在"L"和"E"。在被测绝缘电阻表面不干净或潮湿的情况下，必须使用屏蔽"G"接线柱。

（3）测量前，应先将被测设备脱离电源，进行充分对地放电，并清洁表面。

（4）测量前，先对绝缘电阻表做开路和短路检验，短路时看指针是否指到"0"位；开路时看指针是否指到"∞"位。

（5）测量时，绝缘电阻表必须放平，摇动手柄使转速逐渐增加到 120r/min。

（6）对于电容量大的设备，在测量完毕后，必须将被测设备对地进行放电。

124. 简述绝缘电阻表使用的注意事项。

答：（1）按被测电气设备的电压等级正确选择绝缘电阻表。

（2）禁止遥测带电设备。

（3）严禁在有人工作的线路上进行测量工作。

（4）雷电时，禁止用绝缘电阻表在停电的高压线路上测量绝缘电阻。

（5）在绝缘电阻表没有停止转动或被测设备没有放电之前，切勿用手去触及被测设备或绝缘电阻表的接线柱。

（6）使用绝缘电阻表遥测设备绝缘时，应由两人操作。

（7）遥测用的导线应使用绝缘线，两根引线不能绞在一起，其端部应有绝缘套。

（8）在带电设备附近测量绝缘电阻时，测量人员和绝缘电阻表的位置必须选择适当，保持与带电体的安全距离。

（9）遥测电容器、电力电缆、大容量变压器及电动机等电容较大的设备时，绝缘电阻表必须在额定转速状态下方可将测电笔接触或离开被测设备，以避免因电容放电而损坏绝缘电阻表。

125. 导线连接的基本要求有哪些？

答：（1）接触紧密，接头电阻不应大于同长度、同截面导线的电阻。

（2）接头的机械强度不应小于该导线机械强度的 80%。

（3）接头处应耐腐蚀，防止受外界气体的侵蚀。

（4）接头处的绝缘强度与该导线的绝缘强度应相同。

126. 塑料护套线的绝缘层应如何剖削？

答：（1）芯线截面为 $4mm^2$ 及以下的塑料硬线，其绝缘层一般用钢丝钳来剖削。剖削方法如下：

1）用左手捏住导线，根据所需线头长度用钢丝钳的钳口切割绝缘层，但不可切入芯线。

2）用右手握住钢丝钳头部用力向外移，勒去塑料绝缘层。

3）剖削出的芯线应保持完整、无损。如果芯线损伤较大，则应剪去该线头，重新剖削。

（2）芯线截面为 $4mm^2$ 及以上的塑料硬线，可用电工刀来剖削其绝缘层。方法如下：

1）根据所需线头长度，用电工刀以 45°角倾斜切入塑料绝缘层，应使刀口刚好削透绝缘层而不伤及芯线。

2）使刀面与芯线间的角度保持 45°左右，用力向线端推削（不可切入芯线），削去上面一层塑料绝缘。

3）将剩余的绝缘层向后扳翻然后用电工刀齐根削去。

127. 橡皮线的绝缘层应如何剖削？

答：（1）先按剖削护套层的方法，用电工刀尖将纺织保护层划开，并将其向后扳翻，再齐根切去。

（2）按剖削塑料线绝缘层的方法削去橡胶层。

（3）将棉纱层散开到根部，用电工刀切去。

128. 花线的绝缘层应如何剖削？

答：（1）在所需线头长度处用电工刀在棉纱织物保护层四周割切一圈，将棉纱织物拉去。

（2）在距棉纱织物保护层 10mm 处，用钢丝钳的刀口切割橡胶绝缘层。

（3）将露出的棉纱层松开，用电工刀割断。

129. 7 股铜芯导线的直线连接应如何连接？

答：先将剖去绝缘层的芯线头散开并拉直，再把靠近绝缘层 1/3 线段的芯线绞紧，然后把余下的 2/3 芯线头分散成伞状，并将每根芯线拉直。把两个伞状芯线线头隔根对叉，并拉平两端芯线。把一端的 7 股芯线按 2、2、3 根分成三组，把第一组 2 根芯线扳起，垂直于芯线，并按顺时针方向缠绕 2 圈，将余下的芯线向右扳直。再把第二组的 2

根芯线扳直，也按顺时针方向紧紧压着前 2 根扳直的芯线缠绕 3 圈，并将余下的芯线向右扳直。再把第三组的 3 根芯线扳直，按顺时针方向紧紧压着前 4 根扳直的芯线向右缠绕 3 圈。切去每组多余的芯线，钳平线端。用同样方法再缠绕另一边芯线。

130. 7 股铜芯导线的 T 形分支连接应如何连接？

答：将分支芯线散开并拉直，再把紧靠绝缘层 1/8 线段的芯线绞紧，把剩余 7/8 的芯线分成两组，一组 4 根，另一组 3 根，排齐。用旋凿把干线的芯线撬开分为两组，再把支线中 4 根芯线的一组插入干线中间，而把 3 根芯线的一组放在干线的前面。把 3 根芯线的一组在干线右边按顺时针方向紧紧缠绕 3~4 圈，并钳平线端；把 4 根芯线的一组在干线芯线的左边按逆时针方向缠绕 4~5 圈，钳平线端。

131. 不等径单股铜导线应如何连接？

答：如果要连接的两根铜导线的直径不同，可把细导线线头在粗导线线头上紧密缠绕 5~6 圈，弯折粗线头端部，使它压在缠绕层上，再把细线头缠绕 3~4 圈，剪去余端，钳平切口即可。

132. 铜（导线）、铝（导线）之间应如何连接？

答：铜导线与铝导线连接时，应采取防电化腐蚀的措施。常见的措施有以下两种：

（1）采用铜铝过渡接线端子或铜铝过渡连接管。在铝导线上固定铜铝过渡接线端子，常采用焊接法或压接法。如果是铜导线与铝导线连接，则采用铜铝过渡连接接管，把铜导线插入连接管的铜端，把铝导线插入连接管的铝端，然后用压接钳压接。

（2）采用镀锌紧固件或夹垫锌片或锡片连接。

133. 线头与针孔接线桩应如何连接？

答：端子板、某些熔断器、电工仪表等的接线，大多利用接线部位的针孔并用压接螺钉来压住线头以完成连接。如果线路容量小，可只用 1 只螺钉压接；如果线路容量较大或对接头质量要求较高，则使用两只螺钉压接。

单股芯线与接线桩连接时，最好按要求的长度将线头折成双股并排插入针孔，使压接螺钉顶紧在双股芯线的中间。如果线头较粗，双股芯线插不进针孔，也可将单股芯线直接插入，但芯线在插入针孔前，应朝着针孔上方稍微弯曲，避免压紧螺钉稍有松动线头就脱出。

134. 绝缘带包缠时的注意事项有哪些？

答：（1）恢复 380V 线路上的导线绝缘时，必须先包缠 1~2 层黄蜡带（或涤纶薄膜带），然后再包缠一层黑胶布。

（2）恢复 220V 线路上的导线绝缘时，先包缠一层黄蜡带（或涤纶薄膜带），然后再包缠一层黑胶布，也可只包缠两层黑胶布。

（3）包缠绝缘带时，不可出现缺陷，特别是不能过疏，更不允许露出芯线，以免发生短路或触电事故。

（4）绝缘带不可保存在温度或湿度很高的地点，也不可被油脂浸染。

135. 一套拉线由杆上至地下由哪些金具和材料组成？

答：将拉线抱箍、延长环、LX 楔形线夹、钢绞线、UT 式可调线夹、拉线棒、拉线盘等组合，便是一套完整的拉线。

136. 线路设备巡视的主要内容有哪几个方面？

答：线路设备巡视的主要内容包括杆塔、拉线、导线、绝缘子、金具、沿线附近其他工程、开关、断路器、防雷及接地装置等。

137. 正常巡视线路时对沿线情况应检查哪些内容？

答：（1）看线路上有无断落悬挂的树枝、风筝、金属物，防护地带内有无堆放的杂草、木材、易燃易爆物等。

（2）查明各种异常现象和正在进行的工程，在线路附近爆破、打靶及可能污染腐蚀线路设备的工厂。

（3）在防护区内有无土建施工、开渠挖沟、平整土地、植树造林、堆放建筑材料等。

（4）与公路、河流、房屋、弱电线以及其他电力线路的交叉跨越距离是否符合要求。

138. 正常巡视线路时对线路附近其他工程应检查哪些内容？

答：（1）有无其他工程妨碍或危及线路的安全运行。

（2）材物堆积、各种天线、烟囱是否危及安全运行。

（3）线路附近的树木、树枝与导线的间隔距离有无不合格之处。

（4）相邻附近的电力、通信、索道、管道的架设及电缆的敷设是否影响安全运行。

（5）河流、沟渠边缘杆塔有无被水冲刷、倾倒的危险。

（6）沿线附近是否有污染源。

139. 正常巡视线路时对电杆、横担及拉线应检查哪些内容？

答：（1）电杆。有无歪斜、基础下沉、裂纹及露筋情况，并检查标示的线路名称及杆号是否清楚。

（2）横担。是否锈蚀、变形、松动或严重歪斜。

（3）拉线。有无松弛、锈蚀、断股等现象，拉线地锚有无松动、缺土及土壤下陷等情况。

140. 正常巡视线路时对绝缘子及导线应检查哪些内容？

答：（1）绝缘子。是否脏污、闪络，是否有硬伤或裂纹。槽型悬式绝缘子的开口销是否脱出或遗失，销子是否弯曲或脱出；球型悬式绝缘子的弹簧销是否脱出；针式绝缘子的螺帽、弹簧垫是否松动或短缺，其固定铁脚是否弯曲或严重偏斜；瓷棒有否破损、裂纹及松动歪斜等情况。

（2）导线。有无断股、松股，弛度是否平衡，其接续管、跳引线触点、并沟线夹处是否有变色、发热、松动，各类扎线及固定处缠绕的铝包带有无松开、断掉。

141. 正常巡视线路时对接户线应检查哪些内容？

答：应查看接户线与线路接续情况。

（1）接户线的绝缘层应完整，无剥落、开裂现象，导线不应松弛、破旧，与主导线连接处应使用同一种金属导线。

（2）接户线的支持物件应牢固，无严重锈蚀、腐朽现象，绝缘子无损坏。其线间距离、对地距离及交叉跨越距离符合技术规程的规定。

（3）对三相四线低压接户线，在巡视相线触点的同时，应特别注意零线是否完好。

142. 正常巡视线路时对开关和断路器应检查哪些内容？

答：（1）线路各种开关。安装是否牢固，有无变形；指示标志是否明显、正确。

（2）隔离开关。动、静触头接触是否良好，是否过热。各部引线之间，对地的间隔距离是否合乎规定。

（3）引线与设备连接处有无松动、发热现象。瓷件有无裂纹、掉碴及放电痕迹。

143. 开启式负荷开关维护时的注意事项有哪些？

答：（1）电源进线应接在静触座上，用电负荷应接在闸刀的下出线端上。

（2）开关的安装方向应为垂直方向，在合闸时手柄向上推，不准倒装或平装。

（3）由于过负荷或短路故障而使熔丝熔断，会使绝缘底座和胶盖内表面附着一层金属粉粒，待故障排除后，需要重新更换熔丝时，要用干燥的棉布将金属粉粒除净再更换熔丝。

（4）HK 型开启式负荷开关，常用做照明电源开关，也可用于 5.5kW 以下三相异步电动机非频繁启动的控制开关。在分闸与合闸时动作要迅速，以利于灭弧，减少刀片和触头的烧损。

（5）负荷较大时，为防止出现闸刀本体相间短路，可与熔断器配合使用，将熔断器装在闸刀负荷侧，闸刀本体不再装熔丝，原熔丝触点间接入与线路导线截面相同的铜线。此时，开启式负荷开关只做开关使用，短路保护及过负荷保护由熔断器完成。

144. 封闭式负荷开关维护注意事项有哪些？

答：（1）开关的金属外壳应可靠接地或接零，防止因意外漏电时使操作者发生触电事故。

（2）接线时，应将电源线接在静触座上，负荷接在熔断器一端。

（3）检查封闭式负荷开关的机械联锁是否正常、速断弹簧有无锈蚀变形。

（4）检查压线螺钉是否完好，是否拧紧。

（5）对于电热和照明电路，铁壳开关额定电流可以根据负载额定电流选择；对于电动机电路，铁壳开关额定电流可按电动机电流的 1.5 倍选择。

145. 刀开关的定期检查修理内容有哪些？

答：（1）检查闸刀和固定触头是否发生歪斜，三相连动的闸刀是否同时闭合，不同时闭合的偏差不应超过 3mm。

（2）刀开关在合闸位置时，闸刀应与固定触头啮合紧密。

（3）检查灭弧罩是否损坏，内部是否清洁。

（4）清除氧化斑点和电弧烧伤痕迹，接触面应光滑。

（5）各传动部分应涂润滑油。

（6）检查绝缘部分有无放电痕迹。

146. 组合开关常见故障及检修有哪些内容？

答：（1）组合开关固定螺钉松动，操作频繁引起导线触点松动，造成外部连接点放电打火，烧损或断路。

（2）开关内部转轴上扭簧松弛或断裂，使开关动触片无法转动。

（3）开关内部的动、静触片接触不良，或开关额定电流小于负荷电流，造成内部触点起弧，烧坏开关。

（4）必须断电检修，以保证安全。

147. 自动空气断路器对触头有哪些要求？

答：（1）能可靠地接通和分断被控电路的最大短路电流及最大工作电流。

（2）在规定分、合次数中，接通或分断电路后，不应产生严重磨损。

（3）有长期工作制的载流能力。

148. 自动开关的维护与检修有哪些内容？

答：（1）清除自动开关上的灰尘、油污等，以保证开关有良好的绝缘。

（2）取下灭弧罩，检查灭弧栅片和外罩，清洁表面的烟迹和金属粉末。

（3）检查触头表面，清洁烧痕，用细锉或砂布打平接触面，并保持触头原有形状。

（4）检查触头弹簧有无过热而失效，并调节三相触头的位置和弹簧压力。

（5）用手动缓慢分、合闸，以检查辅助触头常闭、常开触点的工作状态是否合乎要求，并清洁辅助触头表面，如有损坏，则需要更换。

（6）检查脱扣器的衔铁和拉簧活动是否正常，动作是否灵活；电磁铁工作面应清洁、平整、光滑，无锈蚀、毛刺和污垢；热元件的各部位无损坏，其间隙是否正常。

（7）检查各脱扣器的电流整定值和动作延时，特别是半导体脱扣器，应用试验按钮检查其动作情况。漏电自动开关也要用按钮检查是否能可靠动作。

（8）在操动机构传动机械部位添加润滑油，以保持机构的灵活性。

（9）全部检修工作完毕后，应做传动试验，检查动作是否正常，特别是联锁系统，要确保动作准确、无误。

149. 熔断器的检查与维修有哪些内容？

答：（1）检查负荷情况是否与熔体的额定值相匹配。

（2）检查熔体管外观有无破损、变形现象，瓷绝缘部分有无破损或闪络放电痕迹。

（3）熔体发生氧化、腐蚀或损伤时，应及时更换。

（4）检查熔体管接触处有无过热现象。

（5）有熔断指示器的熔断器，其指示是否正常。

（6）熔断器要求的环境温度应与被保护对象的环境温度一致，若相差过大可能使其产生不正确动作。

（7）一般变截面熔体的小截面熔断，其主要原因是过负荷而引起的。

150. 交流接触器的检修主要有哪些内容？

答：（1）触头系统的检修。

1）检查三相触头分断是否一致，应保证三相触头的不同时接触偏差不大于 0.5mm。

2）测量相间绝缘电阻，绝缘电阻值不应低于 10MΩ。

3）触头磨损超过厚度的 1/3、严重灼伤及开焊脱落时，应更换新件。

（2）电磁检修。

1）对线圈的动作与释放电压要进行试验，要求动作电压为额定电压的 80%～105%，释放电压应低于额定电压的 40%。

2）检查线圈有无过热、变色，要求运行温度不能超过 60℃。线圈过热是由于存在匝间短路造成的，测量线圈直流电阻并与原始记录进行比较，即可判定。

3）检查引线与插件是否有开焊或断开。

4）检查线圈骨架有无断裂。

（3）取下灭弧罩，用毛刷清除罩内脱落物及金属粒。如发现灭弧罩有裂损，应更换新品。对于栅片灭弧罩，应注意栅片是否完整或烧伤变形，严重脱位变化等应及时更换。

151. 运行中热继电器应做哪些检查？

答：（1）检查负荷电流是否与热元件额定值相匹配。

（2）检查热继电器与外部触头有无过热现象。

（3）检查连接热继电器的导线截面是否满足载流要求，连接导线有无影响热元件正常工作。

（4）检查热继电器环境温度与被保护设备环境温度。

（5）检查热继电器动作是否正常。

152. 热继电器误动的原因有哪些？

答：（1）整定值偏小。

（2）电动机启动时间过长。

（3）设备启停过于频繁。

（4）工作场所振动力大。

（5）环境温度超工作范围。

153. 热继电器误动应采取哪些措施？

答：（1）检查负荷电流是否与热元件额定值相匹配。

（2）检查启停是否频繁，热继电器与外部触头有无过热现象。

（3）检查振动是否过大，连接热继电器的导线截面是否满足载流要求，连接导线有无影响热元件正常工作。

（4）检查热继电器环境温度与被保护设备环境温度。热元件工作环境温度在－30～＋40℃。

154. 室内外配线方法有哪几种？

答：（1）按线路敷设的场所不同，可分为室内配线和室外配线两大类。室内外配线方法有两种：明配线、暗配线。

（2）按配线方式可分为塑料、金属槽板配线，瓷、塑料夹板配线，瓷鼓或绝缘子配线，护套线直敷配线，硬质塑料管、钢管、电线管内配线，电缆配线等。

155. 室内外配线方式应怎样选择？

答：选择配线方式时，应综合考虑线路的用途、配线场所的环境条件、安装和维修条件以及安全要求等因素。通常直敷配线与塑料槽板配线适用于正常环境下的普通建筑物内，夹板配线适用于正常环境的普通建筑物室内室外屋檐下，绝缘子配线适用于车间、作坊的室内外场所，管配线适用于多尘的车间、作坊的室内及使用年限较长的楼层建筑等。

156. 室内外配线的基本要求有哪些？

答：导线额定电压应大于线路的工作电压，绝缘应符合线路的安装方式和敷设环境，截面应满足供电负荷和电压降以及机械强度的要求。

157. 室内外配线施工应符合哪些工艺要求？

答：（1）为确保安全，布线时室内外电气管线与各种管道间以及与建筑物、地面间最小允许距离应符合有关规程的规定。

（2）穿在管内的导线在任何情况下都不能有接头，分支接头应放在接线盒内连接。

（3）导线穿越楼板时，应将导线穿入钢管或塑料管内保护，保护管上端口距地面不应小于 2m，下端到楼板下出口为止。

（4）导线穿墙时，也应加装保护管（瓷管、塑料管或钢管），保护管伸出墙面的长度不应小于 10mm。

（5）当导线通过建筑物伸缩缝时，导线敷设应稍有松弛，敷设线管时应装设补偿装置。

（6）导线相互交叉时，应在每根导线上加套绝缘管，并将套管在导线上固定牢靠。

158. 室内外照明和动力配线主要包括哪几道工序？

答：（1）按施工图纸确定灯具、插座、开关、配电箱等设备位置。

（2）确定导线敷设的路径和穿过墙壁或楼板的位置，并标注上记号。

（3）按上述标注位置，结合土建打好配线固定点的孔眼，预埋线管、接线盒及木砖等预埋件。

（4）装设绝缘支持物、线夹或管子。

（5）敷设导线。

（6）完成导线间的连接、分支和封端，处理线头绝缘。

（7）检查线路安装质量。

（8）完成线端与设备的连接。

（9）进行绝缘测量及通电试验。

（10）全面验收。

159. 瓷夹板（瓷卡）配线的敷设要求有哪些？

答：（1）导线要横平竖直，不得与建筑物接触，水平敷设时，导线距地高度一般不低于 2.3m。垂直敷设的线路，距地面 1.8m 以下线段，要加防护装置（如木槽板或硬塑料管等）。

（2）瓷卡配线不得隐蔽在吊顶上敷设。

（3）瓷卡不能固定在不坚固的底子上，如抹灰墙壁和箔墙等。

（4）直线段瓷卡的间距与瓷卡的规格有关。如 40mm 长两线式和 64mm 长三线式的瓷卡间距不得大于 60cm，51mm 长两线式和 76mm 长三线式的瓷卡间距不得大于 80cm。

160. 瓷卡配线敷设有哪些操作工序？

答：（1）准备工作。

（2）定位。

（3）划线。

（4）固定瓷卡及架线。

（5）连接接头。

161. 瓷鼓配线的敷设应符合哪些要求？

答：（1）导线要横平竖直，不得与建筑物接触。导线距地面高度一般不低于 2.3m。垂直敷设时，在距地面低于 1.8m 的线段应加防护装置（木槽或硬塑料管等）。

（2）导线须用纱包铁芯绑线牢固地绑在瓷鼓上（也可用铜线或铝线），终端瓷鼓的导线回头绑扎。

（3）线路在分支、转角和终端处，瓷鼓的位置按标准方法布置。

（4）导线在穿墙及不同平面转角和终端处的敷设按标准方法敷设。

162. 瓷鼓配线主要包括哪几道操作工序？

答：（1）准备工作。

（2）定位。

（3）固定瓷鼓。

（4）架线。

（5）做好导线接头。

163. 绝缘子配线的敷设应符合哪些工艺要求？

答：（1）导线要敷设得整齐，不得与建筑物接触（内侧导线距墙 10～15cm）。

（2）导线至接地物体之间的距离不得小于 3cm。

（3）导线必须用绑线牢固地绑在瓷瓶上。

（4）绝缘子应牢固地安装在支架和建筑物上。

（5）导线由绝缘子线路引下对用电设备供电时，一般均采用塑料管或钢管明配。

（6）线路长度（指一个直线段）若超过 25m 或导线截面在 $50mm^2$ 以上时，其终端应使用茶台装置。

164. 槽板配线的敷设应符合哪些工艺要求？

答：（1）每个线槽内，只许敷设 1 条导线。

（2）槽内所装导线不准有接头。如导线需接头时要使用接头盒扣在槽板上。

（3）槽板要装设得横平竖直、整齐美观，并按建筑物的形态弯曲和贴近。

（4）槽板的直线、丁字及转角处的连接工艺。

（5）槽板线路穿墙和在不同平面转角处的敷设工艺。

（6）槽板与开关、插座或灯具所有的木台连接时，用空心木台，先把木台边挖一豁口，然后扣在木槽板上。

165．槽板配线的操作过程及要点有哪些？

答：（1）准备工作。配线前，应检查各种工具、器材是否适用，槽板、铁钉、木螺栓等辅助材料是否齐备。

（2）测位工作。选好线路走径后，按每节槽板的长度，测定槽板底槽固定点的位置。

（3）安装槽板的底槽。安装在砖墙或混凝土板处时，用铁钉钉在木砖上。

（4）敷线及盖槽板的盖板。导线放开后，一边把导线嵌入槽内，一边用木螺栓依次把盖、板固定在底槽上。

（5）连接接头。把需要连接和分支的接头接好，并缠包绝缘带，再盖上接头盒盖，固定盒盖时注意木螺栓不要触及导线及接头。

166．钢管配线的敷设应符合哪些工艺要求？

答：（1）钢管及其附件应能防腐，明敷设时刷防腐漆，暗敷设时用混凝土保护。

（2）管身及接线盒需连接成为一个不断的导体，并接地。

（3）钢管的内径要圆滑，无堵塞，无漏洞，其接头须紧密。

（4）钢管弯曲处的弯曲半径，不得小于该管直径的6倍。

（5）扫管穿线。先准备好滑石粉、铁丝和布条等。拖布壮布条绑在铁丝上，穿入钢管往返拉两次，直至扫净。

（6）穿线。先将铁丝穿入钢管，将导线拨出线芯，与铁丝一端缠绕接好，在导线上洒滑石粉，将导线顺势送入钢管，拉铁丝另一端，拉线不要过猛。

167．钢管配线的敷设应如何扫管穿线？

答：穿铁丝（带线）的方法：穿入的一头弯成圆头，然后逐渐地送入管中直到在另一端露头时为止。

穿线前，先把导线放开，取线头剥出线芯，错位排好，与预先穿入管中铁丝的一端按顺序缠绕接好，并在导线上洒滑石粉。穿线时在一端拉铁丝，并于另一端顺势送入导线。拉线不要过猛，防止导线拉伤。

168．硬塑料管应怎样进行连接和弯曲？

答：（1）硬塑料管的连接。可以用承插法或焊接法。承插法是先将一只塑料管的端头用炉火烘烤、加热软化（注意不要离炉火太近，以免烧焦管子），然后把另一只塑料管插入约3cm即可。

（2）硬塑料管的弯曲。可在炉火上烘烤、加热，软化后慢慢地弯曲。若管径较大时可在管内先填充加热过的砂子，然后加热塑料管进行弯曲，弯曲半径不得小于管径的 6

倍，弯曲处管子不要被弯扁，以免影响穿过导线。

169. PVC 管应怎样进行连接、弯曲和割断？

答：（1）PVC 管的弯曲。不需加热，可以直接冷弯。为了防止弯瘪，弯管时在管内插入弯管弹簧，弯管后将弹簧拉出，弯管半径不宜过小。在管中部弯曲时，将弹簧两端拴上铁丝，便于拉动。不同内径的管子配不同规格的弹簧。

（2）PVC 管的连接。使用专用配套套管，连接时，将管头涂上专用接口胶，对插入套管。如套管稍大，可在管头上缠塑料胶布然后涂胶插入。

（3）PVC 管的切割。可以使用手锯，也可以使用专用剪管钳。

170. 护套线线路有哪些优缺点？

答：护套线线路优点是适用于户内外，具有耐潮性能好、抗腐蚀力强、线路整齐美观，以及造价较低等优点，因此，在照明电路上已获得广泛应用。

护套线线路缺点是导线截面小，大容量电路不能采用。

171. 护套线配线的安装方法有哪些？

答：（1）一般护套线配线在土建抹灰完成后进行，但埋设穿墙或穿楼板的保护管，应在土建施工中预埋好，然后根据施工图确定电器安装位置，以及确定起点、终点和转角的路径、位置。

（2）护套线线芯最小截面积。户内使用时，铜芯不小于 $0.5mm^2$，铝芯不小于 $1.5mm^2$；户外使用时，铜芯不小于 $1.0mm^2$，铝芯线不小于 $2.5mm^2$。

（3）固定卡钉的挡距要均匀一致，间距不大于 300mm，敷设应牢固、整齐、美观。

（4）不许直接在护套线中间剥切分支，而应用接线盒的方法，将分支接头放在接线盒内，一般导线接头都放在开关盒和灯头盒内。

（5）护套线支持点的定位，直线部分，固定点间距离不大于 300mm；转角部分，转角前后各应安装一个固定点。两根护套线十字交叉时，交叉口处的四方各应安装一个固定点；进入木台前，应安装一个固定点，在穿入管子前或穿出管子后均需安装一个固定点。

（6）护套线在同一墙面上转弯时，必须保持相互垂直，弯曲导线要均匀，弯曲半径不应小于护套线宽度的 3~4 倍，太小会损伤线芯（尤其是铝芯线），太大影响线路美观。

172. 照明装置的技术要求有哪些？

答：（1）灯具和附件的质量要求，各种灯具、开关、插座、吊线盒以及所有附件的品种规格、性能参数，必须适应额定电流、耐压水平等条件的要求。

（2）灯具和附件应适合使用环境的需要。

（3）移动式照明灯、无安全措施的车间或工地的照明灯、各种机床的局部照明灯，以及移动式工作手灯（也叫行灯）都必须采用 36V 及以下的低电压安全灯。

（4）照明线截面选择应满足允许载流量和机械强度的要求。

173. 灯具的安装要求是什么？

答：壁灯及平顶灯要牢固地敷设在建筑物的平面上。吊灯必须装有吊线盒，每只吊线盒，一般只允许接装一盏电灯（双管荧光灯及特殊吊灯例外）。吊灯的电源引线的绝缘必须良好。较重或较大的吊灯，必须采用金属链条或其他方法支持，不可仅用吊灯电源引线直接支持。灯具附件的连接必须正确、牢靠。

174. 灯头、开关和插座的离地要求有哪些？

答：（1）灯头的离地要求。

1）相对湿度经常在85%以上，环境温度经常在40℃以上的、有导电尘埃的、潮湿及危险场所，其离地距离不得低于2.5m。

2）一般车间、办公室、商店和住房等处所使用的电灯，离地距离不应低于2m。

如果因生活、工作或生产需要而必须把电灯放低时，则离地最低不能低于1m，并在引线上穿套绝缘管加以保护，且必须采用安全灯座。

灯座离地不足1m所使用的电灯，必须采用36V及以下的低压安全灯。

（2）开关和插座的离地要求。普通电灯开关和普通插座的离地距离不应低于1.3m。住宅采用安全插座时安装高度可为0.3m。

175. 插座安装的具体要求是什么？

答：明装插座应安装在木台上。

（1）对于单相两孔插座两孔平列安装：左侧孔接零线，右侧孔接火线，即"左零右火原则"。

（2）当单相三孔插座安装时：必须把接地孔眼（大孔）装在上方，同时规定接地线桩必须与接地线连接，即"左零右火上接地"。

（3）对于三相四孔插座安装：必须上孔接地，左孔接L1，下孔接L2，右孔接L3。

176. 白炽灯照明线路接线原则是什么？

答：（1）单处控制单灯线路。由一个单极单控开关控制一盏灯（或一组灯）。接线时应将相线接入开关，再由开关引入灯头，中性线也接入灯头，使开关断开后灯头上无电压，确保修理安全。这是电气照明中最基本、最普遍的一种线路。

（2）双处或三处开关控制单灯。可采用两只双控开关，分装在不同位置，常应用在楼梯或走廊照明，在楼上、楼下或走廊两端均可独立控制一盏灯。若需三处控制同一盏灯时，可装两只双控开关和一只多控开关。

177. 高压汞灯安装时应注意什么问题？

答：（1）根据实际需要，选用功率恰当的高压汞灯，并配套相宜的镇流器与灯座。

（2）高压汞灯功率在175W及以下的，应配用E27型瓷质灯座。功率在250W以上的，应配用E40型瓷质灯座。

（3）镇流器的规格必须与高压汞灯的灯泡功率一致。镇流器宜安装在灯具附近，以及人体触及不到的位置，并在镇流器接线桩上覆盖保护物。镇流器若装在室外，应有防雨措施。

178. 正常运行的电动机，启动前应作哪些检查？

答：（1）检查电动机的转轴，是否能自由旋转；配用滑动轴承的电动机，其轴向窜动应不大于2~3mm。

（2）检查三相电源的电压是否正常，其电压是否偏低或偏高。

（3）检查熔断器及熔体是否损坏或缺件。

（4）联轴器的螺栓和销子是否紧固，联轴器中心是否对正；皮带连接是否良好，松紧是否合适。

（5）对正常运行中的绕线式电动机，应经常观察电动机滑环有无偏心摆动现象，滑环的火花是否发生异常现象，滑环上电刷是否需要更换。

（6）检查电动机周围是否有妨碍运行的杂物或易燃易爆物品等。

179. 运行中的电动机出现什么情况时，应立即切断电源，停机检查和处理？

答：运行中的电动机如出现下列情况之一时，应立即切断电源，停机检查和处理。

（1）运行中发生人身事故。

（2）电源、控制、启动等设备和电动机冒烟起火。

（3）传动装置故障，电动机拖动的机械故障。

（4）电动机发生强烈振动。

（5）电动机声音异常，发热严重，同时转速急剧下降。

（6）电动机轴承超温严重。

（7）电动机电流超过额定值过多或运行中负荷突然猛增。

（8）其他需要立即停机的故障。

180. 异步电动机大修项目有哪些？

答：（1）拆卸电动机，用压缩空气吹扫灰尘，清除绕组污垢。

（2）检查绕组绝缘是否老化，发现老化应喷刷绝缘漆并烘干；绕组损坏，应全部或部分更换修复。

（3）修理或更换滑环（或换向器）、更换电刷。

（4）用绝缘电阻表检测绕组相间和各相对地绝缘电阻，如低压电动机小于 0.5M 时，应进行烘干处理。

（5）修整或更换轴承。

181. 异步电动机中修项目有哪些？

答：（1）拆卸电动机，排除个别绕组线圈缺陷。

（2）更换损坏的槽键和绝缘套管。

（3）修理风扇。

（4）更换轴承衬垫，修整转子轴颈。

（5）检查修正定子、转子间气隙。

（6）清洗轴承，加好润滑脂。

（7）修理滑环及电刷装置。

（8）装好电动机，检查定子、转子和试带负载运行。

182. 异步电动机小修项目有哪些？

答：（1）清除电动机外壳灰尘、污物。

（2）检查电动机紧固情况和接地情况。

（3）检查轴承、电刷和外壳发热情况。

（4）紧固接线盒接线。

（5）检查电动机运转是否正常。

183．电能表安装时有哪些要求？

答：（1）电能表必须牢固地安装在可靠及干燥的墙板上，其周围环境应干净、明亮，便于装拆、维修。

（2）电能表安装的场所必须干燥、无振动、无腐蚀性气体。

（3）电能表的进线、出线，应使用铜芯绝缘线，芯线截面要根据负荷而定，但不得小于 $2.5mm^2$，中间不应有接头。接线要牢，裸露的线头部分不可露出接线盒。

（4）总熔断器盒至电能表之间敷设的导线长度不宜超过 10m。

（5）在进入电能表时，一般以"左进右出"原则接线。

（6）电能表接线必须正确。如果电能表是经过电流互感器接入电路中，电能表和互感器要尽量靠近些，还要特别注意极性和相序。

184．安装电能表时应注意的事项是什么？

答：（1）电能表的电流线圈必须与火线串联，电压线圈并联接入电源侧。此时，电能表所测得电能为负载和电流线圈的消耗电能之和。如果电压线圈并联接在负载端，电能表测得的电能将包括电压线圈消耗的电能，当负载停用时，容易引起电能表潜动。

（2）必须弄清楚电能表内部接线和极性，防止电能表电流线圈并联接在电源上，造成短路而烧毁电能表。还应注意，当电能表经互感器接入电路时，电流互感器应按"减极性"接线。

185．抄表前应做哪些准备工作？

答：（1）明确自己负责抄表的区域和用户情况，如用户的地址、街道、门牌号码、表位、行走路线等。

（2）明确抄表例日排列的顺序，严格按抄表例日执行。

（3）准备好抄表用具，如抄表卡片、抄表器、钢笔、手电筒等。

186．现场抄表的要求有哪些？

答：（1）对大用户抄表必须在时间上、抄表质量上严格把关。

（2）对按最大需量收取基本电费的用户，应与用户共同抄录最大需量表，以免事后争执，抄表后启封拨回指针然后再封好。

（3）对实行峰谷分时电价的用户，注意峰、平、谷三个时段是否正确，峰、平、谷三段电量之和是否与总电量相符。

（4）根据有功电能表的指示数估算用户的使用电量，如发现有功电量不正常，应了解用户生产和产品产量是否正常，也可根据用户配电室值班日志进行核对。

（5）对有备用电源的用户，不管是否启用，每月都要抄表，以免遗漏。

（6）对高供低计收费的用户，抄表收费员应加计变损和线损。

187. 抄表工作流程中抄表整理员应完成哪些工作环节?

答: 事先排好抄表例日→对抄表卡片进行保管→按例日做好发放的准备工作→将抄表卡片或抄表器发给抄表员。

对抄表员交回的卡片: 逐户检查抄表卡片内容→审核户数→加盖发行月份→项电量汇总→填写总抄表日志→送核算。

188. 抄表工作流程中抄表员应完成哪些工作环节?

答: 按例日领取抄表卡片或抄表器→复核户数→按例日去用户处抄表,同时也要做好以下工作:

抄表结束后,要复核抄表卡片,检查各项内容有无漏抄或算错现象。汇总户数、电量,按灯、力分别填写个人抄表日志,连同抄表卡片交抄表整理审核。

189. 核算工作有哪些内容?

答: (1)电费账的制成与保管,对转来的登记书进行登账处理、审核与传递。

(2)掌握各类电价的有关规定并正确执行。

(3)按事先排定的核算例日顺序,结合已收到的抄表卡片进行电费核算与电费收据的发行,填写应收电费发行表。

(4)审核电费收据,复核应收电费发行表。审核无误后加盖收费章、托收电费章,并填记总应收电费发行表。

(5)处理有关核算工作的日常业务。

190. 电费核算工作有哪些环节?

答: (1)转账计算。

(2)开写电费发票。

(3)复核汇总。

(4)稽核。

(5)单据发行。

191. 电费账务管理包括哪些内容?

答: (1)认真审核新装装表接电的工作传票及有关凭证,审核无误后,新建用户抄表卡片。对新建用户逐户进行登记,交抄表组签收后正常抄表。工作传票使用后加盖个人私章,退还业务经办部门。

(2)根据新建抄表卡片和相关工作传票新建电费台账。

(3)认真填写大工业用户电费结算清单。

(4)凡用户发生增减容量、电能表更换、校验、拆表、过户、暂停和变更用电性质等,除及时更改抄表卡片外,还要同时更改台账的相关记录,使抄表卡片与电费台账完全一致。

(5)凡因电能计量装置发生错误、误差超出允许范围、记录不准、接线错误、倍率不符等造成电费计算错误,需向用户补收或退还电费时,经用电检查和相关部门核实,报各级分管领导审批后再进行账务处理。

（6）电费呆账的处理。

（7）欠费管理。

192. 收费工作都包括哪些内容？

答：（1）各种电费收据的保管、填写，按例日发放与领取电费收据，向用户收取电费，并办理托收结算。

（2）转出转入电费收据的处理。

（3）电费收据存根的汇总，收入现金的整理，填写收入报告整理票、现金整理和收费日志。

（4）按银行的收账通知，及时销账或提取托收凭证的存根，填写收入报告整理票。

（5）复核电费收据存根，对照收入报告整理票和现金整理票与收费日志，填写总收费日志。

（6）处理有关收费工作的日常业务。

193. 土建工程抹灰前电气工程要做好哪些工作？

答：（1）抹灰前要安装好配电箱，复查预埋砖等是否符合图纸要求。

（2）应检查预留箱盒灰口、穿管孔洞、卡架、套管等是否齐全，检查管路是否齐全，是否已经穿完管线，焊接好了包头，把没有盖的箱、盒堵好。

（3）防雷引上线敷设在柱子混凝土或利用柱子筋焊接。

（4）做好均压环焊接及金属门窗接地线的敷设。

（5）为灯具安装、吊风扇安装及箱柜安装作预埋吊钩和基础槽钢。

194. 什么叫电感电抗？它的简称是什么？它具有什么性质？写出它的求解公式。

答：电感线圈产生的自感电动势对电流所产生的阻碍作用称为线圈的电感电抗，简称感抗。

性质：交流电的频率越高，感抗就越大。直流容易通过电抗，交流不易通过电抗。

求解公式为

$$X_L = \omega L = 2fL$$

式中　X_L——感抗；

　　　ω——角频率，rad/s；

　　　L——线圈电感，H；

　　　f——频率，Hz。

195. 简述用支路电流法解题的思路。

答：用支路电流法解题的思路是以各支路电流为未知量，首先根据基尔霍夫定律列出所需的回路电压方程和节点电流方程，然后求得各支路电流。

196. 什么叫电容电抗？它的简称是什么？它具有什么性质？写出它的求解公式。

答：在交流电路中，由于电容器周期性的充电和放电，电容器两极上建立的电压极性与电源电压极性总是相同的，因此电容器极板上的电压相当于反电动势，对电路中的电流具有阻碍作用，这种阻碍电流作用称为电容电抗，简称容抗。

性质：交流电的频率越低，容抗越大。直流越不易通过电容，交流容易通过电容。

求解公式为

$$X_C = \frac{1}{\omega C} = \frac{1}{2\pi f C}$$

式中　X_C——容抗；

　　　ω——角频率，rad/s；

　　　C——电容，F；

　　　f——频率，Hz。

197．什么叫有功功率？写出求解公式。

答：瞬时功率在一个周期内的平均值叫有功功率。

有功功率的求解公式为

$$P = UI\cos\varphi$$

198．什么叫无功？无功功率？写出求解公式。

答：能够在磁场中储存，在电源与负载之间进行往复交换而不消耗的能量称为无功。单位时间内的无功交换量叫无功功率，即在电路中进行能量交换的功率。

求解公式为

$$Q = UI\sin\varphi$$

式中　Q——无功功率；

　　　φ——功角。

199．什么是视在功率？写出求解公式。

答：视在功率就是电路中电压有效值 U 和电流有效值 I 的乘积。

求解公式为

$$S = UI$$

200．什么是功率因数？写出求解公式。

答：有功功率 P 占视在功率 S 的比值定义为功率因数。

求解公式为

$$\cos\varphi = \frac{P}{S}$$

201．在配电系统中三相负荷和单相负荷连接的原则是什么？

答：三相负荷的连接方式，分为星形和三角形两种。当负荷的额定电压等于电源的相电压（即电源线电压的 $1/\sqrt{3}$）时，负荷应接成星形；当额定电压等于电源的线电压时，应接成三角形。

对于单相负荷也是根据它的额定电压等于电源电压的原则确定应接入相电压还是线电压。单相负荷应尽量均匀地分配在三相上，使三相电源上分配的负荷尽量平衡。

202．简要叙述一次系统图的识读方法。

答：（1）阅读标题栏。

（2）阅读进出线的方式，母线的布置方式。包括进线电压等级，是单回还是双回；出线电压等级，是几条线；母线是几段，怎样联系。

（3）阅读主设备的连接关系。包括避雷器、线路、变压器、开关、互感器等。

（4）阅读主设备型号，弄清容量、电压等级、构造特点。

203．简要叙述二次系统图的识读方法。

答：（1）阅读标题栏。

（2）阅读二次系统电路图和原理图。弄清二次系统都由哪些设备或元件组成，明确相互间的对应连接关系。

（3）阅读二次系统展开图。对照二次系统电路图和原理图，按二次回路的连接顺序，分别对电压回路、电流回路和信号回路进行阅读。

（4）阅读材料明细表，弄清二次设备型号。

204．简要叙述动力和照明设备在平面图上的标注方法。

答：在动力和照明设备平面图上标注图形符号，用来表示设备的相互连接关系；在图形符号旁标注文字符号，用来说明其性能和特点。如型号、规格、数量、安装方式、安装高度等。

205．分别解释下列线路标注的含义：

（1）WL5—BLVV—3×2.5—AL；

（2）WL2—BV—2×2.5—G15—RE；

（3）WL4—BVV—2×2.5—G15—CE。

答：（1）第 5 条照明线路，铝芯塑料绝缘塑料护套导线，3 根各为 2.5mm^2 的导线，铝皮线卡明敷设。

（2）第 2 条照明线路，铜芯塑料绝缘导线，2 根各为 2.5mm^2 的导线，穿入直径为 15mm 的钢管，沿构架明敷设。

（3）第 4 条照明线路，铜芯塑料绝缘塑料护套导线，2 根各为 2.5mm^2 的导线，穿入直径为 15mm 的钢管，沿顶棚明敷设。

206．简述用支路电流法解题的思路。

答：用支路电流法解题的思路是以各支路电流为未知量，根据基尔霍夫定律列出所需的回路电压方程和节点电流方程，然后求得各支路电流。

207．简述用回路电流法解题的思路。

答：用回路电流法解题的思路是以网孔回路的回路电流为未知数，按基尔霍夫电压定律列出回路电压方程，并联立求解出回路电流，然后，根据回路电流与各支路电流关系求出支路电流。

208．简述用节点电位法解题的思路。

答：用节点电位法解题的思路是以电路的一组独立节点的节点电位为未知数，按基尔霍夫电流定律列方程，并联立求解出节点电位，然后，根据欧姆定律求出各支路电流。

209. 解释不对称三相电路概念。

答：三相交流电的物理量（电动势、电压、电流）大小不等，或相位互差不是120°电角度，称三相电路不对称。不对称的原因可能是因为三相电源的电动势不对称、三相负载不对称（复数阻抗不同）或端线复数阻抗不同。

210. 解释正序、负序和零序概念。

答：三相正弦量中 A 相比 B 相超前120°、B 相比 C 相超前120°、C 相比 A 相超前120°，即相序为 A—B—C，这样的相序叫正序。

三相正弦量中 A 相比 B 相滞后120°（即超前240°）、B 相比 C 相滞后120°、C 相比 A 相滞后120°，即相序为 A—C—B，这样的相序叫负序。

三相正弦量中 A 相比 B 相超前0°、B 相比 C 相超前0°、C 相比 A 相超前0°，即三者同相，这样的相序叫做零序。

211. 什么叫二端网络？什么叫含源网络？什么叫无源网络？

答：较复杂的电路称为网络，只有两个输出端的网络叫二端网络。

含有电源的网络，叫含源网络。

不含电源叫无源网络。

212. 叙述用戴维南定理求某一支路电流的一般步骤。

答：（1）将原电路划分为待求支路与有源二端网络两部分。

（2）断开待求支路，求出有源二端网络开路电压。

（3）将网络内电动势全部短接，内阻保留，求出无源二端网络的等效电阻。

（4）画出等效电路，接入待求支路，由欧姆定律求出该支路电流。

213. 什么叫电压源？什么叫理想电压源？

答：用一个恒定电动势 E 和一个内阻 R_0 串联组合来表示一个电源。用这种方式表示的电源称为电压源。

$R_0=0$ 时称为理想电压源。

214. 什么叫电流源？什么叫理想电流源？

答：用一个恒定电流 I_S 和一个电导 G_0 并联表示一个电源，这种方式表示的电源称电流源。

$G_0=0$ 时称为理想电流源。

215. 电压源与电流源之间怎样进行变换？

答：（1）已知电压源的电动势 E 和内阻 R_0，若要变换成等效电流源，则电流源的电流 $I_S=E/R_0$，并联电导 $G_0=1/R_0$。

（2）已知电流源恒定电流 I_S 和电导 G_0，若要变换成等效电压源，则电压源的电动势 $E=I_S/G_0$，内阻 $R_0=1/G_0$。

注意：I_S 与 E 的方向是一致的。

216．什么叫半导体？什么叫空穴？什么叫本征半导体？

答：导电能力介于导体和绝缘体之间的物质叫做半导体。这一类材料有硅、锗、硒等。

半导体受热或光照时，有少量的电子可能摆脱共价键结构的束缚而成为自由电子，在它原来位置上带电荷的空位，叫空穴。

不含杂质的半导体称为本征半导体。

217．什么叫掺杂半导体？什么叫 N 型半导体？什么叫 P 型半导体？

答：在常温下受热激励所产生的自由电子和空穴的数量很少，为提高半导体的导电能力，通常在半导体中掺入微量的有用杂质，制成掺杂半导体。掺杂半导体有 N 型和 P 型。

N 型半导体自由电子数远多于空穴数，这些自由电子是多数载流子，而空穴是少数载流子，导电能力主要靠自由电子，称为电子型半导体，简称 N 型半导体。

P 型半导体空穴数远多于自由电子数，这些空穴是多数载流子，而自由电子是少数载流子，导电能力主要靠空穴，称为空穴型半导体，简称 P 型半导体。

218．什么叫 PN 节？PN 节的特性是什么？

答：将 P 型半导体和 N 型半导体经过特殊工艺加工后，会有机地结合在一起，结合交界面两边的半导体内电子与空穴浓度不同，将向对方扩散，就在交界处形成了有电荷的薄层，这个带电荷的薄层称为 PN 节。

PN 节的特性：在 PN 节之间加正向电压，多数载流子的扩散增强，有电流通过 PN 节，就形成了 PN 节导电。加反向电压，多数载流子扩散被抑制，反向电流几乎为零，就形成了 PN 节截止。

219．点接触型二极管的 PN 节与面接触型二极管的 PN 节有什么区别？

答：点接触型二极管的 PN 节面积很小，不能承受高的反向电压，也不能通过大的电流，极间电容小，适用于高频信号的检波、脉冲数字电路里的开关元件和小电流整流。面接触型二极管由于 PN 节的面积较大，可以通过较大的电流，极间电容较大，这类管子适用于整流，而不适用于高频电路中。

220．简述二极管伏安特性。

答：加在二极管两端的电压和流过二极管的电流之间的关系曲线称为二极管的伏安特性曲线。它表明二极管具有如下特性：

（1）正向特性。当二极管两端所加正向电压较小时，正向电流几乎为零，OA 这段电压（硅管约为 0.5V，锗管约为 0.1V）称为死区电压。当外加电压超过死区电压后，电流增加很快，二极管处于导通状态，管子呈现的正向电阻很小。

（2）反向特性。在二极管加反向电压的 0C 段内，仅有少数载流子导电，数值很小，称为反向漏电流，或称为反向饱和电流。

（3）反向击穿特性。当反向电压增加到一定大小时，反向电流剧增，称为二极管的"反向击穿"，相对应的电压称为反向击穿电压。

221. 简述二极管型号表示的意义。

答：二极管型号由数字和字母共四部分组成，其中第一部分是阿拉伯数字 2，表示电极数目，是二极管；第二部分用汉语拼音字母表示器件的材料和特性，如 A 表示 N 型锗材料，B 表示 P 型锗材料等；第三部分用汉语拼音字母表示器件类型，如 P 表示普通管，Z 表示整流管等；第四部分用数字表示器件设计序号。如 2CP1 表示是 N 型硅材料普通二极管，它主要用于整流。

222. 二极管的主要参数有哪些？

答：二极管的过负荷能力差，在使用时必须按二极管的参数和线路的要求，正确选择。二极管的主要参数有：最大整流电流、最高反向工作电压、最大反向电流、最高工作频率、最大瞬时电流、最高使用温度、最低工作温度。

223. 什么是二极管的最大整流电流？大功率的二极管怎样提高最大整流电流？

答：二极管的最大整流电流是指在正常工作情况下，二极管所能通过的最大正向平均电流值。若超过这一数值，管子会因发热过高而损坏。对于大功率的二极管，为了降低它的温度，以便提高最大整流电流，须在电极上装散热片。

224. 什么是二极管的最高反向工作电压？它通常为反向击穿电压的多少？

答：最高反向工作电压是指二极管工作时所允许施加的最高反向电压（又称反偏压）值，通常为反向击穿电压的 1/2。

225. 什么是二极管的最大反向电流？

答：最大反向电流指二极管未击穿时的反向电流。其值越小，则二极管的单向导电性越好。由于温度增加，反向电流会急剧增加，所以在使用二极管时要注意温度影响。

226. 如何判别和简易测试二极管的极性？

答：通常二极管的正极标有一色点。如果是透明壳二极管，可直接看出其极性：内部连触丝的一头是正极，连半导体片的一头是负极。

如果既无颜色，管壳又不透明，则可利用万用表来判别二极管的极性，还可判断其质量。

将万用表拨到欧姆挡的 $R \times 100$ 或 $R \times 1k$ 位置上，然后用红黑两表棒先后正接和反接二极管的两个极。两次测量中，数值大的是反向电阻（常为几十千欧到几兆欧），数值小的是正向电阻（常为几百欧到几千欧）。两者相差倍数越大越好。如果电阻为零，说明管子已被击穿；如果正、反向电阻均为无穷大，说明二极管内部已断路，均不能使用。

万用表的黑表棒与表内电池的正极相连，因此测得正向电阻（阻值小）时，与黑表棒相接的一端为二极管的正极（也叫阳极），与红表棒相接的一端为二极管的负极（也叫阴极）。同理，在测得反向电阻时，即可判断与黑、红表棒相接的二极管的两个极分别是负极、正极。

227.　简述三极管的分类和构成。

答：晶体三极管简称为三极管。它的种类很多。按照频率分，有高频管、低频管；按照功率分，有小、中、大功率管；按照半导体材料分，有硅管、锗管等。但从它的外形看，都有三个电极，分别称为发射极、基极和集电极，用 e、b、c 表示。

三极管内部由三层半导体材料组成，分别称为发射区、基区和集电区，结合处形成两个 PN 节，分别称为发射结和集电结。根据内部结构不同，三极管又分为 PNP 和 NPN 两种类型。目前国产的三极管，锗管大多为 PNP 型，硅管大多为 NPN 型。

228.　简述三极管电流放大作用的规律。

答：（1）发射极电流等于基极电流和集电极电流之和，即

$$I_e = I_b + I_c$$

（2）基极电流很小，集电极和发射极电流接近相等。

（3）基极电流的微小变化，可以引起集电极电流的较大变化。这种现象称为三极管的电流放大作用。

229.　什么叫三极管共发射极接法电流放大系数？

答：集电极电流的变化量 ΔI_c 与基极电流变化量 ΔI_b 的比值称为三极管共发射极接法电流放大系数，即

$$\frac{\Delta I_c}{\Delta I_b} \approx \frac{I_c}{I_b}$$

230.　什么是三极管的输入特性？

答：当加于集电与发射之间的电压 U_{ce} 为一定值时，基极与发射极间的电压 U_{be} 与基极电流 I_b 之间的关系称为三极管的输入特性。

231.　什么是三极管的输出特性？

答：当基极电流为某一定值时，集电极电压 U_{ce} 与集电极电流 I_e 之间的关系曲线称为三极管的输出特性。

232.　怎样简易测试三极管的基极和管型？

答：用万用表的 $R \times 100$ 或 $R \times 1k$ 可对三极管进行简易测试。用红表棒接好一个假设的基极，黑表笔分别接另外两个极，如测得的两次电阻都很大，再将两表棒调换；测得两次电阻都很小，则第一次红表棒连接的是 NPN 管的基极。如测得的两次电阻都很小，再将两表棒调换；测得两次电阻都很大，则第一次红表棒连接的是 PNP 管的基极。如不符，则换选其他极为基极。

233.　怎样通过简易测试判别三极管的集电极和发射极？

答：用万用表的 $R \times 100$ 或 $R \times 1k$ 可对三极管进行简易测试。当基极和管型确定后，可将万用表的两根表棒分别接到集电极和发射极上，进行正接测量和反接测量各一次。

如果是 PNP 型管，则在测得电阻小的一次中，与黑表棒接触的那个是发射极，另一极是集电极；如果是 NPN 管，则相反。

234. 跌落式熔断器的主要技术参数有哪些内容？

答：（1）额定电压。是指熔断器分断后能长期承受的电压。

（2）额定电流。是指熔断器能长期通过的电流。

（3）开断能力。是指熔断器在被保护设备过载或故障情况下，可以靠开断过载或短路电流的能力。

极限开断能力是指熔断器能开断的最大短路电流的能力。

235. 跌落式熔断器及熔丝的额定电流应如何选择？

答：跌落式熔断器的额定电流必须大于或等于熔丝元件的额定电流。跌落式熔断器熔丝元件的选择，一般按以下原则进行：

（1）配电变压器一次侧熔丝元件选择。当配电变压器容量在 100kVA 及以下时，按变压器额定电流的 2～3 倍选择元件；当变压器容量在 100kVA 以上时，按变压器额定电流的 1.5～2 倍选择元件。

（2）柱上电力电容器。容量在 30kvar 以下的柱上电力电容器一般采用跌落式熔断器保护。熔丝元件一般按电力电容器额定电流的 1.5～2.5 倍选择。

（3）10kV 用户进口。用户进口的熔丝元件一般不应小于用户最大负荷电流的 1.5 倍，用户配电变压器（或其他高压设备）一次侧熔断器的熔丝元件应比进口跌落式熔断器熔丝元件小一级。

（4）分支线路。分支线路安装跌落式熔断器，熔丝元件一般不应小于所带负荷电流的 1.5 倍，并且至少应比分支线路所带最大配电变压器一次侧熔丝元件大一级。

架空线路跌落式熔断器选择熔丝元件时，对于配电变压器而言，一般按计算额定电流选择即可；对于用户设备，一般可按最大负荷电流选择；对于电容器则计算其无功电流。

236. 柱上断路器的主要技术参数有哪些？

答：柱上断路器的主要技术参数包括额定电压、最高工作电压、额定电流、额定开断电流和极限开断电流、断流容量、极限通过电流、热稳定电流、合闸时间、开断时间和固有分闸时间。

237. 什么是柱上断路器的额定开断电流和极限开断电流？

答：（1）额定开断电流。是指断路器在额定电压下能安全无损地开断的最大电流，它一般是指短路电流。

（2）极限开断电流。是指当断路器的运行电压低于额定电压时，断路器的允许开断电流可以超过额定开断电流。但它不是按电压降低成比例地无限增加，它有一个由断路器的灭弧能力和承受内部气体压力的机械强度所决定的极限值，这一极限值称为极限开断电流。

238. 柱上断路器一般根据哪些条件来选择？

答：根据额定电压、最高工作电压、额定电流、额定功率、绝缘水平、开断电流、短路关合电流、动稳定电流、热稳定电流和持续时间、操作循环、机械负荷、操作次数、分合闸时间、过电压、操作机构形式、操作气压或电压和相数等级技术参数进行选择的。并且对于柱上断路器的使用环境条件等还需要进行校验确定。

239. FW10—10/630G 高压柱上负荷开关的特点是什么？

答：（1）具有没有外部电弧的切合功能。

（2）使用面广，可用于线路切换、变压器切换、电缆切换等场合。

（3）有明显的断开点。

（4）免维护。

（5）安装方式可以多种多样，能满足大多数通用的配电线路设计等。

240. 高压柱上隔离开关的作用是什么？

答：隔离开关主要安装在高压配电线路的联络点、分段、分支线处及不同单位维护的线路的分界点或 10kV 高压用户变电站的入口处，用于无负荷断、合线路。这样能方便检修、缩小停电范围；利用隔离开关断口的可靠绝缘能力，使需要检修的高压设备或线路与带电设备或线路隔开，能给工作人员一个可见开断点，保证停电检修工作人员人身安全。

241. 合成绝缘氧化锌避雷器的主要优点有哪些？

答：（1）绝缘性能良好。

（2）耐污性能强。

（3）合成材料成型性好，容易实现可靠的密封。

（4）合成绝缘材料具有较好的弹性，可降低避雷器爆炸成碎片的可能性。

（5）体积小、质量轻、运输安装方便。

（6）运行可靠，不易破损，平时无需维护。

（7）制造工艺简单。

（8）可制成支柱型结构，可以简化配电线路结构和减少配电线路装置尺寸。

242. 在恒定负载下怎样选择连续工作制电动机的容量？

答：在恒定负载下长期运行的电动机容量按下式选择，即

$$P_{NJ} = \frac{P}{\eta_1 \eta_2}$$

式中　　P_{NJ} ——根据机械负载计算出的电动机的功率，kW；

　　　　P ——负载的机械功率，kW；

　　　　η_1 ——机械负载效率；

　　　　η_2 ——传动机构的效率。

根据计算结果，选择电动机的容量 P_N 不小于但接近 P_{NJ} 的容量为宜。

243. 在变动负载下怎样选择连续工作制电动机的容量？

答：在变动负载下连续工作制的电动机，选择其容量时，常采用等效负载法，也就是以一个假设的恒定负载来代替实际变动的负载。代替的原则是在一时间段内恒定负载的发热量要与变动负载的发热量相同，然后按照上述恒定负载选择电动机容量的方法，来选择变动负载下连续工作制电动机的容量。一般情况下，对于采用直接传动的电动机，选择电动机的容量 P_N 为 $1\sim1.1P_{NJ}$；采用皮带传动的电动机，选择电动机的容量 P_N 为 $1.05\sim1.15P_{NJ}$。

244. 怎样选择短时工作制电动机的容量？

答：短时工作制电动机是按短时工作的条件设计的，由于电动机停止运转时，处于散热冷却过程中，所以温升会得到限制。若选用连续工作制电动机，在温升不超过允许值的条件下可适当降低电动机的容量，但必须有足够的启动转矩和最大转矩。条件许可时，应尽可能选择短时定额的电动机。

245. 怎样选择断续周期工作制（重复短时）电动机的容量？

答：负载持续率小于 60% 时，应选用断续定额的电动机。若选用连续定额的电动机，可适当降低容量。负载持续率大于 60% 时，应选用连续定额的电动机。

246. 简述互感器的作用。

答：互感器是一种特种变压器，是一次系统和二次系统间的联络元件，用以分别向测量仪表、继电器的电压和电流线圈供电，正确反映电气设备的正常运行和故障情况。其作用如下：

（1）互感器与电气仪表和继电保护及自动装置配合，测量电力系统高电压回路的电压、电流及电能等参数。

（2）互感器使二次设备和工作人员均能与高电压隔离，且互感器二次接地，从而保障了工作人员与设备安全。

（3）互感器使二次所取量统一，有利于二次设备标准化。

（4）互感器二次回路不受一次系统的限制，可以使接线简单化。

（5）互感器使二次设备用低电压、小电流连接控制，便于集中控制。

247. 运行中的电压互感器二次侧为什么不能短路？

答：电压互感器二次绕组不能短路。由于电压互感器的正常负载是阻抗很大的仪表、继电器电压线圈或自动装置的电压线圈，发生短路后，二次回路阻抗仅仅是互感器二次绕组的阻抗，因此在二次回路中会产生很大的短路电流，影响测量表计的指示，造成继电保护误动，甚至烧毁互感器。

248. 电压互感器二次绕组及零序电压绕组为什么必须一端接地？

答：电压互感器二次绕组及零序电压绕组的一端必须接地，否则在线路发生故障时在二次绕组和零序电压绕组上感应出高电压，危及仪表、继电器和人身的安全。一般是中性点接地。

249. 运行中的电流互感器为什么不允许开路?

答:电流互感器在工作中,二次侧不允许开路。若二次侧开路,使铁芯中的磁通剧增,引起铁芯严重饱和,在副绕组上产生高电压甚至上万伏,对工作人员和二次回路中的设备都有很大的危险。同时,由于铁芯磁感应强度和铁损耗剧增,将使铁芯过热而损坏绝缘。

250. 在装修阶段主要有哪些电气施工项目?

答:(1)吊顶配管、轻隔墙配管。

(2)管内穿线、遥测绝缘等。

(3)做好明配管的木砖、勾吊架。

(4)各种箱、盒安装齐全。

(5)喷浆后和贴完墙纸再安装灯具、明配线施工、灯具、开关、插座及配电箱安装,要注意保持墙面清洁,配合贴墙纸。

251. 电网销售电价分哪几类?

答:电网销售电价按用电类别分为居民生活电价、非居民照明电价、商业电价、大工业电价、普通工业电价、非工业电价、农业生产电价、趸售电价八大类。

252. 什么是两部制电价?

答:两部制电价是将电价分为两部分,一部分是以客户接入系统的用电容量或需量计算的基本电价;另一部分是以客户计费电能表计量的电量来计算电费的电量电价。

253. 接地方式文字代号 TN 意义是什么?它有几种细分方式?

答:意义是 TN 系统。电力系统有一点直接接地(通常是中性点直接接地),电气装置正常运行时不带电的金属外壳通过保护导线与该点直接连接,这种接地方式称为保护接零。按保护线 PE 和中性线 N 的组合情况,TN 系统可以分为三种形式。

(1)TN—S 供电系统。PE 和 N 在整个系统中是分开的。

(2)TN—C 供电系统。PE 和 N 在整个系统中是合一的。

(3)TN—C—S 供电系统。PE 和 N 在整个系统中部分合,部分分开。

254. 接地方式文字代号 TT 意义是什么?

答:意义是 TT 系统。电力系统有一个直接接地点(中性点接地),电气装置正常运行时不带电的金属外壳接到电气上与电力系统接地点无关的独立接地装置上。

255. 接地方式文字代号 IT 意义是什么?

答:意义是 IT 系统。电力系统可接地点不接地或通过阻抗(电阻器或电抗器)接地,电气装置正常运行不带电的金属外壳单独直接接地。

256. 什么叫保护接地?

答:电气设备正常运行时不带电的金属外壳与大地作可靠电气连接,称为保护接地。

257. 什么叫保护接零？

答：将电气设备正常运行时不带电的金属外壳与中性点接地引出的中性线（零线）进行连接，称为保护接零。

258. 什么叫工作接地？

答：为了稳定系统电压和运行需求而将系统的中性点接地称为工作接地。

259. 简述精电 200 系列各种型号防腐降阻剂的适用范围。

答：（1）精电 200—N 为普通型，适用于大多数接地工程。

（2）精电 200—G 为保证型，适用于特别重要的接地工程。

（3）精电 200—SB 为特别抗盐型，适用于严重的盐碱地条件下的接地工程。

（4）精电 200—D 为特别抗干旱型，适用于严重干旱地区。

（5）精电 200—M 为特别防水型，适用于特别潮湿的场合。

（6）精电 200—K 为物理型，适用于对金属腐蚀严重的地区。

260. 造成电动机绝缘电阻偏低的主要原因有哪些？

答：（1）制造或检修时造成绝缘不良。

（2）电动机老旧或长时间过载运行使绝缘老化。

（3）长时间放置在潮湿环境中，受潮气入侵或水滴渗入绕组中。

（4）电动机定子内外和接线盒的灰尘、油污太多造成绝缘电阻降低。

（5）工作环境通风不良，环境温度过高，使绝缘老化。

（6）绕组、引出线或接线盒胶木板烧伤、破损。

261. 造成电动机缺相运行的原因有哪些？

答：（1）电源电压缺相。

（2）电动机主电路熔断器熔断一相。

（3）电动机定子绕组一相断线。

（4）开关和启动控制设备等接线不良，有一相电路未接通；触点、接线端接触不良或因氧化锈蚀而接触电阻过大。

262. 怎样排除电动机缺相运行故障？

答：如果缺一相电压，表明主电路一相断路。检查主电路，可以通电检查，也可以停电检查。可以用万用表交流电压挡测量主电路各设备和元件的进、出线端三相电压。如果某一设备或元件的进线端三相电压正常，而出线端缺少一相电压，说明故障就出在该设备或元件上，进一步找出故障点进行修复。

263. 温升过高来自电动机本身的原因有哪些？

答：（1）安装和维修电动机时，误将△形接法的电动机绕组接成了 Y 形接法，或者误将 Y 形接法的接成了△形。

（2）绕组相间、匝间短路或接地，导致绕组电流增大，三相电流不平衡，使电动机过热。

（3）极相组线圈连接不正确或每相线圈数分配不均，造成三相空载电流不平衡，并且电流过大；电动机运行时三相电流严重不平衡，产生噪声和振动，电动机过热。

（4）定子、转子发生摩擦发热。

（5）异步电动机的笼型转子导条断裂，或绕线转子绕组断线，电动机出力不足而过热。

（6）电动机轴承过热。

264. 电动机本身故障原因造成的温升过高应怎样处理？

答：电动机本身故障原因造成的温升过高，如果是三相绕组的接法错误，应对照电动机铭牌，重新纠正接法；如果是电动机绕组接线错误或者绕组断路、短路或接地故障，则应解体电动机进行检查，找出故障予以修复；如果是定子、转子相擦或轴承过热等机械故障，则应查明原因，进行修理或更换。

265. 温升过高来自负载方面的原因有哪些？

答：（1）电动机长时间过负载运行，定子电流大大超过额定电流，电动机过热。

（2）电动机启动过于频繁，启动时间过长或者启动间隔时间太短，都会引起电动机温升过高。

（3）被拖动机械故障，使电动机出力增大，或被卡住不转或转速急剧下降，使电动机电流猛增而过热。

（4）电动机的工作制式和负载工作制不匹配，例如短时周期工作制的电动机用于带动连续长期工作的负载。

266. 负载原因造成的温升过高应怎样处理？

答：（1）如果负载过重应设法减轻负载或更换大容量电动机。

（2）电动机的启动操作应根据其技术要求进行。

（3）电动机和负载制式不匹配应调换合适的电动机。

（4）如果是拖动机械的故障原因，应停机检修排除。

267. 温升过高来自环境和通风散热方面的原因有哪些？

答：（1）电动机工作环境温度过高，电动机得不到良好的通风散热而过热。

（2）电动机内的灰尘、油垢过多，不利于电动机的散热。

（3）风罩或电动机内挡风板未装，导致风路不畅，电动机散热不良。

（4）风扇破损、变形、松脱，或者未装或装反，使电动机通风散热不良。

（5）封闭式电动机外壳散热筋片缺损过多，散热面积减小；或者防护式电动机风道堵塞，都会造成电动机通风散热不良使温升过高。

268. 环境和通风散热方面的原因造成的温升过高应怎样处理？

答：电动机的工作环境应尽量做到通风降温良好，对于通风降温不良、温度高的工作场所，应采用绝缘等级高的电动机或其他冷却方式（如水冷式）电动机。电动机要经常保持清洁，对于灰尘、粉尘多的工作场所应选用适用防护方式的电动机；电动机上的灰尘可用压缩空气来吹扫，结壳的油垢只有用毛刷蘸中性洗涤剂清刷，并用竹签细心刮削。风扇、风罩、挡风板未装或松脱应重新装好，风扇破损应予修理或更换。风道堵塞应予彻底清扫，使风道畅通。

269. 电动机发生扫膛的主要原因有哪些？

答：（1）电动机的定子铁芯、转子铁芯发生变形。

（2）电动机轴承损坏或过旷。

（3）转轴弯曲形变。

（4）电动机内部不清洁，存在油垢、杂物、铁屑等。

（5）修理时，槽楔或绝缘物突出。

270. 造成电动机外壳漏电的原因有哪些？

答：（1）绕组受潮或绝缘老化，绝缘电阻明显下降。

（2）接线盒灰尘过多或接线板炭化，使对地绝缘电阻明显下降。

（3）绕组引接线绝缘套管破损并碰壳或相绕组发生接地等。

271. 在什么情况下电动机需装设过载（过负荷）保护？

答：（1）容易过载的。

（2）由于启动或自启动条件差可能启动失败或需要限制启动时间的。

（3）功率在30kW及以上的。

（4）长时间运行且无人监视的。

272. 户外杆上变压器台安装的一般要求有哪几项？

答：（1）杆上变压器台应满足在高压线路不停电的情况下检修。在更换变压器时，要有足够的安全距离。

（2）变压器台的倾斜度不应大于变压器台高的1%，变压器油枕一侧可稍高一些，坡度一般为1%～1.5%。变压器在台上应平稳、牢固。

（3）变压器台各部分之间距离标准：变压器底部至地面大于或等于2500mm；跌落式熔断器至地面为4000～5000mm；高压引线对横担、电杆大于或等于200mm；高压相间固定处大于或等于300mm；高压引线相之间大于或等于500mm；跌落式熔断器之间大于或等于600mm；低压相间及对地（外壳、横担）大于或等于150mm。

（4）变压器高、低压侧均应装设熔断器，100kVA以上变压器低压侧应装设隔离开关。

（5）变压器承重横担应有足够的强度，一般采用10～12号槽钢。

273. 户外杆上变压器台各部分之间距离标准各为多少？

答：（1）变压器底部至地面大于或等于2500mm。

（2）跌落式熔断器至地面为4000～5000mm。

（3）高压引线对横担、电杆大于或等于200mm。

（4）高压相间固定处大于或等于300mm。

（5）高压引线相之间大于或等于500mm。

（6）跌落式熔断器之间大于或等于600mm。

（7）低压相间及对地（外壳、横担）大于或等于 150mm。

274. 户外落地变压器台安装的一般要求有哪几项？

答：（1）户外落地变压器台周围应安装固定围栏，围栏高度不低于 1.7m，变压器外廓距围栏和建筑物的外墙净距离不应小于 0.8m，与相邻变压器外廓之间的距离不应小于 1.5m，变压器底座的底面与地面距离不应小于 0.3m。

（2）变压器外廓与建筑物外墙距离小于 5m 时，应考虑对建筑物的防火要求。

（3）建筑物屋檐雨水不得落到变压器上。

（4）变压器油量在 1000kg 及以上时，应设置能容纳全部油量的设施。

275. 室内变压器室安装的一般要求有哪些？

答：（1）变压器外廓与墙及门的最小净距离标准：容量小于或等于 1000kVA 时，至门的净距离为 0.8m，至后壁及侧壁的净距离为 0.6m；容量大于或等于 1250kVA 时，至门的净距离为 1m，至后壁及侧壁的净距离为 0.8m。

（2）变压器室应有发展的余地，一般应按能安装大一级容量变压器考虑。

（3）变压器室应设置能容纳全部油量的储油池或排油设施。

（4）设置适当的通风窗。

（5）有满足吊芯的室内高度。

276. 简述变压器高、低压熔丝的选择原则。

答：变压器高、低压熔丝的选择原则，100kVA 以下变压器其一次侧熔丝可按额定电流的 2～3 倍选用，考虑到熔丝的机械强度，一般不小于 10A，100kVA 以上的变压器高压侧熔丝按其额定电流的 1.5～2 倍选用。低压侧按额定电流选择。

277. 变压器的验收项目有哪些？

答：（1）检查产品说明书、交接试验报告及试验合格证。

（2）变压器整体及附件无缺陷，油箱及套管无渗油现象。

（3）变压器顶盖上无遗留物，外壳表面油漆完整，颜色标志正确。

（4）接地可靠，器身固定牢靠。

（5）储油柜的油位正常。

（6）分接开关操作灵活，并指在运行要求位置。

（7）温度计指示正确。

278. 变压器台（室）的验收项目有哪些？

答：（1）变压器（室）所装的母线、隔离开关、熔断器等设备，分别根据该设备的验收内容及标准验收。

（2）变压器台安装尺寸必须符合图纸要求，横担等铁件应平整，螺栓应紧固，穿入方向正确，丝扣露出螺帽 3～5 扣，不得过长或过短。

（3）高、低压引线、母线安装应平整，各部之间距离符合要求。

（4）变压器台接地引下线符合接地规程要求。

279. 变压器并联运行的条件是什么？

答：（1）两台变压器联结组标号（联结组别）一致。

（2）原副边的额定电压一致。

（3）阻抗电压大小基本相同。

280. 解释电能表潜动的概念。

答：当电能表电压线圈加80%～110% U_e（额定电压），电流线圈无负荷电流时，电能表圆盘仍连续不断转动的现象，称为潜动。

281. 现场中怎样确定电能表潜动？怎样处理？

答：可将负荷侧开关断开进行判断。如电能表圆盘仍继续转动，可确定电能表确实潜动。应填写用电异常报告单，将电能表换回检修。

282. 运行的感应式电能表发生潜动现象的原因大致有哪些？

答：（1）实际电路中有轻微负荷。如配电盘上的指示灯、带灯开关、负荷定量器、电压互感器、变压器空载运行等。这时电能表圆盘转动是正常的。

（2）潜动试验不合格。

（3）没有按正相序电源进行接线。

（4）三相电压严重不平衡。

（5）因故障造成电能表潜动。

283. 运行中的电能表如有潜动现象，应采取什么措施？

答：（1）因有轻微负荷造成电能表圆盘转动是属正常指示，应向用户耐心说明情况。

（2）因潜动试验不合格的，应将电能表换回检修。

（3）安装电能表前一定要测量相序，按正相序接入电能表。

（4）指导用户调整三相负荷分布，使其达到电压基本平衡。

（5）对因故障现象导致电能表潜动的，应及时查找故障原因，除了检查电能表和互感器外，还要检查或改装二次回路接线。

284. 简述同步发电机的工作原理。

答：转子是旋转的，其中装设的转子励磁绕组线圈两端与两个彼此绝缘的滑环连接，外界是通过压在滑环上的电刷将直流电送给励磁绕组的，当转子励磁绕组得电后，就会产生磁场，有N极和S极。当转子在原动机的带动下旋转时，三相定子电枢绕组就处在旋转磁场中切割磁力线而感应电动势，输出端接入负荷，发电机就会向负载供电。

供电时三相定子电枢绕组会流过三相交流电流，也会产生一个旋转磁场，叫电枢旋转磁场，也会有N极和S极。这时，转子励磁磁极的N极、S极就会在异性相吸磁力的作用下，牵着定子电枢磁极的S极、N极一同旋转。原动机输入的机械能就这样转化成电能输送出去。

285. 并联运行的两台发电机应满足哪些条件？

答：并联运行的两台发电机应满足端电压相等、频率相等、相序和相位相同条件。

286. 简述双电源和自发电用户的安全措施。

答：（1）双电源进户应设置在同一配电室内，两路电源之间装设四极双投隔离开关或其他确实安全可靠的联锁装置，以防止互相倒送电。

（2）自发电机组的中性点（TT、TN 系统）要单独接地，接地电阻不大于 4，禁止利用供电部门线路上的接地装置接地。

（3）自发电用户的线路严禁借用供电部门的线路杆塔，不准与供电部门的电杆同杆架设，不准与供电部门的线路交叉跨越，不准与公用电网合用接地装置和中性线。

（4）双电源和自发电用户，严禁擅自向其他用户转供电。

（5）为防止双电源在操作中发生事故，用户应严格执行安全规程有关倒闸操作的安全规定，如应设置操作模拟图板；制订现场操作规程；备齐有关安全运行和管理的规程制度及包括运行日志在内的各项记录；培训有关电工，考核合格后上岗；高压用户的双电源切换操作必须按与供电部门签订的调度协议规程执行等。

（6）与公用电网连接的地方小水电、小火电、小热电，除采取上述安全措施外，还必须执行其他有关的规定。

287. 电气安装工程或检修工程，在工程开工前都要做好哪几项施工技术准备工作？

答：（1）审电气施工图。

（2）制定和下达工作任务书。

（3）制定材料计划。

（4）工器具准备。

（5）安排电源、运输设备、作业场地和供水。

288. 电气工程在工程开工前审核电气施工图的目的是什么？

答：了解设计意图、工程材料及设备的安装方法，发现施工图中的问题、有哪些新技术、新的作法等。以便在进行设计交底时提出并解决。了解各专业之间与电气设备安装有没有矛盾，在会审图纸时及时解决，为施工单位内部进行施工技术交底做好准备。

289. 电气工程施工时要按哪几个方面做好技术管理工作？

答：（1）明确线路施工技术要求。

（2）明确安全技术要点。

（3）工程验收和技术档案归档。

290. 电气工程施工时应重点注意哪些安全技术要点？

答：（1）安全用具和绝缘工具。

（2）电气作业安全的组织措施。

（3）电气作业安全技术措施。

（4）反习惯性违章。

291. 在电气设备上工作，保证安全的组织措施主要包括哪些内容？

答：（1）工作票制度。

（2）工作许可制度。

（3）工作监护制度。

（4）工作间断、转移和终结制度。

292. 工程竣工后，验收的主要内容是什么？

答：（1）验收有关工程技术资料，技术资料应齐全、无误。

（2）验收各种材料或设备的合格证及验收单等，应整理装订成册。

（3）验收在施工过程中的变更洽商等资料，应完整、无露。

（4）检查隐检记录、施工记录、班组自检记录及预检记录。

（5）检查接地电阻测试记录。

（6）验收电气设备，应动作灵活、可靠，达到能正常使用的程度。

（7）填写竣工验收单。

（8）绘制竣工图。

工程验收后，上述资料和有关的技术合同要按时归档，交到有关部门，并办理交接手续。

293. 简要回答间接接触触电的防护措施。

答：（1）用自动切断电源的保护，并辅以总等电位连接。

（2）采用双重绝缘或加强绝缘的双重电气设备。

（3）将有触电危险的场所绝缘，构成不导电环境。

（4）采用不接地的局部等电位连接的保护。

（5）采用电气隔离。

294. 简要回答直接接触触电的防护措施。

答：（1）绝缘防护。将带电体进行绝缘，以防止人员与带电部分接触。

（2）屏护防护。采用遮栏和外护物防护，防止人员触及带电部分。

（3）障碍防护。采用障碍物阻止人员接触带电部分。

（4）安全距离防护。带电体与地面、带电体与其他电器设备、带电体与带电体之间必须保持一定的安全距离。

（5）采用漏电保护装置。这是一种后备保护措施，可与其他措施同时使用。

295. 保证安全的组织措施主要包括哪些内容？

答：在电气设备上工作，保证安全的组织措施主要包括工作票制度、工作许可制度、工作监护制度、工作间断、转移和终结制度。

296. 保证安全的主要技术措施是什么？

答：在电气设备上工作，一般情况下，均应停电后进行。在停电的电气设备上工作以前，必须完成下列措施：停电、验点、装设接地线、悬挂标志牌、设置遮栏。

297. 简述剩余电流动作保护器按极数的分类。

答：按极数可分类为单极二线 RCD、两极 RCD、两极三线 RCD、三极 RCD、三极四线 RCD、四极 RCD、其中单极二线、两极三线、三极四线 RCD，均有一根直接穿过检测元件且不能断开的中性线 N。

298. 对采用分级漏电保护系统和分支线漏电保护的线路有哪些要求？

答：采用分级漏电保护系统和分支线漏电保护的线路每分支线必须有自己的工作零线；上、下级漏电保护器的额定漏电动作与漏电时间均应做到相互配合，额定漏电动作电流级差通常为 1.2～2.5 倍，时间级差为 0.1～0.2s。

299. 剩余电流动作保护器安装后应进行哪些试验？

答：（1）试验按钮试验 3 次，均应正确动作。

（2）带负荷分合交流接触器或开关 3 次，不应误动作。

（3）每相分别用 3k 试验电阻接地试跳，应可靠动作。

300. 简要回答测量绝缘电阻前的准备工作。

答：（1）测量电气设备的绝缘电阻之前，必须切断被测量设备的电源，并接地（外壳）进行短路放电。

（2）对可能感应产生高电压的设备，未采取措施（放电）之前不得进行测量。

（3）被测设备的表面应擦拭干净。

（4）测量前，先对绝缘电阻表做开路和短路检验，短路时看指针是否指到"0"位；开路时看指针是否指到"∞"位。

301. 简要回答绝缘电阻的测量方法和注意事项。

答：（1）按被测电气设备的电压等级正确选择绝缘电阻表。

（2）绝缘电阻表的引线必须使用绝缘良好的单根多股软线，两根引线不能缠在一起使用，引线也不能与电气设备或地面接触。

（3）测量前检查绝缘电阻表，开路时指针是否指在"∞"位，短路时指针是否指在"0"位。

（4）测量前应将被测量设备电源断开并充分放电。测量完毕后，也应将设备充分放电。

（5）接线时，"接地"E 端钮应接在电气设备外壳或地线上，"线路"L 端钮与被测导体连接。测量电缆的绝缘电阻时，应将电缆的绝缘层接到"屏蔽端子"G 上。

（6）测量时，将绝缘电阻表放置平稳，摇动手柄使转速逐渐增加到 120r/min。

（7）严禁在有人工作的线路上进行测量工作。雷电时，禁止用绝缘电阻表在停电的高压线路上测量绝缘电阻。

（8）在绝缘电阻表没有停止转动或被测设备没有放电之前，切勿用手去触及被测设备或绝缘电阻表的接线柱。

（9）使用绝缘电阻表遥测设备绝缘时，应由两人操作。在带电设备附近测量绝缘电阻时，测量人员和绝缘电阻表的位置必须选择适当，保持与带电体的安全距离。

（10）遥测电容器、电力电缆、大容量变压器及电动机等电容较大的设备时，绝缘电阻表必须在额定转速状态下方可将测电笔接触或离开被测设备，以避免因电容放电而损坏绝缘电阻表。

302. 简要回答测量接地电阻的步骤。

答：（1）先将接地体与其相连的电器设备断开。

（2）确定被测接地极 E′，并使电位探针 P′和电流探针 C′与接地极 E′彼此直线距离为 20m，且使电位探针 P′插于接地极 E′和电流探测针 C′之间。

（3）用导线将 E′、P′和 C′与仪表相应的端子连接。即 E′—E、P′—P 和 C′—C。

（4）将仪表水平放置检查指针是否指在中心线零位上，否则应将指针调整至中心线零位上。

（5）将"倍率标度盘"置于最大倍数，慢摇发电机手柄，同时旋动"额定标度盘"使检流计的指针指于中心线零位上。

（6）当检流计接近平衡时，应加快发电机的转速，使之达到120r/min 以上（额定转速）调整"测量标度盘"使指针指示中心线零位。

（7）如果"测量标度盘"的读数小于 1，应将倍率标度盘置于较小的倍数，再重新调整"测量标度盘"以得到正确的读数。该读数乘以"倍率标度盘"的倍率，即为所测接地电阻。

303. 基础坑开挖时应采取哪些安全措施？

答：（1）挖坑前必须与有关地下管道、电缆的主管单位取得联系，明确地下设施的确实位置，做好防护措施。

（2）在超过 1.5m 深的坑内工作时，抛土要特别注意防止土石回落坑内。

（3）在松软土地挖坑，应有防止塌方措施，如加挡板、撑木等，禁止由下部掏挖土层。

（4）在居民区及交通道路附近挖坑，应设坑盖或可靠围栏，夜间挂红灯。

（5）石坑、冻土坑打眼时，应检查锤把、锤头及钢钎子，打锤人应站在扶钎人侧面，严禁站在对面，并不得戴手套，扶钎人应戴安全帽。钎头有开花现象时，应更换。

304. 基础坑开挖遇到地下水位高，土质不良（如流沙及松散易塌方的土质）时，应采取哪些措施和方法？

答：（1）增大坑口尺寸，并在挖至要求深度以后，立即进行立杆。

（2）当杆坑较深时，采用增大坑口尺寸；不易保证安全或土方量过大时，可用围栏或板桩撑住坑壁，防止坑壁倒塌。

（3）杆坑应在放置电杆侧挖一个阶梯形马道，阶梯可根据电杆的长度挖成二阶或三阶两种。拉线坑也要在拉线侧挖出马道，马道的坡度与拉线角度一致，以使拉线底把埋入坑内之后与拉线方向一致。

（4）坑深检查。无论阶梯坑、圆坑还是拉线坑，坑底均应基本保持平整，带坡度拉线坑检查以坑中心为准。

305. 挖坑的注意事项有哪些？

答：（1）所用的工具，必须坚实牢固，并注意经常检查，以免发生事故。

（2）坑深超过 1.5m 时，坑内工作人员必须戴安全帽。当坑底面积超过 1.5m² 时，允许两人同时工作，但不得面对面或挨得太近。

（3）严禁用掏洞方法挖掘土方，不得在坑内坐下休息。

（4）挖坑时，坑边不应堆放重物，以防坑壁塌方。工器具禁止放在坑边，以免掉落坑内伤人。

（5）行人通过地区，当坑挖完不能马上立杆时，应设置围栏，在夜间要装设红色信号灯，以防行人跌入坑内。

（6）杆坑中心线必须与辅助标桩中心对正，顺线路方向的拉线坑中心必须与线路中心线对正。转角杆拉线坑中心必须与线路中心的垂直线对正，并对正杆坑中心。

（7）杆坑与拉线的深度不得大于或小于规定尺寸的 5%。

（8）在打板桩时，应用木头垫在木桩头部，以免打裂板桩。

306. 如何用花杆测量各电杆的位置？

答：用花杆测量各电杆的位置方法是先经目测，如果线路是一条直线，则先在线路一端竖立一支垂直的花杆或利用电杆、烟囱作自然标志，同时另一端竖一支花杆使其垂直地面，观察者站在距花杆约 3m 远的地方利用三点一线的原理，用手势或旗语指挥。通常测量时用数支花杆，直接量出每基电杆距离位置后，目测指挥使数支花杆在左右移动下，连成一直线之后钉桩。延长时，将始端已钉桩后的花杆逐步轮流前移。

如果线路转角定位，则先测定转角杆的位置，然后再按照上述方法测定转角段内的直线杆位。

307. 线路施工图中的线路平面图及明细表包括哪些内容？

答：（1）线路平面图。

（2）杆（塔）位明细表。

（3）绝缘子串及金具组装图。

（4）接地装置形式和安装施工图。

308. 线路施工图中的施工图总说明书及附图包括哪些内容？

答：（1）施工图总说明书。

（2）线路路径平面位置图（线路地理走向图）。

（3）线路杆、塔、基础形式一览图。

（4）电气接线图。

309. 底盘、拉线盘应如何吊装？

答：底盘、拉线盘的吊装如有条件时可用吊车安装。在没有条件时，一般根据底盘、拉线盘的重量采取不同的吊装方法。这种方法首先将底盘、拉线盘移至坑口，两侧用吊绳固定，坑口下方至坑底放置有一定斜度的钢钎或木杠，在指挥人员的统一指挥下，用人缓缓将底盘、拉线盘下放，至坑底后将钢钎或木杠抽出，解出吊绳再用钢钎调整底盘、拉线盘至中心即可。

质量等于 300kg 及以上的底盘、拉线盘一般采用人字扒杆吊装，300kg 以下的底盘、拉线盘一般采用人力的简易方法吊装。

310. 如何找正底盘的中心?

答:一般可将基础坑两侧副桩的圆钉用线绳连成一线或根据分坑记录数据找出中心点,再用垂球的尖端来确定中心点是否偏移。如有偏差,可用钢钎拨动底盘,调整至中心点。最后用泥土将盘四周覆盖并操平夯实。

311. 如何找正拉线盘的中心?

答:一般将拉线盘拉棒与基坑中心花杆底段及拉线副桩对准成一条直线,如拉线盘偏差需用钢钎撬正。移正后即在拉线棒处按照设计规定的拉线角度挖好马道,将拉线棒放置在马道后即覆土。

312. 简述采用固定式人字抱杆起吊电杆的过程。

答:(1)选择抱杆高度。一般可取电杆重心高度加2~3m。或者根据吊点距离和上下长度、滑车组两滑轮碰头的距离适当增加裕度来考虑。

(2)绑系侧拉绳。据杆坑中心距离,可取电杆高度的1.2~1.5倍。

(3)选择滑车组。应根据水泥杆质量来确定。一般水泥杆质量为500~1000kg时,采用一、一滑车组牵引;水泥杆质量为1000~1500kg时,采用一、二滑车组牵引;水泥杆质量为1500~2000kg时,可选用二、二滑车组牵引。

(4)18m电杆单点起吊时,必须采取加绑措施来加强吊点处的抗弯强度。

(5)如果土质较差时,抱杆脚需铺垫道木或垫木,以防止抱杆起吊受力后下沉。

(6)抱杆的根开一般根据电杆重量与抱杆高度来确定,一般在2~3m范围内。

(7)起吊过程中要求缓慢均匀牵引。电杆离地0.5m左右时,应停止起吊,全面检查侧拉绳子受力情况以及地锚是否牢固。水泥杆竖立进坑时,特别应注意上下的侧拉绳受力情况,并要求缓慢松下牵引绳,切忌突然松放而冲击抱杆。

313. 简述采用叉杆立杆所使用的工具及要求。

答:(1)叉杆。叉杆是由相同细长圆杆所组成,圆杆稍径应不小于80mm,根径应不小于120mm,长度在4~6m之间,在距顶端300~350mm处用铁线做成长度为300~350mm的链环,将两根圆杆连接起来。在圆杆底部600mm处安装把手(穿入300mm长的螺栓)。

(2)顶板。取长为1~1.3m、宽度为0.2~0.25m的木板做顶板,起临时支持电杆的作用。

(3)滑板。取长度为2.5~3m、宽度为250~300mm的坚固木板为滑板,其作用是使电杆能顺利达杆坑底。

314. 简述采用叉杆立杆的具体立杆方法。

答:(1)电杆梢部两侧各栓直径25mm左右、长度超过电杆长1.5倍的棕绳或具有足够强度的麻绳1根,作为侧拉绳,防止电杆在起升过程中左右倾斜。

(2)电杆根部应尽可能靠近马道坑底部,使起升过程中有一定的坡度而保持稳定。

(3)电杆根部移入基坑马道内,顶住滑板。

（4）电杆梢部开始用杠棒缓缓抬起，随即用顶板顶住，可逐渐向前交替移动使杆梢逐步升高。

（5）当电杆梢部升至一定高度时，加入一副小叉杆使叉杆、顶板、扛棒合一，交替移动，逐步使杆梢升高。到一定高度时再加入另一副较长的叉杆与拉绳合一，用力使电杆再度升起。一般竖立 10m 水泥杆需 3～4 副叉杆。

（6）当电杆梢部升到一定高度但还未垂直前，左右两侧拉绳移到两侧当作控制拉绳，使电杆不向左右倾斜。在电杆垂直时，将一副叉杆移到起立方向对面，防止电杆因过牵引而倾倒。

（7）电杆竖正后，有两副叉杆相对支撑住电杆，然后检查杆位是否在线路中心，再回填土，分层夯实。

315. 简述采用汽车起重机立杆的要求。

答：汽车起重机立杆首先应将吊车停在适当的位置，放好支腿，若遇有土质松软的地方，支腿下应填以面积较大的厚木板。

起吊电杆的钢丝绳，一般可拴在电杆重心以上 0.2～0.5m 处，对于拔梢杆的重心在距杆根 2/5 电杆全长处加 0.5m 处，如果组装横担后整体起吊，电杆头部较重时，钢丝绳可适当上移。立杆时，专人指挥，在立杆范围以内应禁止行人走动，非工作人员须撤离到距离倒杆 1.2 倍范围之外，电杆吊入杆坑后，进行校正，填土夯实，其后方可松下钢丝绳。

316. 简述杆上安装横担的方法及步骤。

答：（1）携带杆上作业全套工器具，对登杆工具做冲击实验，检查杆根，做好上杆前的准备工作。

（2）上杆，到适当位置后，安全带系在主杆或牢固的构件上（一般在横担安装位置以下）。若使用脚扣进行登杆作业，系好安全带，双脚应站成上下位置，受力脚应伸直，另一只脚掌握平衡。

（3）在杆上距离杆头 200mm（高压 300mm）处划印，确定横担的安装基准线。放下传递绳，地面人员将横担绑好，杆上作业人员将横担吊上杆顶。

（4）杆上作业人员调整好站立位置，将横担举起，把横担上的 U 形抱箍从杆顶部套入电杆，并将螺帽分别用手拧靠，调整横担位置、方向及水平，再用活扳手固定。

（5）检查横担安装位置应在横担准线处，距杆头 200mm（高压 300mm）。

（6）地面工作人员配合杆上人员观察，调整横担是否水平和顺线路方向垂直，确认无误后再次紧固。

（7）杆上作业人员解开系在横担上的传递绳并送下，把头铁、抱箍及螺栓一起吊到杆上进行安装。

（8）杆上作业人员将瓷瓶吊上并安装在横担上。

（9）拆除传递绳，解开安全带，下杆；工作结束。

317. 杆上安装横担的注意事项有哪些？

答：（1）安全带不宜拴得过长，也不宜过短。

（2）横担吊上后，应将传递绳整理利落；一般将另一端放在吊横担时身体的另一侧。随横担在一侧上升，传递绳在另一侧下降。

（3）不用的工具切记不要随意搁在横担上或杆顶上，以防不慎掉下伤人，应随时放在工具袋内。

（4）地面人员应随时注意杆上人员的操作，除必须外，其他人员应远离作业区下方，以免杆上作业人员掉东西砸伤地面人员。

318. 放线时线轴布置的原则和注意事项有哪些？

答：线轴布置应根据最节省劳力和减少接头的原则，按耐张段布置，应注意：

（1）交叉跨越挡中不得有接头。

（2）线轴放在一端耐张杆处，可由一端展放，或在两端放线轴，以便用人力或机械来回带线。

（3）安装线轴时，出线端应从线轴上面引出，对准拖线方向。

（4）非工作人员不要靠近导线，以免跑线伤人。工作人员也要在外侧。

319. 放线时通信联系用的旗号习惯上是如何规定的？

答：（1）一面红旗高举，表示危险，已发现问题，应立即停止工作。

（2）一面白旗高举，表示正常，工作可继续进行。

（3）两手红白并举，相对举过头部连续挥动，表示线已拉到指定位置，接头工作已结束。

（4）若同时拖两线，需要停止拖动一根线，则需要旗伸开平举，需停的一边手执红旗，另一边手执白旗。

（5）当3根线同时拖动，以左右及头上方代表3根线的部位，当某线需停止拖动，则举红旗停止不动，需拖动的两线则以白旗连续挥动。

（6）当挥旗人身体转向侧面，两手同时向一边举平，以白旗、红旗上下交叉挥动，表示线要放松，放线机械要倒退，慢动作挥旗表示线要慢慢放松。

（7）每次变换旗号均应以哨子示意，直至对方变换旗号为止，否则应继续吹哨挥旗。

（8）一手同时取红、白两旗，在空中划圈，表示工作已结束，全部停止工作、收工。

320. 在紧线之前应做好哪些准备工作？

答：（1）必须重新检查、调整一次在紧线区间两端杆塔上的临时拉线，以防止杆塔受力后发生倒杆事故。

（2）全面检查导线的连接情况，确认符合规定时方可进行紧线。

（3）应全部清除在紧线区间内的障碍物。

（4）通信联系应保持良好的状态，全部通信人员和护线人员应到位，以便随时观察导线的情况，防止导线卡在滑车中被拉断或拉倒杆塔。

（5）观测弧垂人员均应到位并做好准备。

（6）在拖地放线时越过路口处，有时要将导线临时埋入地中或支架悬空，在紧线前应将导线挖出或脱离支架。

（7）冬季施工时，应检查导线通过水面时是否被冻结。

（8）逐基检查导线是否悬挂在轮槽内。

（9）牵引设备和所用的工具是否已准备就绪。

（10）所有交叉跨越线路的措施是否都稳固、可靠，主要交叉处是否都有专人看管。

321. 使用紧线器应注意哪些事项？

答：（1）紧线前，应检查导线是否都放在滑轮中。小段紧线也可将导线放在针式绝缘子和顶部沟槽内，但不允许将导线放在铁横担上以免磨伤。

（2）紧线时要有统一的指挥，要根据观测挡对弧垂观测的结果指挥松紧导线。各种导线不同温度下的弧垂值，应根据本地区电力部门规定的弧垂值进行紧线。

（3）紧线时，一般应做到每基杆有人，以便及时松动导线，使导线接头能顺利越过滑车或绝缘子。

（4）根据紧线的导线直径，选用相应规格的紧线器。

（5）在使用时如发现滑线（逃线）现象，应立即停止操作，并采取措施（如在线材上绕上一层铁丝）再行夹住，使线材确实夹牢后，才能继续紧线。

322. 紧线时观测挡应如何选择？

答：在耐张段的连续挡中，应选择一个适当挡距作为弧垂观测挡，选择的条件宜为整个耐张段的中间或接近中间的较大挡距，并且以悬挂点高差较小者作为观测挡。

若一个耐张段的挡数为 7～15 挡时，应在两端分别选择两个观测挡，15 挡以上的耐张段，应分别选择三个观测挡。

323. 紧线时导线的初伸长一般应如何处理？

答：新架空线的施工，若不考虑初伸长的影响，则运行一个时期后将会使对地距离降低，影响线路的安全运行，故新导线在紧线时，应考虑导线的初伸长，一般应在紧线时使导线按照减小一定比例计算弧垂值，以补偿施工时的初伸长。

324. 动力配电箱安装时一般应满足哪些要求？

答：（1）确定配电箱安装高度。暗装时底口距地面为 1.4m，明装时为 1.2m，但明装电度表箱应加高到 1.8m。配电箱安装的垂直偏差不应大于 3mm，操作手柄距侧墙的距离不应小于 200mm。

（2）安装配电箱（盘）墙面木砖、金具等均需随土建施工预先埋入墙内。

（3）在 240mm 厚的墙壁内暗装配电箱时，在墙后壁需加装 10mm 厚的石棉板和直径为 2mm、孔洞为 10mm 的铁丝网，再用 1:2 水泥砂浆抹平，以防开裂。

（4）配电箱与墙壁接触部分均应涂刷防腐漆，箱内壁和盘面应涂刷两道灰色油漆。

（5）配电箱内连接计量仪表、互感器等的二次侧导线，应采用截面积不小于 2.5mm^2 的铜芯绝缘导线。

（6）配电箱后面的配线应排列整齐，绑扎成束，并用卡钉紧固在盘板上。从配电箱中引出和引入的导线应留出适当长度，以利于检修。

（7）相线穿过盘面时，木制盘面需套瓷管头，铁制盘面需装橡皮护圈。零线穿过木制盘面时，可不加瓷管头，只需套上塑料套管即可。

（8）为了提高动力配电箱中配线的绝缘强度和便于维护，导线均需按相位颜色套上软塑料套管，分别以黄、绿、红和黑色表示 A、B、C 相和零线。

325. 简述自制非标准配电箱盘面的组装和配线的步骤和要求。

答：（1）盘面的制作。应按设计要求制作盘面，盘面板四周与箱边应有适当缝隙，以便在配电箱内将其固定安装。

（2）电器排列。电器安装前，将盘面放平，把全部电器摆放在盘面板上，按照相关的要求试排列。

（3）钻孔刷漆。按照电器排列的实际位置，标出每个电器安装孔和进出线孔位置，然后在盘面钻孔和刷漆。

（4）固定电器。等油漆干固，先在进出线孔套上瓷管头或橡皮护套以保护导线，然后将全部电器按预设位置就位，并用木螺钉或螺栓将其固定。

（5）盘后配线。配线要横平竖直，排列整齐，绑扎成束，用卡钉固定牢固。

（6）接零母线做法。接零系统的零母线，一般应由零线端子板引至各支路或设备。

（7）加包铁皮。木制盘面遇下列情况应加包铁皮：

1）三相四线制供电，电流超过 30A；

2）单相 220V 供电，电流超过 100A。

326. 住宅电能表箱主要由哪些元件组成？各元件的作用和要求是什么？

答：住宅电能表箱主要由配电盘面、单相电能表、熔体盒、剩余电流动作保护器、开关等组成。

（1）配电盘面。起承托电器、仪表和导线的作用。

（2）单相电能表。单相电能表的额定电流应大于室内所有用电器具的总电流。

（3）熔体盒。熔体盒内装有熔体，它对电路起短路保护作用。

（4）剩余电流动作保护开关（器）。采用保护接地或保护接零，在用电设备漏电时断开电源防止发生触电事故。

（5）开关。配电盘上的开关用来控制用户电路与电源之间的通断，住宅配电盘上的开关一般采用空气断路器或刀开关。

327. 住宅电能表箱单相电能表的安装要求有哪些？

答：一个进户点供一个用户使用时，只装一组电能表、开关和熔断器即可；一个进户点供多个用户使用时，应每户装一组电能表、开关和熔断器，这种安装方式适用于居民住宅楼、公寓和大厦等。

单相电能表一般装在配电盘的左边或上方，而开关则应装在右边或下方。配电盘面上器件之间的距离应满足要求。

常用单相电能表接线盒内有四个接线端，自左向右按"1""2""3""4"编号。接线方法为"1"接火线进线、"3"接零线进线、"2"接火线出线、"4"接零线出线。

328. 电动机安装前应检查哪些项目？

答：（1）详细核对电动机铭牌上标注的各项数据与图纸规定或现场实际是否相符。

（2）外壳上的油漆是否剥落、锈蚀，壳、风罩、风叶是否损坏，安装是否牢固。

（3）检查电动机装配是否良好，端盖螺钉是否紧固，轴及轴承转动是否灵活，轴向窜动是否在允许范围内，润滑情况是否正常。

（4）拆开接线盒，用万用表检查三相绕组是否断路，连接是否牢固。

（5）使用绝缘电阻表测量绝缘。电动机每千伏工作电压的绝缘电阻不得小于 $1M\Omega$；500V 以下电动机的绝缘电阻不应小于 $0.5M\Omega$。

（6）用干燥空气吹扫电动机表面粉尘和脏物。

329．电动机在接线前必须做好哪些工作？

答：（1）电动机在接线前必须核对接线方式，并测试绝缘电阻。

（2）40kW 及以上电动机应安装电流表。

（3）如果控制设备比较远，在电动机近处应设紧急停车装置。

（4）动力设备必须一机一闸，不得一闸多用。

（5）动力设备要有接地或接零保护。

（6）控制设备要有短路保护、过载保护、断相保护及漏电保护。

（7）机械旋转部分应有防护罩。

（8）安装电动机时，在送电前必须用手试转，送电后必须核对转向。

330．简要回答电动机安装后的调整和测量项目。

答：（1）机座水平度的调整。

（2）齿轮传动装置的调整。

（3）三角皮带传动装置的调整。

（4）平皮带传动装置的调整。

（5）皮带轮轮宽中心线的测量。

（6）联轴节同轴线的测量。

331．变压器在满负荷或超负荷运行时的监视重点有哪些？

答：（1）变压器的电流、电压、温升、声响、油位和油色等是否正常。

（2）导电排螺栓连接处是否良好。

（3）示温蜡片有无熔化现象。

（4）要保证变压器较好的冷却状态，使其温度不超过额定值。

332．简要回答变压器运行中的日常维护和检查项目。

答：（1）检查变压器的温度。

（2）检查油位。

（3）检查声响。

（4）检查变压器顶盖上的绝缘件。

（5）检查引出导电排的螺栓接头有无过热现象。

（6）检查阀门。

（7）检查防爆管。

（8）检查散热器或冷却器。

（9）检查吸湿器。

（10）检查周围场地和设施。

333. 运行中变压器补充油应注意的事项有哪些？

答：（1）防止混油，新补入的油应经试验合格。

（2）补油前应将重瓦斯保护改接信号位置，防止误动作。

（3）补油后要注意检查气体继电器，及时放出气体，若24h后无问题，再将气体继电器接入跳闸位置。

（4）补油量要适宜，油位与变压器当时的油温相适应。

（5）禁止从变压器下部阀门补油，以防止变压器底部沉淀物冲起进入绕组内，影响变压器的绝缘和散热。

334. 常用电缆头的主要种类有哪些？

答：（1）尼龙头电缆头。

（2）干包电缆头。

（3）热缩式电缆头。

（4）插接装配式电缆头。

（5）冷缩式电缆头。

335. 制作好的电缆头应满足哪些要求？

答：（1）导体连接良好。

（2）绝缘可靠。

（3）密封良好。

（4）有足够的机械强度。

（5）能经受电气设备交接验收试验标准规定的直流耐压实验。

制作好的电缆头要尽可能做到结构简单、体积小、省材料、安装维修方便、并兼顾形状的美观。

336. 电缆在电缆沟或电缆隧道内敷设有何要求？

答：在电缆隧道中敷设，电缆都是放在支架上，支架可以在单侧或双侧，每层支架上可以放若干根电缆。

电缆沟（隧道）内的支架间隔1m，上、下层间隔150mm，最下层距地100mm。电缆沟（隧道）内要有排水沟，并保持1%的坡度。每隔50m应设一个0.4m×0.4m×0.4m的积水坑。

电缆沟和电缆隧道上也要设人孔井。

337. 电缆明敷设应如何安装？

答：电缆有时直接敷设在建筑构架上，可以像电缆沟中一样，使用支架，也可以使用钢索悬挂或用挂钩悬挂。现在有专门的电缆桥架，用于电缆明敷。电缆桥架分为梯级式、盘式和槽式。

338.　直埋电缆进入建筑物应采取哪些做法？

答：电缆进入建筑物和穿过建筑物墙板时，都要加钢管保护。直埋电缆进入建筑物时，由于室内外湿差较大，电缆应采取防水、防燃的封闭措施。

339.　电动机几种常用的简便烘干方法有哪些？

答：（1）循环热风干燥法。

（2）电流干燥法。

（3）灯泡烘干法。

（4）红外线灯干燥法。

340.　更换拉线时，拆除拉线前必须先做好哪项工作？

答：拉线因锈蚀、断股等需要进行更换时，必须先制作好临时拉线并锚固牢靠；然后拆除旧拉线，更换新拉线。

341.　简要介绍电动机循环热风干燥法。

答：将电动机放入干燥箱，将电加热器放入加热箱，吹风机出口插入加热箱入口，加热箱出口插入干燥箱入口。用吹风机将加热箱的热风吹入干燥箱，对电动机进行加热烘干。干燥室温度控制在100℃左右。

342.　简要介绍电动机电流干燥法。

答：将电动机三相绕组串联，用自耦调压器给电动机供电，使绕组发热进行干燥。电压为电动机额定电压的7%～15%，电流为额定电流的50%～70%。干燥时要注意绕组温度，及时调整加热器的电压和电流。

343.　简要介绍电动机灯泡烘干法。

答：把一只或数只大功率灯泡放入电动机定子腔内进行烘干。注意灯泡不要太靠近绕组。在电动机外壳盖上帆布进行保温。

344.　简要介绍电动机红外线灯干燥法。

答：先在箱内安装红外线灯泡和温度计；然后将电动机放入箱内，给红外线灯泡供电，用红外线进行加热；最后通过改变灯泡数量控制好箱内加热温度。

345.　土建工程在结构施工阶段电工要注意确定哪几条控制线？

答：（1）水平线。包括吊顶线、门中线、墙面线、隔断墙的边线。

注意常用标高水平线，如0.3、1.0、1.2、1.4、1.8m。

（2）轴线。防雷引下线、下管穿越楼层都要与轴线对应。

346.　简述三相电子式多功能电能表的测量内容。

答：能精确地测量正、反向有功和四象限无功电能、需量、失压计时等各种数据。

347.　简述运行中的电能表可能出现的异常状态。

答：电能表快慢不准、电能表潜动、电能表跳字、电能表卡盘、电压或电流线圈烧毁等。

348. 简述使用吊车位移正杆的步骤。

答：（1）用吊车将杆子固定。吊点绳位置一般在距杆梢 3～4m 处。

（2）摘除杆上固定的导线，使其脱离杆塔，然后登杆人员下杆。

（3）在需要位移一侧靠杆根处垂直挖下，直到杆子埋入的深度。

（4）使用吊车将杆子移到正确位置，校正垂直，然后将杆根土方回填夯实。

（5）恢复并固定导线，位移工作即告结束。

349. 简述悬绑绳索利用人工进行位移正杆的步骤。

答：（1）登杆悬绑绳索。其位置在距杆梢 2～3m 处，一般为 4 根直径不小于 16mm 的棕绳。拉紧绳索，从 4 个相对方向将杆塔予以固定。

（2）摘除固定在杆上的导线，使其脱离杆塔，然后登杆人员下杆。

（3）在需要位移一侧靠杆根处垂直挖下，直到杆子埋入的深度。

（4）拉动绳索，使杆梢倾向需位移的相反方向，杆根则移向需要位移的方向，直至移到正确位置后，可将电杆竖直。整个过程中，与受力绳索相对方向的绳索应予以辅助，防止杆塔因受力失控而倾倒。

（5）注意杆梢倾斜角度不要过大，不超过 10° 为宜，若一次不能移动到位，可反复几次进行。必要时（例如位移距离较大或土质较松软），可在坑口垫入枕木，以便电杆更好地倾斜移动。

（6）杆子移到与线路中心线相一致的正确位置后，校正垂直，即可将杆根土方回填夯实，恢复固定导线。

350. 调整导线弧垂应如何进行？

答：调整导线弧垂时，其操作及弧垂的观察法与导线架设时的方法相同，即操作人员在耐张杆或终端杆上，利用三角紧线器（也可与双钩紧线器配合使用）调整导线的松紧。若为多挡耐张段，卡好紧线器后，即可解开架线杆上导线的绑线，并选择耐张段中部有代表性的挡距观测弧垂。若三相导线的弧垂均需调整，则应先同时调整好两个边相，然后调整中相。调整后的三相导线弧垂应一致。

在终端杆上对导线弧垂进行调整时，应在横担两端导线反方向做好临时拉线，防止横担因受力不均而偏转。

351. 简述钢芯铝绞线损伤的处理标准。

答：（1）断股损伤截面积不超过铝股总面积的 7%，应缠绕处理。

（2）断股损伤截面积占铝股总面积的 7%～25%，应用补修管或补修条处理。

（3）钢芯铝绞线出现下列情况之一时，应切断重接：

1）钢芯断股；

2）铝股损伤截面超过铝股总面积的 25%；

3）损伤长度超过一组补修金具能补修的长度；

4）破损使得钢芯或内层导线形成无法修复的永久性变形。

352. 简述铝绞线和铜绞线损伤的处理标准。

答：（1）断股损伤截面积不超过总面积的 7%，应缠绕处理。

（2）断股损伤截面积占总面积的 7%～17%，应用补修管或补修条处理。

（3）断股损伤截面积超过总面积的 17% 应切断重接。

353. 架空绝缘导线连接时绝缘层如何处理？

答：承力接头的连接采用钳压和液压法，在接头处安装辐射交联热收缩管护套或预扩张冷缩绝缘套管（统称绝缘护套）。绝缘护套直径一般应为被处理部位接续管的 1.5～2 倍。中压绝缘线使用内外两层绝缘护套，低压绝缘线使用一层绝缘护套。有半导体层的绝缘线应在接续管外面先缠绕一层半导体黏带，与绝缘线的半导体层连接后再进行绝缘处理。每圈半导体黏带间搭压为带宽的 1/2。截面为 $240mm^2$ 及以上铝线芯绝缘线承力接头宜采用液压法接续。

354. 电缆头的制作安装要求有哪些？

答：（1）在电缆头制作安装工作中，安装人员必须保持手和工具、材料的清洁与干燥，安装时不准抽烟。

（2）做电缆头前，电缆应经过试验并合格。

（3）做电缆头用的全套零部件、配套材料和专用工具、模具必须备齐。检查各种材料规格与电缆规格是否相符，检查全部零部件是否完好无缺陷。

（4）应避免在雨天、雾天、大风天及湿度在 80% 以上的环境下进行工作。如需紧急处理应做好防护措施。

（5）在尘土较多及重污染区，应在帐篷内进行操作。

（6）气温低于 0℃ 时，要将电缆预先加热后方可进行制作。

（7）应尽量缩短电缆头的操作时间，以减少电缆绝缘裸露在空气中的时间。

355. 简述热缩式电缆终端头的制作步骤。

答：（1）按要求尺寸剥切好电缆各层绝缘及护套，并焊好接地线，压好接线鼻子。

（2）在各相线根部套上黑色热缩应力管，用喷灯自下向上慢慢环绕加热，使热缩管均匀受热收缩。

（3）套入分支手套，从中部向上、下进行加热收缩。

（4）在各相线上套上红色外绝缘热缩管，自下而上加热收缩。热缩管套至接线鼻子下端。

（5）在户外终端头上需安装防雨裙。

356. 简述冷缩式电缆终端头制作步骤。

答：（1）剥切电缆。

（2）装接地线。

（3）装分支手套。

（4）装冷缩直管。

（5）剥切相线。

（6）装冷缩终端头。

（7）压接线鼻子。

357. 电缆埋地敷设在沟内应如何施工？

答：电缆埋地敷设是在地上挖一条深度 0.8m 左右的沟，沟宽 0.6m，如果电缆根数较多，沟宽要加大，电缆间距不小于 100mm。沟底平整后，铺上 100mm 厚筛过的松土或细砂土，作为电缆的垫层。电缆应松弛地敷在沟底，以便伸缩。在电缆上再铺上 100mm 厚的软土或细砂土，上面盖混凝土盖板或黏土砖，覆盖宽度应超过电缆直径两侧 50mm，最后在电缆沟内填土，覆土要高出地面 150~200mm，并在电缆线路的两端转弯处和中间接头处竖立一根露出地面的混凝土标示桩，以便检修。

由于电缆的整体性好，不宜做接头，每次维修需要截取很长一段电缆。所以在施工时要预留一段，以备检修时截取。

埋设电缆时，电缆间、电缆与其他管道、道路、建筑物等之间平行和交叉时的最小距离应符合规程的规定。电缆穿过铁路、公路、城市街道、厂区道路和排水沟时，应穿钢管保护，保护管两端宜伸出路基两边各 2m，伸出排水沟 0.5m。

直埋电缆要用铠装电缆，但工地施工用电，使用周期短，一年左右就需挖出，这时可以用普通电缆。

358. 电缆在排管内的敷设有何要求？

答：排管顶部距地面，在人行道下为 0.5m，一般地区为 0.7m。施工时，先按设计要求挖沟，并将沟底夯实，再铺 1:3 水泥砂浆垫层，将清理干净的管下到沟底，排列整齐，管孔对正，接口缠上胶条，再用 1:3 水泥砂浆封实。整个排管对电缆人孔井方向有不小于 1%的坡度，以防管内积水。

为了便于检修和接线，在排管分支、转弯处和直线段每 50~100m 处要挖一供检修用的电缆人孔井。为便于电缆在井内架在支架上便于施工与检修，人孔井要有积水坑。

为了保证管内清洁、无毛刺，拉入电缆前，将排管扫除器通入管孔内来回拉。

在排管中敷设电缆时，首先把电缆盘放在井口，然后用预先穿入排管眼中的钢丝绳把电缆拉入孔内，每孔内放 1 根电力电缆。排管口套上光滑的喇叭口，坑口装设滑轮。

359. 简述轴承发热的原因及处理方法。

答：轴承发热的原因及处理办法见表 3-5。

表 3-5 轴承发热原因及处理方法

轴承发热的原因	处理方法
轴承安装不正，发生扭斜、卡阻	重新安装纠正
轴承损坏	更换轴承
轴承与轴配合过松或过紧	过松时可在轴颈喷涂金属，过紧时可适度车削
轴承与端盖配合过松	矫正
传动皮带过紧或联轴器装配不正	可在端盖镶套
滚动轴承润滑脂过多、过少或有杂物	调换皮带，校正联轴器

续表

轴承发热的原因	处理方法
滑动轴承润滑油不够，有杂质，油杯堵住	润滑脂用量为轴承盖内空间体积的 1/3～1/2，不应过多或过少；清洗轴承、轴承盖，换用洁净润滑脂，添加油至标准油面，油黏度大，有杂质应更换新油，疏通油杯油路
电动机端盖、轴承盖、机座不同心，轴转动卡阻	重新校正安装

360. 怎样利用转子剩磁和万用表判别定子绕组首末端？

答：（1）用万用表电阻挡，测出各相绕组的两个线端，电阻值最小的两线端为一相绕组的首末端。

（2）将三相绕组并联在一起，用万用表的毫安或低电压挡测量两端，转动转子一下，如果表针不动，则表明绕组的 3 个首端（U1、V1、W1）并在一起，3 个绕组的末端（U2、V2、W2）并在一起。如果表针摆动，说明三相首端不在一起，要调换一相的端子再观察，直至表针不摆动为止，便可做好绕组首末端标记。

361. 简述变压器台的组装过程。

答：（1）杆坑定位。

（2）挖 1m×1m、深 1.9m 杆坑两个，坑底夯实。

（3）杆坑整平。

（4）下底盘。

（5）立杆。

（6）附件及设备的安装。

362. 变压器运到现场后应怎样进行外观检查？

答：（1）检查高低压瓷套管有无破裂、掉瓷等缺陷，套管有无渗油现象。

（2）外表不得有锈蚀，油漆应完整。

（3）外壳不应有机械损伤，箱盖螺钉应完整无缺，密封衬垫要求严密良好，无渗油现象。

（4）规格型号与要求相符。

363. 安装三相三线电能表时应注意的事项有哪些？

答：（1）电能表在接线时要按正相序接线。

（2）电压、电流互感器应有足够的容量，以保证电能计量的准确度。

（3）各电能表的电压线圈应并联，电流线圈应串联接入电路中。

（4）电压互感器应接在电流互感器的电源侧。

（5）运行中的电压互感器二次侧不能短路，电流互感器二次侧不能开路。

（6）电压、电流互感器二次侧要有一点接地。电压互感器 Vv 接线在 b 相接地，Yyn 接线在中性线上接地，电流互感器则将 K2 端子接地。

（7）互感器二次回路应采用铜质绝缘线连接。电流互感器连接导线的截面积应不小于 4.0mm^2，电压互感器二次回路连接导线的截面积应按照允许的电压降计算确定，但至少应不小于 2.5mm^2。

364. 简述三相三线电能表经电流互感器接入的接线方法。

答：电能表每组元件的电流线圈分别接在不同相的电流互感器二次侧，如"U"相所接电流互感器二次绕组的端子"K1""K2"，分别接电能表第一组元件电流线圈的"1""3"端子；而"W"相所接电流互感器二次绕组的端子"K1""K2"，分别接在电能表第二组元件电流线圈的"5""7"端子上。这时的电能表连片必须打开。每组元件电压线圈的首端对应接在电源的相线上，即"2"端子接"U"相，"4"端子接"V"相，"6"端子接"W"相。

365. 土建工程基础阶段有哪些施工项目？

答：（1）挖基槽时配合作接地极和母线焊接。

（2）在基础砌墙时应及时配合作密封保护管（即电缆密封保护管）、挡水板、进出管套丝、配套法兰盘板防水等。

（3）当利用基础主筋作接地装置时，要将选定的柱子内的主筋在基础根部散开并与板筋焊接，引上作接地的母线。

（4）在土建基础施工阶段如果发现接地电阻不合格，应该及时改善，降低接地电阻的方法有补打接地极、增加埋深、采用紫铜板作接地极、加化学降阻剂、换好土、引入人工接地体等。

（5）在地下室预留好孔洞及电缆支架吊点埋件，预埋落地式配电箱基础螺栓或作配电柜基础型钢，及时作好防雷接地。

366. 在装修阶段主要有哪些电气施工项目？

答：（1）吊顶配管、轻隔墙配管。

（2）管内穿线、遥测绝缘等。

（3）做好明配管的木砖、勾吊架。

（4）各种箱、盒安装齐全。

（5）喷浆后和贴完墙纸再安装灯具、明配线施工、灯具、开关、插座及配电箱安装，要注意保持墙面清洁，配合贴墙纸。

367. 土建工程抹灰前电气工程要做好哪些工作？

答：（1）抹灰前要安装好配电箱，复查预埋砖等是否符合图纸要求。

（2）检查预留箱盒灰口、穿管孔洞、卡架、套管等是否齐全，检查管路是否齐全，是否已经穿完管线，焊接好了包头，把没有盖的箱、盒堵好。

（3）防雷引上线敷设在柱子混凝土或利用柱子筋焊接。

（4）做好均压环焊接及金属门窗接地线的敷设。

（5）为灯具安装、吊风扇安装及箱柜安装作预埋吊钩和基础槽钢。

368. 简述用支路电流法解题的思路。

答：用支路电流法解题的思路是以各支路电流为未知量，首先根据基尔霍夫定律列出所需的回路电压方程和节点电流方程，然后求得各支路电流。

第二节　供电服务规范

369. 供电服务的定义是什么？

答：供电服务是指服务提供者遵循一定的标准和规范，以特定方式和手段，提供合格的电能产品和满意的服务来实现客户现实或者潜在的用电需求的活动过程。供电服务包括供电产品提供和供电客户服务。

370. 供电服务人员应树立什么样的服务形象？

答：供电服务人员应树立"亲切、敬业、专业、自律"的服务形象。"亲切"指的是应具有良好的服务态度，"敬业"指的是应具有高度的工作责任心，"专业"指的是应具有过硬的业务技能，"自律"指的是应做到严于律己，廉洁勤业。

371. 在《供电服务规范》中，对供电营业职工基本道德是如何要求的？

答：严格遵守国家法律、法规，诚实守信、恪守承诺。爱岗敬业，乐于奉献，廉洁自律，秉公办事。

372. 作为供电企业，供电服务的方针是什么？

答：供电服务的方针是优质、方便、规范、真诚。

373. 按《供电服务规范》要求，供电服务场所应公布哪些内容？

答：供电服务场所应公布服务承诺、服务项目、服务范围、服务程序、收费标准和收费依据，接受社会与客户的监督。

374. 《供电服务规范》包括哪几个方面的内容？

答：《通用服务规范》《营业场所服务规范》《95598服务规范》《现场服务规范》《有偿服务规范》《投诉举报处理服务规范》。

375. 《供电服务规范》对供电服务人员上岗和仪容仪表方面有何要求？

答：（1）供电服务人员上岗必须统一着装，并佩戴工号牌。

（2）保持仪容仪表美观大方，不得浓妆艳抹，不得敞怀、将长裤卷起，不得戴墨镜。

376. 《供电服务规范》对供电营业职工在处理客户的咨询、投诉有哪些要求？

答：对客户的咨询、投诉等不推诿，不拒绝，不搪塞，及时、耐心、准确地给予解答。

377. 对供电营业职工岗位技能知识方面有何要求？

答：要求供电营业职工应熟知本岗位的业务知识和相关技能，操作规范、熟练，具有合格的专业技术水平。

378. 在每日上岗前准备阶段，业务受理员应做好哪些准备工作？

答：每日上岗前准备阶段，业务受理员应做好下列准备工作：

（1）到达岗位后，及时插入工作牌并摆放在规定位置。

（2）检查办公用品（签字笔、回形针等）准备是否充足。

（3）检查表单或办公用品位置摆放是否正确（应符合定置定位要求）。

（4）检查表单是否齐全、数量是否充足。

（5）物资不足或欠缺，应及时向引导员提出申请。

（6）启动计算机、打印机等办公设备。

（7）检查办公设备能否正常运行。

（8）检查业务系统登录是否正常。

（9）如设备运行或系统登录存有问题，应及时报修。

（10）办公区域物品摆放整齐，符合位置定位要求。

（11）桌面整洁，无污渍、杂物。

379. 在每日上岗前准备阶段，收费员应做好哪些准备工作？

答：收费员除了要完成与上述业务受理员相同的岗前准备工作外，还应完成以下工作内容：

（1）领取规定数额备用金（现金交接时应当面点清）。

（2）领取规定数量电费充值卡（充值卡完整、无破损）。

（3）领取工作相关的业务票据。

（4）填写领用记录。

380. 营业厅保洁员有哪些注意事项？

答：（1）每日营业前营业厅内外部环境清扫，清洁路线应该从外至内顺序进行。

（2）清扫应符合营业厅相关清洁标准及卫生要求。

（3）清扫器具应及时清洗，规范保管。

（4）清扫完成后，应及时进行清扫登记。

381. 营业厅保安员有哪些注意事项？

答：（1）营业前，保安员应对营业厅内外进行安全巡查，确保无安全隐患。

（2）与营业厅人员一起按照规定时间开启营业厅大门，迎接客户。

（3）检查消防设备。

（4）检查安全通道。

（5）保障一般通道和残疾人通道顺畅。

（6）维护营业厅秩序。

（7）协助处理营业厅内突发事件和其他需要临时协助的工作。

（8）站立时，步态端正，站姿挺拔，不倚不靠。

（9）在营业厅外摆放"禁止泊车"提示牌，对来访车辆进行指引，做到有序停放。

382. 为什么每日营业前应召开班前会？

答：班前会是营业工作前的重要环节，主要包括形象整理、礼仪操练习、宣贯上级重要文件精神、昨日工作总结和当天工作安排等内容。通过召开班前会，能够有效激励士气，使全体营业人员工作步调统一。班前会时间一般控制在 15min 以内为宜。

383. 大客户来访时，营业厅引导员该如何接待？

答：大客户来访时，营业厅引导员应及时引导至洽谈区，并安排专人"一对一"服务。

（1）通知营业厅班长和相关接待人员。

（2）及时为客户倒茶递水。

（3）做好引荐工作。

384. 柜台营业人员服务时，应如何确定客户需求？

答：客户入座后，营业人员应主动询问客户所需办理的业务类型。

（1）面带微笑，主动询问客户需求。

（2）仔细聆听客户需求，复述客户需求进行确认。

（3）如未能清晰理解客户需求，应礼貌请求客户重述并致谢。

（4）忌随意打断客户讲话。

385. 客户业务办理后，如何进行满意度评价？

答：柜台营业人员完成业务办理后，应邀请客户对服务做出评价。

（1）礼貌指引客户——"请您对我本次服务进行评价"。

（2）服务满意度评价应遵循客户自愿原则。

（3）对客户表达真诚感谢——"谢谢您的配合"。

386. 营业厅发生客户上门投诉时该如何接待？

答：（1）营业厅发生客户上门投诉时，应在第一时间将客户引导至洽谈室，以免影响营业厅正常运营秩序。

（2）客户进入洽谈室后，营业人员应立即汇报营业厅班长和主管，安抚客户情绪并递送茶水，要态度诚恳，语言亲切，避免客户情绪激化，忌在班长和主管到来前让客户独处。

（3）营业厅班长和主管在了解情况后要立刻出面，首先安抚客户情绪，认真倾听客户意见，提出解决方案，同时征求客户意见，取得客户认可，最后礼貌送别客户，对处理结果进行跟踪，注意处理时限。

387. 为特殊人士服务时有哪些应注意的事项？

答：遇到老人、残疾人等特殊客户时，应主动帮扶，并根据客户的具体需要，协助办理相关业务。

（1）提供服务前应征得客户同意。

（2）扶助时，注意行走速度与客户一致。

（3）对于语言有障碍客户，应适当提高音量，放慢语速，必要时使用手语或书写工具进行交流。

388. 特殊天气为客户提供爱心物品时，有哪些应注意的事项？

答：在条件允许的情况下，应为客户提供爱心雨伞、雨衣等服务。

（1）提供爱心雨伞服务，协助客户登记相关信息，领取爱心雨伞。

语术示例："您好，这是为您提供的雨伞，因营业厅的雨伞数量有限，请您在这边登记，方便的时候请记得归还，谢谢您的配合。"

（2）应在大厅入口处醒目位置放置"小心地滑"等标志，提醒客户注意地面湿滑，防止摔倒。

语术示例："请慢走，当心地滑。"

389.《供电服务规范》要求，从方便客户出发应设置哪些场所？

答：应合理设置供电服务营业网点或满足基本业务需要的代办点，并保证服务质量。

390.《供电服务规范》关于合同签订原则是怎样规定的？

答：根据国家有关法律法规，本着平等、自愿、诚实信用的原则，以合同形式明确供电企业与客户双方的权利和义务，明确产权责任分界点，维护双方的合法权益。

391.《供电服务规范》对供电营业职工在工作中行为举止有何规定？

答：行为举止应做到自然、文雅、端庄、大方。

392.《供电服务规范》要求，供电营业职工在为客户提供服务时应怎么做？

答：为客户提供服务时，应礼貌、谦和、热情。

393.《供电服务规范》要求，供电营业职工在接待客户时应怎么做？

答：接待客户时，应面带微笑、目光专注，做到来有迎声、去有送声。

394.《供电服务规范》要求，供电营业职工与客户会话时应怎么做？

答：与客户会话时，应亲切、诚恳、有问必答。

395. 供电服务人员为行动不便的客户提供服务时，应如何处理？

答：为行动不便的客户提供服务时，应主动给予特别照顾和帮助。

396. 对听力不好的客户来办理业务时应如何办理？

答：对听力不好的客户，声音应当适当提高，语速放慢。

397. 供电服务人员与客户交接钱物时，应如何处理？

答：与客户交接钱物时，应唱收唱付，轻拿轻放，不抛不丢。

398. 当客户的要求与政策、法律、法规及本企业制度相悖时应如何处理？

答：当客户的要求与政策、法律、法规及本企业制度相悖时，应向客户耐心解释，争取客户理解，做到有理有节。遇有客户提出不合理要求时，应向用户委婉说明，不得与客户发生争吵。

399. 客户服务安全风险的内涵是什么？

答：客户服务安全风险是指由于供电服务人员服务及法律意识淡薄、供电服务不到位、突发服务事件处理不当等原因，引起的客户投诉、新闻媒体曝光、群体性上访事件等风险。

400. 因计算机系统出现故障而影响业务办理时如何向客户解释？

答：若短时间内可以恢复，应请客户稍后并致歉；若需较长时间才能恢复，除向客户说明情况并道歉外，应请客户留下联系电话，以便另约服务时间。

401. 临下班时，对于正在处理中的业务和有等候办理的业务如何处理？

答：临下班时，对于正在处理中的业务应照常办理完毕后方可下班。下班时如仍有等候办理业务的客户，应继续办理。

402. 营业中遇到突发停电，营业人员应该如何处理？

答：营业人员在营业中遇到突发停电状况，应按下列流程处理：

（1）记录流程。突发停电时，营业人员应立即手工记录正在处理的业务流程信息。

（2）汇报主管。立即向营业厅班长和主管汇报，说明情况。

（3）安抚客户。营业人员向现场客户说明情况，耐心解释。

（4）确认情况，现场处理。营业厅班长和主管及时向有关部门确认情况，联系维修人员处理。组织人员安抚客户，告知客户预计来电时间。

（5）张贴公告。在营业厅显著位置张贴《关于突发停电暂时无法办理业务的致歉公告》，并在柜台放置"暂停服务"标示牌。

（6）后续跟踪，做好记录。故障处理完成后，应认真做好故障处理措施记录。及时电话联系客户前来办理业务或提供上门服务。

403. 遇到突发停电，营业人员应该如何安抚客户？

答：（1）若短时间内可以恢复营业，应说："先生/女士，非常抱歉！突发停电给您带来不便，请您谅解！我们已联系相关技术人员进行处理，将尽快恢复供电。请您拿好自己的叫号单，在业务办理区稍事休息，感谢您的理解与配合。"

（2）若短时间内不能恢复营业，应说："先生/女士，非常抱歉！由于短时间无法恢复供电，我们暂时无法为您办理业务，您可以留下联系方式，恢复供电后我们会尽快通知，感谢您的理解与配合。"

404. 营业厅局部进行临时施工时，有哪些注意事项？

答：营业厅局部进行临时施工时，应注意做好以下工作：

（1）放置警示牌。在营业厅内外显著位置放置警示牌——"施工中，非工作人员请勿进入"，做好必要的安全防护措施。

（2）安抚客户。如果现场施工对客户办理业务造成影响，营业人员应立即表示歉意，说明施工队伍会尽快完工，请客户谅解。如果客户难以接受嘈杂的环境，安排客户到洽谈室或远离施工区域的地方休息，同时尽快办理好业务。

（3）沟通协调。营业厅班长向主管汇报现场情况，请主管与施工单位协商，尽可能避开营业高峰期，在下班或节假日进行施工。

（4）及时清理垃圾。营业厅施工时产生的垃圾应及时清理，同时积极采取相应措施尽可能减少噪声和灰尘。

405. 营业厅发生治安事件，该如何处理？

答：（1）辨别危险程度。当营业厅发生治安事件时，班长应立即组织现场营业人员维持营业秩序，迅速分析事件紧急程度，判断是否需要报警。

（2）安全报警。在确保人身安全的情况下，拨打"110"或按下"110"联动报警装置的一键报警按钮。

（3）安抚客户。立即向受到惊吓或伤害的客户致歉，如果现场有人受伤，应及时拨打"120"，安抚客户情绪。

（4）善后工作。事后及时向上级汇报，记录备案。

406. 营业厅遇到客户突发疾病，该如何处理？

答：发现客户突发疾病，营业人员应该：

（1）及时照顾客户。立即上前询问病情，并安排客户到洽谈室休息。

（2）汇报上级。营业人员应及时将现场情况向营业厅班长和主管汇报。

（3）协助急救。如病情严重，应立即拨打"120"，同时与客户的亲人朋友取得联系。

（4）现场秩序维护。疏散围观人群，维护正常运营秩序，妥善保管现场监控资料，以备日后查询。

407. 营业厅突发火灾，该如何应对？

答：（1）切断电源。发现火情后，营业人员应第一时间切断电源总开关。

（2）沉着冷静，引导疏散。迅速通知现场其他营业人员，立即引导客户疏散。

（3）正确使用灭火器。根据火情，在保证人身安全的情况下，使用灭火器灭火。

（4）拨打紧急电话。立即拨打"119"。

（5）汇报上级。及时将现场情况向营业厅班长和主管汇报。

（6）善后处理。事后协助相关部门查明起火原因，记录备案。

408. 营业中遇到新闻媒体或律师来访，该如何应对？

答：（1）主动接待。营业人员应热情接待，将来访者引导至洽谈室，并递送茶水。需注意不随意回答问题，不擅自接受采访，应立即向营业厅班长和主管汇报。

（2）探明意图。营业厅班长和主管应探明来访者意图，并判断是否需要立即上报有关部门接洽。

（3）"一口对外"制度。当来访者询问有关情况时，遵循"一口对外"原则。

（4）语术示例："您好，根据您的需要，我已经联系了相关部门，请您稍候。"

409. 按《供电服务规范》的要求，到现场服务前，应与客户怎样联系？

答：应与客户预约时间，讲明工作内容和工作地点，请客户予以配合。

410.《供电服务规范》中营业场所服务内容有哪些？

答：（1）受理电力客户新装或增加用电容量、变更用电、业务咨询与查询、交纳电费、报修、投诉等。

（2）设置值班主任，安排领导接待日。

（3）县级以上供电营业场所无周休日。

411. "一强三优"中服务优质的具体内涵是什么？

答：事故率低，可靠性高，流程规范，服务高效，社会满意，内质外形建设卓有成效，品牌形象好。

412.《供电服务规范》对营业场所的环境有何要求？

答：（1）环境整洁。

（2）营业场所外设置规范的供电企业标志和营业时间牌。

（3）营业场所内应张贴"优质、方便、规范、真诚"的服务标语。

（4）营业场所内应布局合理、舒适安全。

（5）营业窗口应设置醒目的业务受理标识。

（6）具备可供客户查询相关资料的手段。

413.《供电服务规范》中的"95598"热线电话的服务内容包括哪些？

答：包括停电信息公告、电力故障报修、服务质量投诉、用电信息查询、咨询、业务受理等。

414.《供电服务规范》中的"95598"客户服务网页（网站）内容包括哪些？

答：包括停电信息公告、用电信息查询、业务办理信息查询、供用电政策法规查询、服务质量投诉等。

415.《供电服务规范》要求，客户服务人员在接到客户报修时，应详细询问哪些情况？

答：接到客户报修时，应详细询问故障情况。如判断确属供电企业抢修范围内的故障或无法判断故障原因，应详细记录，立即通知抢修部门前去处理。如判断属于客户内部故障，可电话引导客户排查故障，也可应客户要求提供抢修服务，但要事先向客户说明该项服务是有偿服务。

416. 因输配电设备事故、检修引起停电，客户询问时应如何做？

答：因输配电设备事故、检修引起停电，客户询问时应告知客户停电原因，并主动致歉。

417. 当有客户打错电话时，应如何做？

答：客户打错电话时，应礼貌地说明情况。对带有主观恶意的骚扰电话，可用恰当的语言警告后先行挂断电话并向值长或主管汇报。

418. 当有客户来电话发泄怒气时，应如何处理？

答：客户来电话发泄怒气时，应仔细倾听并作记录，对客户讲话应有所反应，并表示体谅对方的情绪。如感到难以处理时，应适时地将电话转给值长、主管等，避免与客户发生正面冲突。

419. 对客户服务人员在接听电话时有哪些要求？

答：接听电话时，应做到语言亲切、语气诚恳、语音清晰、语速适中、语调平和、言简意赅。应根据实际情况随时说"是""对"等，以示在专心聆听，重要内容要注意重复、确认。通话结束，须等客户先挂断电话后再挂电话，不可强行挂断。

420.《供电服务规范》对用电检查人员在检查现场时有何规定？

答：用电检查人员不得在检查现场替代客户进行电工作业。

421. 在公共场所施工时，应该怎样做？

答：在公共场所施工，应有安全措施，悬挂施工单位标志、安全标志，并配有礼貌用语。在道路两旁施工时，应在恰当位置摆放醒目的告示牌。

422. 供电企业在新装、换装及现场校验后有何规定？

答：供电企业在新装、换装及现场校验后应对电能计量装置加封，并请客户在工作凭证上盖章。如居民客户不在家，应以其他方式通知其电能表底数。拆回的电能计量装置应在表库至少存放 1 个月，以便客户提出异议时进行复核。

423. 客户对计费电能表的准确性提出异议时怎么办？

答：客户对计费电能表的准确性提出异议，并要求进行校验的，经有资质的电能计量技术检定，在允许误差范围内的，校验费由客户承担；超出允许误差范围的，校验费由供电企业承担，并按规定向客户退补相应电量的电费。

424. 实施有偿服务的原则是什么？

答：对产权不属于供电企业的电力设施进行维护和抢修实行有偿服务的原则。

425. 供电设施产权如何界定？

答：供电设施有很多，如供电线路、变压器、电能表、电源开关、插座等，这些设施有些属于供电企业，有些属于客户，判断是谁的资产的方法是谁投资就归谁，产权就属于谁。

426. 提供供电服务为什么要收费？

答：由于供电企业对产权属于用户的用电设施提供安装、调试、检修和维护服务所发生的成本费用并没有包含在销售电价中，所以应实行有偿服务，以明确供电企业与用电客户双方的权利和义务，可以进一步提高供电服务质量。

427. 接到客户投诉或举报如何处理？

答：接到客户投诉或举报时，应向客户致谢，详细记录具体情况后，立即转递相关部门或领导处理。投诉在 5 天内、举报在 10 天内答复。

428. 处理客户投诉举报的依据和原则是什么？

答：处理客户投诉应以事实和法律为依据，以维护客户的合法权益和保护国有财产不受侵犯为原则。

429. 供电可靠率指标是如何规定的？

答：城市地区供电可靠率不低于 99.90%，农网供电可靠率不低于 99.68%

430. 因天气等特殊原因不能在（规定时间）内到达现场进行处理时，怎么办？

答：《供电服务规范》要求，因天气等特殊原因造成故障较多，不能在（规定时间）内到达现场进行处理的，应向客户做好解释工作，并争取尽快安排抢修工作。

431. 《供电服务规范》对受理居民客户用电申请后，送电时限如何规定？

答：城乡居民客户向供电企业申请用电，受电装置检验合格并办理相关手续后，3个工作日内送电。非居民客户向供电企业申请用电，受电工程验收合格并办理相关手续后，5个工作日内送电。

432. 《供电服务规范》中的现场服务内容有哪些？

答：（1）客户侧计费电能表电量抄见。

（2）故障抢修。

（3）客户侧停电、复电。

（4）客户侧用电情况的巡查。

（5）客户侧用电报装工程的设施安装、验收、接电前检查及设备接电。

（6）客户侧计费电能表现场安装、校验。

433. 什么是同业对标？

答：同业对标运用了国际通行的标杆管理思想和方法。标杆管理的核心思想在于学习他人长处，在比较过程中，不断提高自己的竞争力。同业对标就是要将标杆管理的思想和方法全面系统地引入日常管理工作中，通过现状分析，对各项管理标准和业务流程进行梳理；通过与企业先进水平进行对比，找出管理工作中存在的问题和薄弱环节；通过最佳实践的总结和推广，提升各项业务管理水平。

434. 《供电服务规范》要求，供电服务人员在受理客户咨询时，应怎么做？

答：在受理客户咨询时，应耐心、细致，尽量少用生僻的电力专业术语，以免影响与客户的交流效果。如不能当即答复，应向客户致歉，并留下联系电话，经研究或请示领导后，尽快答复。客户咨询或投诉叙述不清时，应用客气周到的语言引导或提示客户，不随意打断客人的话语。

435. 电力营销工作具有哪三大特性？

答：电力营销具有服务性、整体性和技术性。

436. 供电营业厅的服务方式有哪些？

答：供电营业厅的服务方式有面对面、电话、书面留言、传真和客户自助。

437. 供电营业厅服务方式的设置标准是什么？

答：（1）供电营业厅的服务方式应多样化。

（2）各级供电营业厅必须具备的服务方式如下：

1）A、B、C级营业厅：面对面、电话、书面留言，传真和客户自助服务方式都要有。

2）D级营业厅要有面对面、书面留言和客户自助，具备"客户自助"服务方式时，可视当地条件和客户需求，提供 24h 服务。

438. 供电营业厅里的服务人员包括哪些？

答：供电营业厅的服务人员包括营业厅主管、业务受理员、收费员、保安员、引导员、保洁员。

439. 各级供电营业厅里服务人员的设置标准是什么？

答：各级供电营业厅里必须配备的服务人员如下：

（1）A 级营业厅：营业厅主管、业务受理员、收费员、保安员、引导员、保洁员。

（2）B 级营业厅：营业厅主管、业务受理员、收费员、保安员、引导员。

（3）C 级营业厅：营业厅主管、业务受理员、收费员。

（4）D 级营业厅：收费员、保安员。

440. 供电营业厅的服务设施及用品包括哪些？

答：供电营业厅的服务设施及用品包括营业厅门楣，营业厅铭牌，营业厅时间牌，营业厅背景板，防撞条，时钟日历牌，"营业中""休息中"标志牌，95598 双面小型灯箱，功能区指示牌，禁烟标志，营业人员岗位牌，"暂停服务"标志牌，员工介绍栏，展示牌，意见箱（簿），服务台（填单台）及书写工具，登记表示范样本，客户座椅，宣传资料及宣传资料架，饮水机，报刊及报刊架，垃圾筒（可回收、不可回收），"小心地滑"标志牌，便民伞，护栏，自助缴费终端，显示屏，多媒体查询设备，排队机，竖式广告灯箱，平板电视，无障碍设施。

441. 为客户办理日常业务时，应如何安抚客户的情绪？

答：（1）认同客户的感受，要发自内心去认同客户，而不应认为他是来找茬或对你不满。

（2）表达同理心，引导客户思绪——"您的心情我可以理解""换成是我，我也跟您一样"。

（3）重视与诚恳，并表示承担责任——"您放心，我一定会帮您""这件事情由我帮您处理""我最迟在××点之前会给您一个满意的答复"。

442. 当情绪激动的客户致电"95598"供电服务热线时，按照《供电服务规范》应如何处理？

答：客户来电话发泄怒气时，应仔细倾听并做记录，对客户讲话应有所反应，并表示体谅对方的情绪。如感到难以处理时，应适时地将电话转给值长、主管等，避免与客户发生正面冲突。

443. 受理用电业务时应主动向客户说明哪些信息？

答：受理用电业务时，应主动向客户说明该项业务需客户提供的相关资料、办理的基本流程、相关的收费项目和标准，并提供业务咨询和投诉电话号码。

444.《供电服务规范》中服务仪容仪表规范是什么？

答：（1）供电服务人员上岗必须统一着装，并佩戴工号牌。

（2）保持仪容仪表美观大方，不得浓妆艳抹，不得敞怀，将长裤卷起，不得戴墨镜。

445. 供电营业厅的服务方式包括哪些？

答：供电营业厅的服务方式包括面对面、电话、书面留言、传真、客户自助。

446.《供电服务规范》中对"首问负责制"做了哪些规定？

答：无论办理业务是否对口，接待人员都要认真倾听，热心引导，快速衔接，并为客户提供准确的联系人、联系电话和地址。

447.《供电服务规范》中对"限时办结制"做了哪些规定？

答：办理居民客户收费业务的时间一般每件不超过 5min，办理客户用电业务的时间一般每件不超过 20min。

448. 说明 A、B、C、D 四级营业厅分级原则。

答：（1）A 级营业厅为地区中心营业厅，兼本地区供电营业厅服务人员的实训基地，设置于地级及以上城市，每个地区范围内最多只能设置 1 个。

（2）B 级营业厅为地区中心营业厅，设置于县级及以上城市，每个区县范围内最多只能设置 1 个。

（3）C 级营业厅为区县的非中心营业厅，可设置于城市区域、郊区、乡镇。

（4）D 级营业厅为单一功能收费厅或者自助营业厅，可视当地服务需求设置。

449. 电力客户满意度的定义是什么？

答：电力客户满意度是指电力客户在接受供电服务时，实际感知的服务与预期得到的服务的差值。

450. 国家电网公司"三公"调度"十项措施"的内容是什么？

答：（1）坚持依法公开、公平、公正调度，保障电力系统安全稳定运行。

（2）遵守《电力监管条例》，每季度向有关电力监管机构报告"三公"调度工作情况。

（3）颁布《国家电网公司"三公"调度工作管理规定》，规范"三公"调度管理。

（4）严格执行购售电合同及并网调度协议，科学合理安排运行方式。

（5）统一规范调度信息发布内容、形式和周期，每月 10 日统一更新网站信息。

（6）建立问询答复制度，对并网发电厂提出的问询必须在 10 个工作日内予以答复。

（7）完善网厂联系制度，每年至少召开两次网厂联席会议。

（8）聘请"三公"调度监督员，建立外部监督机制。

（9）建立责任制，严格监督检查，将"三公"调度作为评价调度机构工作的重要内容。

（10）严肃"三公"调度工作纪律，严格执行《国家电网公司电力调度机构工作人员"五不准"规定》。

451. 供电营业厅中业务受理区的功能和设置要求是什么？

答：（1）受理各类用电业务。包括客户新装、增容及变更用电申请，故障报修、校表，用电指导，信息订阅，以及投诉、举报和建议。

（2）办理咨询查询，客户信息更新。一般设置在面向大厅主要入口的位置，其受理台应为半开放式。

452. 供电营业厅中收费区的功能及设置要求是什么？

答：提供电费及各类营业费用的收取和账单服务，以及充值卡销售、表卡售换等。一般与业务办理区相邻，应采取相应的保安措施。收费区应设置护栏，合理疏导人流。

453. 供电营业厅中业务待办区的功能及设置要求是什么？

答：（1）提供客户等候、临时休息服务。

（2）配设与营业厅整体环境相协调且使用舒适的桌椅，配客户书写台、宣传资料架、饮水机、意见箱（簿）等。

（3）客户书写台上应有书写工具、老花眼镜、登记表书写师范样本等。

（4）放置免费赠送的宣传资料。

454. 供电营业厅中展示区的功能及设置要求是什么？

答：通过宣传手册、广告展牌、电子多媒体、实物展示等多种形式，向客户宣传科学用电知识，介绍服务功能和方式，公布岗位纪律、服务承诺、服务及投诉电话，公示、公告各类服务信息，展示节能设备、用电设施等。

455. 供电营业厅中洽谈区的功能及设置要求是什么？

答：根据客户的用电需要，提供专业接洽服务。宜为半封闭或全封闭的空间，应配设与营业厅整体环境相协调且使用舒适的桌椅，以及饮水机、宣传资料架等。

456. 供电营业厅中引导区的功能及设置要求是什么？

答：（1）根据客户的用电业务需要，将其引导至营业厅内相应的功能区。

（2）设置在大厅入口旁，并根据需要配设排队机。

457. 供电营业厅中自助服务区的功能及设置要求是什么？

答：（1）为客户提供查询、交费、票据打印等自助服务。

（2）配设相应自助终端设施，包括触摸屏、多媒体查询设备、自助交费机等。

458. 营业厅礼仪中男、女仪容要求是什么？（从发式、面容、气味、手部四方面说明）

答：（1）男士：

1）发式：前不覆额、后不触领、侧不掩耳，发无头屑、发不染色、梳理整齐。

2）面容：不留异物、不留胡蓄须、清爽干净。

3）气味：保持口气清新，不吃有异味的食品。

4）手部：保持手部清洁，指甲不得超过1mm。

（2）女士：

1）发式：勤洗梳齐、发无头屑、头发拢后。

2）面容：清洁干净、不留异物、面化淡妆。

3）气味：保持头发、口腔和体味清洁，不用香味过浓的香水。

4）双手：掌指清洁，指甲不长于指尖，不涂有色指甲油。

459. 供电营业厅礼仪形体仪态中标准站姿要求是什么？

答：（1）抬头、挺胸、收腹。

（2）双眼平视前方，下颌微微内收，颈部挺直。

（3）双肩平衡放松，但不显得僵硬。

（4）双手下垂置于身体两侧或双手交叠自然下垂。

（5）双脚并拢，脚跟相靠，脚尖微开，男士可双脚平行分开，与肩同宽，不得双手抱胸、叉腰。

（6）右手四指搭在左手四指之上，拇指呈交叉状，自然放在小腹上，双腿并拢，脚尖呈30°～45°的V形或双腿并拢。

460. "95598" 供电服务热线有哪六方面职责？

答：（1）满足客户服务需求。

（2）受理客户咨询、查询。

（3）受理客户投诉、举报、建议。

（4）供电服务过程的监督、检查和评价。

（5）为公司提供最基础数据。

（6）提供服务宣传。

461. "95598" 供电服务热线的意义主要体现在哪三个方面？

答：（1）突破了时间、空间限制，方便了客户办理用电业务。

（2）实现了服务闭环管理，有效保障了服务质量。

（3）及时掌握客户心声，为供电企业生产经营提供了第一手辅助决策资料。

462. 哪几种情况为不属实投诉？

答：（1）供电单位已严格按相关政策法规规定执行的非供电单位责任的投诉。

（2）客户投诉问题无相关政策法规规定。

（3）客户反映问题不真实。

（4）投诉者本人要求撤诉。

463. 供电服务人员应具备的职业素质和技能要求是什么？

答：（1）严格遵守国家法律法规，诚实守信，恪守承诺。爱岗敬业，乐于奉献，廉洁自律，秉公办事。

（2）真心实意为客户着想，尽量满足客户的合理要求。对客户的咨询、投诉等不推诿、不拒绝、不搪塞，及时、耐心、准确地给予解答。

（3）遵守国家的保密原则，尊重客户的保密要求，不对外泄露客户的保密资料。

（4）工作期间精神饱满、注意力集中。使用规范化文明用语，提倡使用普通话。

（5）熟知本岗位的业务知识和相关技能，岗位操作规范、熟练，具有合格的专业技术水平。

464. 良好沟通的基本条件有哪些？

答：（1）美化声音：

1）音量：标准、清晰。

2）语调：轻快、柔和。

3）语气：亲切、自然。

4）语速：适中、平稳。

（2）善于倾听：

1）耐心。

2）反应。

3）冷静。

（3）提问引导：

1）开放式提问。

2）封闭式提问。

3）引导型提问。

4）选择型提问。

5）征询型提问。

（4）情绪同步。

465. 国家电网公司推行"四个服务"的内容是什么？

答：服务于党和国家工作大局，服务于电力客户，服务于发电企业，服务于社会发展。

466. 国家电网公司的企业精神是什么？

答：努力超越，追求卓越。

467. 简述"一强三优""三抓一创""提高五方面素质，塑造五方面形象"的具体内容。

答：（1）一强三优：电网坚强，资产优良、服务优质、业绩优质。

（2）三抓一创：抓发展、抓管理、抓队伍，创一流。

（3）五方面素质：安全素质、质量素质、效益素质、科技素质、队伍素质。

（4）五方面形象：认真负责的国企形象、真诚规范的服务形象、严格高效的管理形象、公平诚信的市场形象、团结进取的团队形象。

468. 供电服务"八字"方针及其内涵是什么？

答："八字"方针是优质、方便、规范、真诚。

（1）优质是指供给客户的电力的频率、电压要合格，供电可靠性要高，让客户用得放心。

（2）方便是指让客户在报装接电、故障维修、交付电费和用电咨询等过程中，感到方便、快捷、满意。

（3）规范是指在业扩、抢修、收费、管理等服务工作中行为要标准化、规范化，与客户交往语言要规范化。

（4）真诚是指要真心诚意对待客户，让客户从内心感受到供电服务是实实在在、真心实意的。

469. "三公开""四到户""五统一"的内容是什么？

答：（1）"三公开"是指公开电量、公开电价、公开电费。

（2）"四到户"是指销售到户、抄表到户、服务到户、收费到户。

（3）"五统一"是指统一电价、统一发票、统一抄表、统一核算、统一考核。

470. 《国家电网公司员工道德规范》要求员工应从哪些方面做到爱国守法？

答：热爱祖国、奉公守法、依法经营。

471. 《农村供电营业规范化服务标准》规定，执行电价政策要杜绝"三乱"是指什么？

答：乱收费、乱摊派、乱加价。

472. 《国家电网公司员工道德规范》要求供电职工从哪些方面体现团结协作？

答：紧密配合、同心同德、团结友善。

473. 《国家电网公司员工道德规范》要求供电职工从哪些方面体现优质服务？

答：恪守宗旨、真挚服务、讲求质量。

474. 《国家电网公司员工道德规范》要求供电职工从哪些方面体现文明礼貌？

答：仪容端庄、文明待人、家庭和睦。

475. 《国家电网公司员工道德规范》要求供电职工从哪些方面体现对社会的关爱？

答：倡导文明、助人为乐、保护环境。

476. 《供电营业职工文明服务行为规范》要求员工对工作、对同志和客户应持什么态度？

答：供电职工应具有强烈的职业责任心和事业感，对工作兢兢业业、对同志满腔热忱、对客户服务周到。

477. 什么叫以电谋私？

答：指电业职业人员利用电力供应的独占地位，运用供电的职权或通过其他非正当途径，为小团体或个人获得额外的利益。

478. 客户要求办理的业务不属于自己本职范围时，应该怎么办？

答：客户服务人员应认真倾听、热心引导、快速衔接，并为客户提供办理该业务的准确的联系人、联系电话和地址。

479. 遇到两位以上客户同时办理业务时，应该如何处理？

答：既要认真办理前面客户的业务，又要礼貌地与后面的客户打招呼，请其稍后。

480.《供电营业职工文明服务规范》要求供电职工在现场工作结束后，还应做好哪些工作？

答：供电职工在现场工作结束后，应清理好现场，不能留有残留物和污迹，做到设备、场地清洁。同时主动征求客户意见，并将本部门联系电话留给客户。

481.《供电营业职工文明服务行为规范》中对男职工的头发有什么要求？

答：长不覆额、侧不掩耳、后不触领。

482. 柜台营业人员接待客户时应怎样做？

答：起身相迎、微笑示座、认真倾听、准确答复。

483. 为了加强社会对供电服务的监督力度，供电企业应该采取哪些措施？

答：为了加强社会对供电服务的监督力度，在城市供电营业中，供电企业除了要在营业场所设置意见箱和意见簿、实行领导接待日制度外，还应该定期召开社会行风监督员座谈会，走访客户，听取对供电营业服务方面的意见。

484.《国家电网公司员工道德规范》要求同事之间应努力营造什么样的工作氛围？

答：心情舒畅、温暖和谐。

485. 国家电网公司的企业愿景是什么？

答：国家电网公司的企业愿景是建设世界一流电网、建设国际一流企业。

486. 国家电网公司供电服务"十项承诺"是什么？

答：（1）城市地区：供电可靠率不低于99.90%，居民客户端电压合格率为96%。

农村地区：供电可靠率和居民客户端电压合格率，经国家电网公司核定后，由各省（自治区、直辖市）电力公司公布承诺指标。

（2）提供24h电力故障报修服务，供电抢修人员到达现场的时间一般不超过：城区范围45min、农村地区90min、特殊边远地区2h。

（3）供电设施计划检修停电，提前7天向社会公告。对欠费客户依法采取停电措施，提前7天送达停电通知书，费用结清后24h内恢复供电。

（4）严格执行价格主管部门制定的电价和收费政策，及时在供电营业场所和网站公开电价、收费标准和服务程序。

（5）供电方案答复期限：居民客户不超过3个工作日，低压电力客户不超过7个工作日，高压单电源客户不超过15个工作日，高压双电源客户不超过30个工作日。

（6）装表接电期限：受电工程检验合格并办结相关手续后，居民客户3个工作日内送电，非居民客户5个工作日内送电。

（7）受理客户计费电能表校验申请后，5个工作日内出具检测结果。客户提出抄表数据异常后，7个工作日内核实并答复。

（8）当电力供应不足，不能保证连续供电时，严格按照政府批准的有序用电方案实施错避峰、停限电。

（9）供电服务热线"95598"24h受理业务咨询、信息查询、服务投诉和电力故障报修。

（10）受理客户投诉后，1 个工作日内联系客户，7 个工作日内答复处理意见。

487. 国家电网公司员工服务行为"十个不准"是什么？

答：（1）不准违反规定停电、无故拖延送电。

（2）不准自立收费项目、擅自更改收费标准。

（3）不准为客户指定设计、施工、供货单位。

（4）不准对客户投诉、咨询推诿塞责。

（5）不准为亲友用电谋取私利。

（6）不准对外泄露客户的商业秘密。

（7）不准收受客户礼品、礼金、有价证券。

（8）不准接受客户组织的宴请、旅游和娱乐活动。

（9）不准工作时间饮酒。

（10）不准利用工作之便谋取其他不正当利益。

488. 国家电网公司"三公"调度"十项措施"的内容是什么？

答：（1）坚持依法公开、公平、公正调度，保障电力系统安全稳定运行。

（2）遵守《电力监管条例》，每季度向有关电力监管机构报告"三公"调度工作情况。

（3）颁布《国家电网公司"三公"调度工作管理规定》，规范"三公"调度管理。

（4）严格执行购售电合同及并网调度协议，科学合理安排运行方式。

（5）统一规范调度信息发布内容、形式和周期，每月 10 日统一更新网站信息。

（6）建立问询答复制度，对并网发电厂提出的问询必须在 10 个工作日内予以答复。

（7）完善网厂联系制度，每年至少召开两次网厂联席会议。

（8）聘请"三公"调度监督员，建立外部监督机制。

（9）建立责任制，严格监督检查，将"三公"调度作为评价调度机构工作的重要内容。

（10）严肃"三公"调度工作纪律，严格执行《国家电网公司电力调度机构工作人员"五不准"规定》。

第三节　用电检查

489. 用电安全检查的主要内容有哪些？

答：（1）自备保安电源的配置和维护是否符合安全要求。

（2）闭锁装置的可靠性和安全性是否符合技术要求。

（3）受电装置及电气设备安全运行状况及缺陷处理情况。

（4）是否按规定的周期进行电气试验，试验项目是否齐全，试验结果是否合格，试验单位是否符合要求。

（5）电能计量装置、负荷管理装置、继电保护和自动装置、调度通信等安全运行情况。

（6）并网电源、自备电源并网安全状况。

（7）安全用电防护措施及反事故措施。

490. 如何组织用户进行重大事故调查工作？

答：（1）接到发生事故通知后，立即到事故现场，通知电气负责人召集有关人员参加事故分析会。

（2）听取值班人员和目睹者的事故过程介绍，并做好记录。

（3）查阅事故现场的保护动作情况。

（4）检查事故设备损坏部位，损坏程度。

（5）查看用户事故当时记录是否正确。

（6）检查有疑问时，可进行必要的复试、检验。

（7）综合上述情况，指出发生事故的真正原因，提出防止发生事故的措施及处理意见。

491. 依据《国家电网公司安全用电服务若干规定》，用电安全检查分为几类？各自有什么特点？

答：用电安全检查分为定期检查、专项检查和特殊检查三大类，定期检查可以与专项检查相结合。

定期检查是指根据规定的检查周期和客户实际用电情况，制定检查计划，并按照计划开展的检查工作。

专项检查是指每年的春季、秋季安全检查以及根据工作需要安排的专业性检查，检查重点是客户受电装置的防雷情况、电气设备试验情况、继电保护和安全自动装置等情况。

特殊检查是指因重要保电任务或其他需要而开展的用电安全检查。

492. 依据《国家电网公司安全用电服务若干规定》，用电安全检查的主要内容有哪些？

答：（1）自备保安电源的配置与维护是否符合安全要求。

（2）闭锁装置的可靠性和安全性是否符合技术要求。

（3）受电装置及电气设备安全运行状态及缺陷处理情况。

（4）是否按规定的周期进行电气试验，试验项目是否齐全，试验结果是否合格，试验单位是否符合要求。

（5）电能计量装置、负荷管理装置、继电保护和自动装置、调度通信等安全运行情况。

（6）并网电源、自备电源并网安全状况。

（7）安全用电防护措施及反事故措施。

493. 供用电安全风险是什么？

答：供用电安全风险是指在电力供应与使用过程中，因业扩报装管理不规范、客户电气设备带缺陷运行、重要客户安全隐患未及时有效治理、未依法签订并履行供用电合同等原因，引起的客户设备损坏、人身伤亡、异常停电等安全用电事故风险。主要包括业扩管理风险、安全用电服务风险、重要客户安全风险、法律风险。

494. 什么是谐波源？列出几种常见的产生谐波的电气设备。

答：谐波源是指向公用电网注入谐波电流或在公用电网中产生谐波电压的电气设备。如电气机车、电弧炉、整流器、逆变器、变频器、相控的调速和调压装置、弧焊机、感应加热设备、气体放电灯以及有磁饱和现象的机电设备。

495. 在变电站电气设备上工作，保证安全的技术措施有哪些？

答：停电、验电、接地、悬挂标示牌和装设遮栏（围栏）。

496. 什么是运行中的电气设备？

答：指全部带有电压、一部分带有电压或一经操作即带有电压的电气设备。

497. 巡视检查 SF_6 电气装置的安全注意事项有哪些？

答：（1）装有 SF_6 设备的配电装置室和 SF_6 气体实验室，必须装设强力通风装置。风口应设置在室内底部。

（2）工作人员进入 SF_6 配电装置室，必须先通风 15min，并用检漏仪测量 SF_6 气体含量，尽量避免 1 人进入 SF_6 配电装置室进行巡视，不准 1 人进入从事检修任务。

（3）工作人员不准在 SF_6 设备防爆膜附近停留，若在巡视中发现异常情况，应立即报告，查明原因，采取有效措施进行处理。

（4）进入 SF_6 配电室低位区或电缆沟进行工作应先测含氧量（不得低于 18%）和 SF_6 气体含量是否合格。

（5）发生紧急事故应立即开启全部通风系统进行通风。发生防爆膜破裂事故时，应停电处理，并用汽油或丙酮擦拭干净。

498. 电力电缆在投入运行前应做哪些试验？

答：（1）测量绝缘电阻。

（2）直流耐压试验及泄漏电流测量。

（3）交流耐压试验。

（4）测量金属屏蔽层电阻和导体电阻比。

（5）检查电缆线路两端的相位。

（6）充油电缆的绝缘油试验。

（7）交叉互联系统试验。

499. 运行中的变压器一般有哪些异常情况时应退出运行？

答：（1）变压器内部音响很大，有严重的放电声。

（2）在正常冷却条件下，变压器温度不正常或不断上升。

（3）防爆管爆破或油枕冒油。

（4）油色变化过甚，油内出现炭质。

（5）套管有严重的破裂和放电现象。

（6）接头过热、喷油、冒烟。

500. 对双电源用户的电源管理有哪些要求？

答：（1）电源进线开关必须装设可靠的联锁装置，防止向电网反送电。

（2）双电源的切换方式应满足客户的需求，如用自投，应取得供电企业同意。

（3）双电源用户必须制定安全运行制度和操作程序，并有专人管理。

（4）应与供电企业签订调度协议。

（5）应明确主电源与备用电源，正常情况下应使用主电源。

501. 变压器并列运行应满足哪些条件？

答：（1）接线组别相同。

（2）变比差值不得超过±0.5%。

（3）短路电压值不得超过 10%。

（4）两台并列变压器容量比不宜超过 3∶1。

502. 变压器运行时电压过高有何影响？

答：在加入变压器的电压高于额定电压时，铁芯的饱和程度增加，会使电压和磁通的波形发生严重畸变，变压器空载电流增大，铁芯饱和后电压波形中的高次谐波值大大增加，这时的影响如下：

（1）引起用户电流波形畸变，增加电动机和线路上的附加损耗。

（2）可能在系统中造成谐波共振现象，并导致过电压，使绝缘损坏。

（3）线路中电流的高次谐波会对通信线路产生影响，干扰通信正常进行。

503. 对继电保护装置有哪些基本要求？

答：（1）选择性：能在规定的范围内切除故障电流。

（2）快速性：能快速切除故障点，以缩小事故范围。

（3）灵敏性：对不正常的运行有足够的反应能力。

（4）可靠性：保护装置应经常处于准备动作状态，在发生故事时不应拒动，同时也不应误动作。

504. 变压器在投入前为什么要做冲击合闸试验？

答：为了检验变压器绝缘强度能否承受额定电压或运行中操作过电压，需要在变压器投入运行时进行数次冲击合闸试验。此外空载变压器投入电网时，会产生励磁涌流，其值一般可达 6~8 倍额定电流，经 0.5~1s 后即减到 0.25~0.5 倍的额定电流。由于励磁涌流会产生很大电动力，所以冲击合闸试验是为了考验变压器的机械强度和继电保护动作的可靠性程度。

505. 高压开关柜应具有"五防"功能，"五防"包括哪些内容？

答：五防功能是指保证人身安全和防止误操作的重要措施，它包括以下内容：

（1）防止带负荷拉、合隔离开关。

（2）防止误跳、合断路器。

（3）防止带电挂接地线。

（4）防止带地线合隔离开关。

（5）防止误入带电间隔。

506. 新装电容器投入运行前应做哪些检查？

答：（1）电气试验应符合标准，外观完好。

（2）各部件连接可靠。

（3）检查放电装置是否可靠合格。

（4）检查保护与监视回路完整。

（5）电容器的开关符合要求。

507.《国家电网公司客户安全用电服务若干规定》中规定，中间检查的主要内容有哪些？

答：用电检查人员应根据审核同意的设计文件和有关施工及技术标准等，对隐蔽工程进行中间检查及施工质量抽检，包括电缆沟和隧道，电缆直埋敷设工程，接地装置工程，变压器、断路器等电气设备特性试验等，及时发现和纠正不符合技术规程要求的施工工艺及质量问题，并以书面形式向客户提出消除安全隐患的指导意见，提高受电工程的施工质量。

508. 在电气设备上工作，保证安全的组织措施有哪些？

答：（1）工作票制度。

（2）工作许可制度。

（3）工作监护制度。

（4）工作间断、转移和终结制度。

509. 自动重合闸应符合哪些基本要求？

答：（1）动作时间应短，但不能过短，其动作时间应大于介质去游离时间，既能使故障点的绝缘强度来得及恢复，又要使断路器的传动机构来得及恢复，一般重合闸动作时间取 1~3s。

（2）重合闸的重合次数应保证可靠，即一次重合闸只重合一次，二次重合闸只重合二次。

（3）手动投入断路器，当线路上有故障时，继电保护跳开断路器后，应保证不进行重合。

（4）手动切除断路器，重合闸不应重合。

510. 新装隔离开关、负荷开关及高压熔断器的试验项目有哪几项？

答：（1）绝缘电阻。

（2）高压限流熔丝管熔丝的直流电阻。

（3）负荷开关的导电回路电阻。

（4）交流耐压。

（5）操动机构绕组最低动作电压。

（6）操动机构试验。

511. 电力系统为何需要投入电容？

答：电力系统中的负载大部分是感性的，依靠磁场传送能量，因此这些设备在运行过程中不仅消耗有功功率，而且需一定量的无功功率。这些无功功率如由发电机供给，将影响发电机的有功出力，对电力系统也造成电能损失和电压损失，设备利用率相应降低。因此要采取措施提高电力系统功率因数，补偿无功损耗，这就需要投入电容。

512. 什么叫变压器的不平衡电流？有何影响？

答：变压器不平衡电流是单相负载造成的，三相分配不均匀常数使三相负载不对称，使三相电流不对称，影响三相阻抗压降不对称、二次侧三相电压也不对称。这对变压器和电气设备均为不利，更重要的是 Yyn0 接线变压器，零线将出现电流，使中性点产生位移，其中电流大的一相，电压下降，其他两相电压上升，严重时会烧坏设备。

513. 各种防雷接地装置的工频接地电阻最大值是多少？

答：（1）变电站独立避雷针为 10Ω。

（2）变电站进线架上避雷针为 10Ω。

（3）变电站架空线路上所装管型避雷器为 10Ω。

（4）与母线连接但与旋转电动机有关的避雷器为 5Ω。

（5）20kV 以上电压等级的架空线路交叉杆上的管型避雷器及 35～110kV 架空线路及木杆上的管形避雷器为 15Ω。

（6）上述处所装设的放电间隙为 25Ω。

514. 变、配电室有哪些基本要求？

答：（1）耐火等级不应低于一级。

（2）应采用砖结构、钢筋混凝土平顶屋面。并有倾斜坡度和排水设施，且有隔热层。

（3）变压器室门采用铁门，配电室长度大于 7m 时应两端开门，其宽度和长度应方便设备出入。

（4）变压器室不应有窗，通风口采用金属百叶窗，其内侧加金属网，网孔不大于 10mm×10mm。配电室的窗在开关柜的后方底部，采用不开启式，外侧加护网。

515. 变压器差动保护装置的基本原理是什么？

答：变压器差动保护装置是由变压器的一次和二次电流的数值和相位进行比较而构成的保护装置。

它由变压器两侧的电流互感器和差动继电器组成。在正常情况下，保护区外侧短路时，一次和二次电流数值和相位均相同，保护不动作而当保护区内发生故障时，一次和二次电流及相位产生差值，这时有电流流过差动继电器，继电器动作，跳开断路器，起到保护作用。

516. 对变压器做短路试验的目的是什么？

答：短路试验的目的是测量变压器的铜损耗。试验时将低压绕组短路，在高压侧加电压，使电流达到额定值。这时变压器的铜损耗相当于额定负载的铜损耗。一次侧所加电压称为变压器的短路电压，它与额定电压之比的百分数，即为变压器的阻抗电压。

517. 中性点非直接接地系统中，电压互感器二次绕组三角开口处并接一个电阻的作用是什么？

答：电磁式电压互感器接在非直接接地系统中，由于某种原因可能造成系统中感抗等于容抗，使系统发生铁磁谐振，将危及系统安全。在其绕组三角开口处并接一个电阻是限制铁磁谐振的有效措施，因为谐振的电流幅值大小与谐振回路中负荷的有功分量有关，当有功分量一定时，就可起到阻尼作用，有效地限制了谐振，所以规定在开口三角处并接一个电阻。

518. 电力系统中限制短路电流的方法有哪些？

答：（1）合理选择主接线和运行方式，以增大系统中阻抗，减小短路电流。

（2）加装限流电抗器限制短路电流。

（3）采用分裂低压绕组变压器，分裂低压绕组变压器在正常工作和低压侧短路时，电抗值不同，从而限制短路电流。

519. 电源缺相时对电动机的启动和运行有何危害？

答：三相异步电动机断一相电源时，将无法启动。转子左右摆动有强烈的"嗡嗡"声，若在运行中缺相，虽电动机仍能继续转动，但出力大大降低。

520. 避雷器是如何工作的？

答：避雷器通常接在导线和地之间，与被保护设备并联。当被保护设备在正常工作电压下运行时，避雷器不动作，即对地视为断路。一旦出现过电压，且危及被保护设备绝缘时，避雷器立即动作，将高电压冲击电流导向大地，从而限制电压幅值，保护电气设备绝缘。当过电压消失后，避雷器迅速恢复原状，使系统能够正常供电。

521. 选择高压电气设备应满足哪些基本条件？

答：（1）绝缘安全可靠。既要长期承受工频最高工作电压，又要承受内部过电压和外部过电压。

（2）在额定电流下长期工作，其温升应合乎标准，且有一定的短时过载能力。

（3）能承受短路电流的热效应和电动力而不致损坏。

（4）开关电器设备应能安全可靠地关、合规定电流。

（5）户外设备应能承受自然条件的作用而不致受损。

522. 变压器的温度计是监视哪部分温度的？监视这个温度有何意义？

答：变压器的温度计是直接监视变压器上层油温的。因为上层油温比中下层油温高，所以通过监视上层油温来控制变压器绕组的最高温度。因而保证变压器绕组温度不超过允许值，也就保证了变压器的使用寿命和安全运行。

523. 低压空气断路器在故障跳闸后应如何处理？

答：低压空气断路器在故障跳闸后，首先检查分析故障原因，并检查外观有否喷出金属细粒，灭弧罩有否烧坏。如有上述现象，则应拆下灭弧罩进行触头检查，检修或更换清扫灭弧罩。如故障不严重，则在允许送电情况下继续合闸运行，不必立即检修。

524. 架空线路定期巡视的内容有哪些？

答：（1）查明沿线有否可能影响线路安全运行的各种状况。

（2）巡查杆塔有无异常。

（3）巡查导线和避雷线有无断股、锈蚀、过热等。

（4）巡查绝缘子有无异常状况。

（5）巡查拉线是否断股、锈蚀。

（6）防雷设施有无异状。

525. 10kV 配电变压器的安装有哪些基本要求？

答：（1）安装位置应首先考虑运行、检修方便。

（2）变压器外壳与门、壁的净距：10kV 及以下距门不小于 1m、距壁不小于 0.8m。在装有开关时，其操作方向应留有 1.2m 宽度。

（3）安装在室内的变压器，宽面推进时低压侧向外，窄面推进时油枕向外。

（4）变压器基础铁轨应水平，800kVA 及以上油浸变压器，应使其顶盖沿气体继电器的方向有 1%～1.5%的升高坡度。

（5）变压器一、二次引线，不应使变压器套管承受外加应力。

526. 运行中的配电变压器的正常巡查有哪些项目？

答：（1）音响应正常。

（2）油位应在油位线上，外壳清洁、无渗漏现象。

（3）油温应正常，不应超过 85℃。

（4）负荷正常。

（5）引线不应过松、过紧，应接触良好。

（6）有气体继电器时，检查其油位是否正常。

527. 变压器绕组绝缘损坏的原因有哪些？

答：（1）线路的短路故障和负荷的急剧多变，使变压器电流超过额定电流的几倍或几十倍，这时绕组受到很大的电磁力矩的作用而发生位移或变形。另外，由于电流急增，使绕组温度迅速增高，使绝缘损坏。

（2）变压器长时间过负荷运行，绕组产生高温损坏绝缘，造成匝间、层间短路。

（3）绕组绝缘受潮，将造成匝间短路。

（4）绕组接头和分接开关接触不良，会引起发热，损坏局部绝缘，造成匝间、层间短路或接头断路。

（5）变压器的停送电和雷击波使绝缘因过电压而损坏。

528. 对运行中 10kV 避雷器进行巡视有哪些内容？

答：（1）瓷套管是否完整。

（2）导线和引下线有无烧伤痕迹和断股现象。

（3）避雷器上帽引线处密封是否严密。

（4）瓷套管表面有无严重污秽。

529. 三绕组变压器倒一次侧分接开关与倒二次侧分接开关的作用和区别是什么？

答：改变一次侧分接开关位置，能改变二、三次侧的电压。改变二次侧分接开关的位置，只能改变二次侧电压。如果只是低压侧需要调整电压，而中压侧仍需维持原来的电压，这时除改变一次侧分接开关位置外，还需改变中压侧分接开关位置。

530. 变压器安装有载调压有何意义？

答：这种变压器用于电压质量要求较严的处所，还可加装自动调整、检测控制部分，它可随时保证电压质量合格。

它的意义在于能带负荷调整电压，调整范围大，可减少电压的波动，减少高峰低谷的电压差。如安装有电容器，还可充分发挥电容器的作用。

531. 季节性反事故措施有哪些内容？

答：（1）冬春严寒季节：以防冻、防小动物及砍青扫障为主要内容的大检查、大清扫。对室内外注油设备查看是否渗漏、缺油及清洁状况；对室内门窗、电缆沟查看是否完好、密封；对所有瓷绝缘进行一次清扫。

（2）雷雨夏秋季节：防雷防漏和迎高峰的设备大检查。对防雷和接地装置进行检查、试验；对高压设备的绝缘状况进行分析，检查是否按周期试验，检查设备缺陷是否处理完毕。

532. 电压互感器投入运行前应检查哪些项目？

答：应按有关规程的交接试验项目进行试验并合格。其检查项目如下。

（1）充油互感器外观应清洁、油位正确、无渗漏现象。

（2）瓷套管或其他绝缘介质无裂纹破损。

（3）一次侧引线及二次侧回路各连接部分螺栓紧固，接触良好。

（4）外壳及二次回路一点接地应良好。

533. 如何根据声音判断变压器的运行情况？

答：正常运行时，变压器发出轻微有规律的嗡嗡声。而异常声音有如下几种。

（1）当发出嗡嗡声有变化时，这时负载可能有很大变化。

（2）当发出哇哇声时，可能有大设备启动或高次谐波分量大。

（3）当发出沉重的嗡嗡声时，可能是过载。

（4）当发出很大噪声时，可能是变压器通过很大的短路电流。

（5）当发出异常音或很强的噪声时，可能是铁芯夹紧螺栓松动或铁芯松动。

（6）发出放电声，可能内部接触不良或有绝缘击穿现象。

534. 高压真空断路器有何优缺点?

答:高压真空断路器的优点有如下几点。

(1)熄弧能力强,燃弧时间短,全分断时间也短。

(2)触头开距小,机械寿命较长。

(3)适合于频繁操作和快速切断,特别适合切断容性负载电路。

(4)体积小,质量轻,维护工作量小,真空灭弧室与触头不需要检修。

(5)没有易燃、易爆介质,无爆炸和火灾危险。

高压真空断路器的缺点是一次性投资较高,维护费用也高。

535. 装、拆接地线有哪些要求?

答:装、拆接地线必须由两人进行。装设接地线时,必须先接接地端,后接导体端,且必须接触良好。拆接地线的顺序与装时的相反。装、拆接地线,均应使用绝缘棒和戴绝缘手套。

接地线应用多股铜线,其截面应符合短路电流的要求,但不小于 25mm^2。在装设前应经过详细检查是否损坏和合格。

接地线必须使用专用线夹固定在导体上,严禁用缠绕的方法进行接地。

536. 工作票签发人的安全责任是什么?

答:(1)工作的必要性。

(2)工作是否安全。

(3)工作票上所填安全措施是否正确完备。

(4)所派工作负责人和工作班人员是否适当和足够,精神状态是否良好。

537. 无功补偿的方式有几种?其优缺点是什么?

答:无功补偿有集中补偿和分散补偿,其中分散补偿分为个别补偿和分组补偿两种形式。

集中补偿的优点是利用率高,能减少该变电站系统的无功损耗,缺点是不能减少出线的无功负荷。

个别补偿:用于与用电设备并联。其优点是补偿彻底,减少干线和分支线的无功负荷;缺点是利用率低、投资大些。

分组补偿:装在车间配电所母线上。其优点是利用率高,能减少线路和变压器的无功负荷并根据负荷投入和切除;缺点是不能减少支线的无功负荷。

538. 什么叫反击过电压?有何危害?如何防止?

答:接地导体由于接地电阻过大,通过雷电流时,地电位可升高很多,反过来向带电导体放电,而使避雷针附近的电气设备过电压,叫做反击过电压。这过高的电位,作用在线路或设备上可使绝缘击穿。

为了限制接地导体电位升高,避雷针必须接地良好,接地电阻合格,并与设备保持一定距离。避雷针与变配电设备空间距离不得小于 5m,避雷针的接地网之间的地中距离应大于 3m。

539. 产生铁磁谐振过电压的原因是什么？

答：由于铁磁元件的磁路饱和，从而造成非线性励磁特性而引起铁磁谐振过电压。通常，系统中铁磁元件处于频定电压下，其铁芯中磁通处于未饱和状态，激磁电感是线性的。由于电压的作用，使铁磁元件上的电压大大升高，这时通过铁磁元件绕组的电流远超过额定值，铁芯达到饱和而呈非线性。因此，在一定条件下，它与系统电容组成振荡回路，就可能激发起持续时间的铁磁谐振，引起过电压。

540. 在什么情况下采用三相差动保护？什么情况下采用两相差动保护？

答：（1）对于所有升压变压器及 15000kVA 以上降压变压器一律采用三相三继电器差动保护。

（2）10000kVA 以下降压变压器，采用两相三继电器接线，但对其中 Yd11 接线的双绕组变压器，如灵敏度足够，可采用两相两继电器差动保护。

（3）单台运行的 7500kVA 以上降压变压器，若无备用电源时，采用三相三继电器差动保护。

541. 高次谐波对并联电容器有什么影响？

答：高次谐波电压叠加在基波电压上，不仅使电容器的运行电压有效值增大，而且使其峰值电压增加更多，致使电容器因过负荷而发热，导致电容器过热损坏，同时电容器对高次谐波电流有放大作用，可将 5~7 次谐波放大 2~5 倍，有时甚至高达 10~20 倍，因此，不仅要考虑谐波对电容器的影响，还需考虑被电容器放大的谐波，会影响电网安全。

542. Dy11 接线的变压器采用差动保护时，电流互感器二次侧应为何接线？为什么？

答：Dy11 接线的变压器采用差动保护时,应该是高压侧电流互感器二次侧是星形接线，低压侧电流互感器二次侧是三角形接线。

因为 Dy11 接线的变压器，其两侧电流间有 30° 的相位差，如不用以上接线方法，差动回路中将出现不平衡电流，为了消除这不平衡电流，高压侧接成星形、低压侧接成三角形，这样可以把电流互感器二次侧电流相位校正过来，这就保证了差动保护的灵敏度和选择性。

543. 简述电力系统过电压的类型及产生原因。

答：电力系统中主要有两种类型的过电压。一种是外部过电压，称为大气过电压，它是由雷云放电产生的；另一种是内部过电压，是由电力系统内部的能量转换或传递过程产生的。

544. 配电变压器一次侧跌落式熔断器的熔丝熔断后怎样处理？

答：配电变压器一次侧熔丝熔断后，应先停二次负荷，以防止带负荷操作断路器；然后，拉开未熔断相的一次侧熔断器，取下熔断相的熔断管，检查熔丝；待故障排除后，按操作顺序合上熔断器，给变压器送电。送电后，检查变压器无异常现象，给变压器二次侧断路器送电。

545. 简述变压器差动保护动作的原因。

答：（1）变压器及其套管引出线故障。

（2）二次线故障。

（3）电流互感器开路或短路。

（4）变压器内部故障。

546. 为什么高压负荷开关要与熔断器配合使用？

答：高压负荷开关在 10kV 系统和简易的配电室中被广泛采用。它虽有灭弧装置，但灭弧能力较小，因此，高压负荷开关只能用来切断或接通正常的负荷电流，不能用来切断故障电流。为了保证设备和系统的安全运行，高压负荷开关应与熔断器配合使用，由熔断器起过载和短路保护作用。

通常高压熔断器装在高压负荷开关后面，这样当更换高压熔断器时，只拉开负荷开关，停电后再进行更换是比较安全的。

547. 为什么 110kV 电压及以上电压互感器一次侧不装熔断器？

答：110kV 以上电压互感器采用单相串级绝缘，裕度大，110kV 引线系硬连接，相间距离较大，引起相间故障的可能性小，再加上 110kV 系统为中性点直接接地系统，每相电压互感器不可能长期承受线电压运行，因此，110kV 以上的电压互感器一次侧不装设熔断器。

548. 停电时，先拉开断路器哪一侧的隔离开关？为什么？

答：停电时，断开断路器后，应先拉负荷侧的隔离开关。

这是因为在拉开隔离开关的过程中，可能出现两种错误操作，一种是断路器实际尚未断开，而造成先拉隔离开关；另一种是断路器虽然已断开，但当操作隔离开关时，因走错间隔而错拉未停电设备的隔离开关。不论是上述哪种情况，都将造成带负荷拉隔离开关，其后果是严重的，可能造成弧光短路事故。

如果先拉电源侧隔离开关则弧光短路点在断路器的电源侧，将造成电源侧短路，使上一级断路器跳闸，扩大了事故停电范围。如先拉负荷侧隔离开关，则弧光短路点在断路器的负荷侧，保护装置动作，断路器跳闸，其他设备可照常供电。这样，即使出现上述两种错误操作的情况，也能尽量缩小事故范围。

549. 什么样的用户应负担线路与变压器的损耗电量？为什么？

答：如专线或专用变压器属用户财产，若计量点不设在变电所内或变压器一次侧，则应负担线路与变压器损耗电量。

用电计量装置原则上应装在供电设施的产权分界处。如产权分界处不适宜装表的，对专线供电的高压用户，可在供电变压器出口装表计量；对公用线路供电的高压用户，可在用户受电装置的低压侧计量。当用电计量装置不安装在产权分界处时，线路与变压器损耗的有功与无功电量均须由产权所有者负担。在计算用户基本电费、电量电费及功率因数调整电费时，应将上述损耗电量计算在内。

550. 什么叫工作接地？其作用是什么？

答：电力系统中某些设备因运行的需要，直接或通过消弧线圈、电抗器、电阻等与大地金属连接称为工作接地。其作用如下：

（1）保证某些设备正常运行。例如：避雷针、避雷线、避雷器等的接地。

（2）可以使接地故障迅速切断。在中性点非直接接地系统中，当一相接地时接地电流很小，因此保护设备不能迅速动作将接地断开，故障将长期持续下去。在中性点直接接地系统中就不同了，当一相接地时，单相接地短路电流很大，保护设备能准确而迅速地动作，切断故障线路。

（3）可以降低电气设备和电力线路的设计绝缘水平。在中性点非直接接地系统中，当发生一相接地时，未接地的两相对地电压升高，最高升为线电压，因此所有的电气设备及线路的绝缘都应按线电压设计，使电气设备及线路的造价增大。在中性点直接接地系统中发生一相接地时，其他两相对地电压不会升高到线电压，而是近似于或等于相电压。因此，在中性点直接接地系统中，电气设备和线路在设计时，其绝缘水平只按相电压考虑，故可降低建设费用，节约投资。

551. 用电检查人员赴现场检查，确认有窃电行为时，应如何处理？

答：现场检查确认有窃电行为的，用电检查人员应当场予以中止供电，制止其侵害，并按规定追补电费和加收电费。拒绝接受处理的，应报请电力管理部门依法给予行政处罚；情节严重，违反治安管理处罚规定的，由公安机关依法予以治安处罚；构成犯罪的，由司法机关依法追究刑事责任。

552. 造成设备绝缘损坏的主要原因有哪些？

答：（1）过电压击穿。

（2）运行中因气候、环境等因素的影响。

（3）自然老化。

（4）长期过负荷运行。

553. 何种容量油浸式变压器需配置瓦斯保护？其作用是什么？

答：800kVA及以上的油浸式变压器和400kVA及以上的车间内油浸式变压器，均应装设瓦斯保护。当油箱内故障产生轻微瓦斯或油面下降时，应瞬时动作于信号，当产生大量瓦斯时，应同时断开变压器两侧断路器。

554. 变压器在进行冲击合闸试验时，应进行几次，每次间隔时间怎样规定？

答：在额定电压下对变压器的冲击合闸试验，应进行5次，每次间隔时间宜为5min，无异常现象。

555. 有载调压与无载调压有何区别？

答：无载调压需要停电才能进行，且调压范围小，还减少了送电时间，对特殊用电满足不了要求。

有载调压能自动根据电网电压变化而自动调整电压，不需停电进行调压，适合特殊用户的用电需求。

556. 何谓定时限过电流保护和反时限过电流保护？

答：为实现过电流保护的动作选择性，各保护的动作时间一般按阶梯原则进行整定，即相邻保护的动作时间，自负荷向电源方向逐级增大，且每套保护的动作时间是恒定不变的，与短路电流的大小无关。具有这种动作时限特性的电流保护称为定时限电流保护。

反时限过电流保护是指动作时间随短路电流的增大而自动减小的保护，用于输电线路首端出现的故障。

557. 何谓电流速断保护？有何特点？

答：按躲过被保护元件外部短路时流过本保护的最大短路电流进行整定，以保证有选择性地动作的无时限电流保护称为电流速断保护。

它的特点是接线简单、动作可靠、切除故障快，但不能保护线路全长。保护范围受系统运行方式变化的影响较大。

558. 干式变压器有何特点？

答：铁芯和绕组都不浸在任何绝缘液体中，它的冷却介质为空气，所用的绝缘材料不燃烧、不污染使用环境，运行维护工作量小等。

559. 高压设备的电气试验有哪几种？

答：高压设备的电气试验有型式试验、出厂试验、交接试验、预防性试验、检修试验。

560. 试述绝缘垫的作用。

答：绝缘垫的作用是使人体与地面绝缘。它一般铺在配电装置室的地面上，以便带电操作开关时，增强操作人员的对地绝缘，避免或减轻接触电压与跨步电压对人体的伤害。在低压配电室地面上铺绝缘垫，可代替绝缘鞋。

561. 依法处理窃电行为的法律法规依据是什么？

答：对窃电行为进行检查和处理，是依照《中华人民共和国刑法》《中华人民共和国电力法》《中华人民共和国合同法》《电力供应与使用条例》《供用电营业规则》等法律法规的规定依法开展的。

562. 欠压法窃电通常有哪几种方法？

答：（1）使电压回路开路。如断开一相或多相接入电能表的电压线，造成电压回路接触不良故障。

（2）串入电阻降压。如在电能计量电压回路加入阻抗，使接入电能表的电压达不到规定的值。

（3）改变电路接法。如改变电压互感器的接线方法，使接入电能表的电压值达不到额定值。

563. 欠流法窃电通常有哪几种方法？

答：（1）使电流回路开路。如断开一相或多相接入电能表的电流线。

（2）短接电流回路。如短接一相或多相接入电能表的电流线。

（3）改变电流互感器的变比。如更换大变比电流互感器，增加或减少电流的绕组。

（4）改变电路接法。如将电流互感器次级的一相、多相反接或窃接。

564.　在查处窃电过程中应避免哪些行为？

答：（1）未经审核批准或未按规定填写《用电检查工作单》。

（2）实施现场检查的人员少于2人。

（3）不向被检查客户出示《用电检查证》。

（4）未经现场检查确认有窃电行为就当场予以中止供电。

（5）不按规定向客户开具《窃电通知书》。

（6）不按国家规定追补电费和违约金。

（7）窃电事实消除、客户承担了相应的违约责任后，未能按规定及时恢复供电也不向客户说明原因等。

565.　盗窃电能以何种罪判处何期限的徒刑？

答：《刑法》第263条规定："以暴力、威胁或者其他方法抢劫公私财物的，处以3年以上10年以下有期徒刑，并处罚金。"

《刑法》第264条规定："盗窃公私财物，数额较大或者多次盗窃的，处3年以下有期徒刑、拘役或者管制，并处或者单处罚金数额巨大或者有其他严重情节的，处3年以上10年以下有期徒刑，并处罚金数额特别巨大或者有其他特别严重情节的处10年以上有期徒刑或者无期徒刑，并处罚金或者没收财产。"

《刑法》第269条规定："犯盗窃、诈骗、抢夺罪，为窝藏赃物、抗拒抓捕或者毁灭罪证而当场用暴力或者以暴力相威胁的，依照本法第263条的规定定罪处罚。"

566.　在停电的高压设备上工作时，为什么要挂接地线？

答：（1）悬挂接地线是为了放尽高压设备上的剩余电荷。

（2）高压设备的工作地点突然来电时，保护工作人员的安全。

（3）防止平行或邻近带电设备导致检修设备产生感应电压。

567.　工作期间，工作负责人若因故暂时离开工作现场时，《安规》是如何规定的？

答：工作期间，工作负责人若因故暂时离开工作现场时，应指定能胜任的人员临时代替，离开前应将工作现场交待清楚，并告知工作班成员。原工作负责人返回工作现场时，也应履行同样的交接手续。

若工作负责人必须长时间离开工作现场时，应由原工作票签发人变更工作负责人，履行变更手续，并告知全体工作人员及工作许可人。原、现工作负责人应做好必要的交接。

568.　作业人员的基本条件有哪些？

答：（1）经医师鉴定，无妨碍工作的病症（体格检查每两年至少一次）。

（2）具备必要的电气知识和业务技能，且按工作性质，熟悉《安规》的相关部分，并经考试合格。

（3）具备必要的安全生产知识，学会紧急救护法，特别要学会触电急救。

569. 低压回路停电的安全措施有哪些？

答：（1）将检修设备的各方面电源断开取下熔断器，在开关或隔离开关操作把手上挂"禁止合闸，有人工作！"的标示牌。

（2）工作前应验电。

（3）根据需要采取其他安全措施。

570. 用绝缘电阻表摇测电缆或电容器绝缘电阻时应注意哪些事项？为什么？

答：摇测绝缘电阻前要先将被测件放电，以防通过绝缘电阻表放电及接线时可能被电击，摇动速度开始要慢一些，以防过大的充电电流通过绝缘电阻表。读数后一定要先断开接线后方能停止摇动绝缘电阻表，否则电容电流通过表的绕组放电而损坏表计。

571. 用万用表测电阻时应注意些什么？

答：（1）不可带电测试。

（2）测前在欧姆挡将表笔短接，用"欧姆调零器"调整零位；如调不到零位，则可能需要换电池。

（3）眼睛正视表盘读数以减少视差。

572. 阐述安全用电服务风险的主要内容。

答：安全用电服务风险主要有因未履行用电检查责任、客户拒绝整改安全隐患、保供电方案不完善等原因，引起的客户受电装置带隐患运行、保供电任务不能圆满完成等风险。

573. 变压器温度表所指示的温度是变压器什么部位的温度？运行中有哪些规定？温度与温升有什么区别？

答：温度表所指示的是变压器上层油温，规定不得超过95℃。

运行中的油温监视定为85℃。温升是指变压器上层油温减去环境温度。运行中的变压器在环境温度为40℃时，其温升不得超过55℃，运行中要以上层油温为准，温升是参考数字。上层油温如果超过95℃，其内部绕组温度就要超过绕组绝缘物允许的耐热强度。为使绝缘不致迅速老化，才规定了85℃的上层油温监视界限。

574. 如何做好用户的无功管理工作？

答：无功电力应就地平衡。用户应在提高用电自然功率因数的基础上，按有关标准设计和安装无功补偿设备，并做到随其负荷和电压变动及时投入或切除，防止无功电力倒送。除电网有特殊要求的用户外，用户的功率因数应达到《供电营业规则》的有关规定；用户无功补偿设备应符合国家标准，安装质量应符合规程要求。无功补偿设备容量与用电设备装机容量配置比例必须合理，督促用户及时更换故障电容器，凡功率因数不符合《供电营业规则》规定的新用户，可拒绝接电。对已送电的用户，应督促和帮助用户采取措施，提高功率因数。在规定期限内仍未采取措施达到要求的用户，可中止或限制供电。

575. 试述用户用电安全事故调查的主要内容是什么？

答：（1）设备事故发生前，设备和系统的运行情况；人身事故发生前，受害人和肇事者健康情况；过去的事故记录、工作内容、开始时间、许可时间、作业时的动作或位置，有关人员的违章违纪情况等。

（2）事故发生的时间、地点、气象情况、事故经过、扩大及处理情况。

（3）仪表、自动装置、断路器、保护、故障录波器、调整装置动作情况。

（4）设备资料、设备损坏情况和损害原因。

（5）现场规章制度是否健全，规章制度本身及其执行中暴露的问题。

（6）企业管理、安全责任制和技术培训等方面存在的问题。

（7）规划、设计、制造、施工安装、调试、运行、检修等质量方面存在的问题。

（8）人身事故场所周围的环境、安全防护设施和个人防护用品情况。

576. 竣工检验重点项目应包括哪些内容？对检查中发现的问题应如何通知客户？

答：竣工检验重点项目应包括线路架设或电缆敷设，高、低压盘（柜）及二次接线检验，继电保护装置及其定值，配电室建设及接地检验，变压器及开关试验环网柜、电缆分支箱检验，中间检查记录、电力设备入网交接试验记录，运行规章制度及入网工作人员资质检验安全措施检验等。

对检查中发现的问题，应以《受电工程缺陷整改通知单》书面通知客户整改。客户整改完成后，应报请供电企业复验。

577. 按照《用电检查管理办法》的规定，用电检查的主要范围有哪些？在什么情况下可以延伸？

答：用电检查的主要范围是用户受电装置，但被检查的用户有下列情况之一者，检查的范围可延伸至相应目标所在处。

（1）多类电价的。

（2）自备电源设备（包括自备发电厂）的。

（3）二次变压配电的。

（4）违章现象需延伸检查的。

（5）影响电能质量的用电设备。

（6）电力系统事故需作调查的。

（7）要求帮助检查的。

（8）规定的其他用电检查。

578. 按《用电检查管理办法》的规定，用电检查人员现场检查应遵守的纪律是什么？

答：（1）用电检查人员应认真履行用电检查职责，赴用户执行用电检查任务时，应随身携带"用电检查证"，并按《用电检查工作》规定的项目和内容进行检查。

（2）用电检查人员在执行用电检查任务时，应遵守用户的保卫保密规定，不得在检查现场替代用户进行电工作业。

（3）用电检查人员必须遵纪守法，依法检查，廉洁奉公，不徇私舞弊，不以电谋私。

579. 用电检查资格分为哪几类？

答：用电检查资格分为一级用电检查资格、二级用电检查资格、三级用电检查资格三类。

580. 各级用电检查人员的工作范围是如何规定的？

答：（1）三级用电检查员仅能担任 0.4kV 以下电压受电用户的用电检查工作。

（2）二级用电检查员能担任 10kV 及以下电压供电用户的用电检查工作。

（3）一级用电检查员能担任 220kV 及以下电压供电用户的用电检查工作。

581.《用电检查管理办法》中规定，用电检查人员应具备什么条件？

答：（1）作风正派、办事公道、廉洁奉公。

（2）已取得相应的用电检查资格。聘为一级用电检查员者，应具备一级用电检查资格，聘为二级用电检查员者，应具备二级及以上用电检查资格，聘为三级用电检查员者，应具备三级及以上用电检查资格。

（3）经过法律知识培训，熟悉与供用电业务有关的法律、法规、方针、政策、技术标准以及供用电管理规章制度。

582.《用电检查工作单》应包括哪些内容？

答：《用电检查工作单》应包括用户单位名称、用电检查人员姓名、检查项目及内容、检查日期、检查结果，以及用户代表签字等栏目。

583. 保护线（PE 线）最小截面应符合哪些规定？

答：保护线（PE 线）最小截面应符合表 3-6 规定。

表 3-6　　　　　　　　　　　保护线最小截面规定

装置的相线截面 A （mm²）	相应保护线的最小截面 （mm²）
$A \leqslant 16$	A
$16 < A \leqslant 35$	16
$A > 35$	$A/2$

584. 在 TT 系统或 TN-S 系统中对 N 线上保护电器的设置有何要求？

答：当 N 线的截面与相线相同或虽小于相线但已能为相线上的保护电器所保护时，则 N 线上可不装保护；当 N 线上不能被相线保护电器所保护时，则 N 线上应另装设保护电器保护，将相应相线电路断开，但不必断开 N 线。

585. 哪些常用电气绝缘工具试验周期为一年？哪些为半年？

答：试验周期为一年的有绝缘棒、绝缘挡板、绝缘罩、绝缘夹钳。

试验周期为半年的有验电笔、绝缘手套、橡胶绝缘靴、核相器电阻管、绝缘绳。

586. 钳形电流表在使用时应注意哪些事项？

答：（1）正确选择表计的种类，根据被测对象的不同，选择不同形式的钳形电流表或将转换开关拨到需要的位置。

（2）正确选择表的量程，由大到小，转换到合适的档位，倒换量程挡位时应在不带电的情况下进行。

（3）测量交流时，使被测导线位于钳口中部，并且使钳口紧密闭合。

（4）每次测量后，要把调节开关放在最大电流量程的位置上，以免下次使用时，因未经选择量程而造成仪表损坏。

（5）测量小于 5A 以下电流时，若条件允许，可把导线多绕几圈放进钳口进行测量，其实际电流值应为仪表读数除以放进钳口内的导线圈线。

（6）进行测量时，应注意操作人员对带电部分的安全距离，以免发生触电危险。

587.《电力法》中提到的罚款，《供电营业规则》中提到的电费违约金、违约使用电费三者的概念是什么？

答：（1）罚款。《电力法》中提到的罚款是电力管理部门对供用电各方违反《电力法》等相关法律法规的规定而给予的行政处罚。

（2）电费违约金。电费违约金是用户未能履行《供用电合同》，在合同约定的期限内未交清电费，而应承担的电费滞纳违约责任。

（3）违约使用电费。违约使用电费是用户未能履行《供用电合同》，构成违约用电应承担的违约责任。

588. 营销安全风险有哪几种？

答：根据营销业务特点，营销安全风险归类为供用电安全风险、电费安全风险、现场作业安全风险、供电服务安全风险和营销自动化系统安全风险。

第四节　业扩报装

589. 简述《国家电网公司业扩报装工作规范（试行）》中的"便捷高效"原则。

答："便捷高效"原则是指以客户为中心，优化业扩报装流程，整合服务资源和信息资源，推行"首问负责制""客户经理制"，严格按照《供电监管办法》及国家电网公司"十项承诺"要求的时限办理业扩报装各环节业务。

590. 供电公司应为客户提供哪些办理业扩报装业务的渠道？

答：（1）供电公司应为客户提供供电营业厅、95598 客户服务热线、网上营业厅等多种报装渠道。

（2）供电营业窗口或 95598 客户服务热线工作人员按照"首问负责制"服务要求指导客户办理用电申请业务，向客户宣传解释政策规定。

591. 简述《国家电网公司业扩报装工作规范（试行）》中的"办事公开"原则。

答：（1）"办事公开"原则是指在营业场所、95598 客户服务网站或通过宣传资料，公布统一的业扩报装服务项目、业务流程、收费标准等信息。

（2）配置自助服务终端，方便客户查询业务办理进程、具备资质的受电工程设计、施工单位信息，以及有关政策。

（3）主动接受客户及社会的监督。

592. 竣工检验重点项目应包括哪些内容？

答：竣工检验重点项目应包括线路架设或电缆敷设，高、低压盘（柜）及二次接线检验，继电保护装置及其定值，配电室建设及接地检验，变压器及开关试验，环网柜、电缆分支箱检验，中间检查记录，电力设备入网交接试验记录，运行规章制度及入网工作人员资质检验，安全措施检验等。

593. 受电工程正式接电前必须具备哪些条件？

答：（1）启动送电方案已审定。

（2）新建的供电工程已验收合格。

（3）客户的受电工程已竣工检验合格。

（4）《供用电合同》及相关协议已签订。

（5）业务相关费用已结清。

（6）电能计量装置、用电信息采集终端已安装检验合格。

（7）客户电气人员具备上岗资质。

（8）客户安全措施已齐备等。

594. 业扩报装工作包括哪些环节？

答：业扩报装工作包括业务受理、现场勘查、供电方案确定及答复、业务收费、受电工程设计审核、中间检查及竣工检验、供用电合同签订、接电、资料归档、服务回访等环节。

595. 业扩报装工作应按照什么原则开展工作？

答：业扩报装工作应按照"一口对外、便捷高效、三不指定、办事公开"的原则开展工作。

596. 供电方案包含哪些内容？

答：供电方案包含客户基本用电信息、客户接入系统方案、客户受电系统方案、计量方案、计费方案及其他告知事项。

597. 无功补偿装置的配置原则是什么？

答：（1）无功电力应分层分区、就地平衡。

（2）客户应在提高自然功率因数的基础上，按有关标准设计并安装无功补偿设备。

（3）为提高客户电容器的投运率，并防止无功倒送，宜采用自动投切方式。

598. 依据《国家电网公司业扩供电方案编制导则》规定，100kVA 及以上高压供电的电力客户、其他电力客户和大、中型电力排灌站、趸购转售电企业和农业用电，高峰负荷时功率因数分别有什么要求？

答：（1）电力客户功率因数要求：100kVA 及以上高压供电的电力客户，在高峰负荷时的功率因数不宜低于 0.95。

（2）其他电力客户和大、中型电力排灌站、趸购转售电企业，功率因数不宜低于 0.90。

（3）农业用电功率因数不宜低于 0.85。

599. 什么是自备应急电源？

答：自备应急电源是指由客户自行配备的，在正常供电电源全部发生中断的情况下，能够至少满足对客户保安负荷不间断供电的独立电源。

600. 什么情况宜采用 10kV 供电？

答：客户受电变压器总容量在 50kVA～10MVA 时（含 10MVA），宜采用 10kV 供电；无 35kV 电压等级的地区，10kV 电压等级的供电容量可扩大到 15MVA。

601. 低压供电客户供电方案的基本内容有哪些？

答：（1）客户基本用电信息。包括户名、用电地址、行业、用电性质、负荷分级、核定的用电容量。

（2）供电电压、公用配电变压器名称、供电线路、供电容量、出线方式。

（3）进线方式、受电装置位置、计量点的设置、计量方式、计费方案、用电信息采集终端安装方案。

（4）无功补偿标准、应急电源及保安措施配置、继电保护要求。

（5）受电工程建设投资界面。

（6）供电方案的有效期。

（7）其他需说明的事宜。

602. 根据《国家电网公司业扩供电方案编制导则》，如何界定重要电力客户？

答：重要电力客户是指在国家或者一个地区（城市）的社会、政治、经济生活中占有重要地位，对其中断供电将可能造成人身伤亡、较大环境污染、较大政治影响、较大经济损失、社会公共秩序严重混乱的用电单位或对供电可靠性有特殊要求的用电场所。

603. 客户设备投运的安全危险点有哪些？

答：（1）多单位工作协调配合不到位，缺乏统一组织。

（2）投运手续不完整，客户工程未竣工检验或检验不合格即送电。

（3）工作现场清理不到位，临时措施未解除，未达到投运标准。

（4）双电源及自备应急电源与电网电源之间切换装置不可靠。

604. 什么是保安负荷？

答：保安负荷指用于保障用电场所人身与财产安全所需的电力负荷。一般认为，断电后会造成下列后果之一的，为保安负荷：

（1）直接引发人身伤亡的。

（2）使有毒、有害物溢出，造成环境大面积污染的。

（3）将引起爆炸或火灾的。

（4）将引起重大生产设备损坏的。

（5）将引起较大范围社会秩序混乱或在政治上产生严重影响的。

605. 什么是临时性重要电力客户？

答：临时性重要电力客户是指需要临时特殊供电保障的电力客户。

606. 重要电力客户分为哪几级？

答：根据对供电可靠性的要求，以及中断供电危害程度，重要电力客户可以分为特级、一级、二级重要电力客户和临时性重要电力客户。

607. 初步拟定供电方案时计量方案应包括哪些内容？

答：计量点设置、电能计量装置配置类别及接线方式、计量方式、用电信息采集终端安装方案等。

608. 竣工检验范围应包括哪些内容？

答：竣工检验范围应包括用电信息采集终端、工程施工工艺、建设用材、设备选型及相关技术文件、安全措施。

609. 供电方案中计量方案主要有哪些内容？

答：供电方案中计量方案主要包括计量点设置、电能计量装置配置类别及接线方式、计量方式、用电信息采集终端安装方案等。

610. 竣工检验范围有哪些？

答：竣工检验范围包括计量装置、工程施工工艺、建设用材、设备选型及相关技术文件、安全措施。

611. 国家电网公司关于印发《进一步精简业扩手续、提高办电效率的工作意见》（国家电网营销〔2015〕70号）规定，高压客户如何进行勘查？

答：高压客户实行"联合勘查、一次办结"制，营销部（客户服务中心）负责组织相关专业人员共同完成现场勘查。

612. 国家电网公司关于印发《进一步精简业扩手续、提高办电效率的工作意见》（国家电网营销〔2015〕70号）规定，在业扩报装环节，竣工检验分为哪几类？

答：（1）资料审验。

（2）现场查验。

613. 根据国家电网公司关于印发《进一步精简业扩手续、提高办电效率的工作意见》（国家电网营销〔2015〕70号），竣工检验收资清单包括哪些？

答：（1）高压客户竣工报验申请表。

（2）设计、施工、试验单位资质证书复印件。

（3）工程竣工图及说明。

（4）电气试验及保护整定调试记录，主要设备的型式试验报告。

614. 根据国家电网公司关于印发《进一步精简业扩手续、提高办电效率的工作意见》（国家电网营销〔2015〕70号）工作内容，信息公开的内容有哪些？

答：（1）电网资源信息。

（2）业务进程信息。

（3）收费标准信息。

615. 根据国家电网公司关于印发《进一步精简业扩手续、提高办电效率的工作意见》（国家电网营销〔2015〕70号）要求，精简业扩手续工作有哪些要求？

答：（1）高度重视，强化宣贯培训。

（2）周密部署，确保任务落实。

（3）督导检查，持续完善提升。

616. 根据国家电网公司关于印发《进一步精简业扩手续、提高办电效率的工作意见》（国家电网营销〔2015〕70号）要求，如何精简用电申请手续？

答：精简申请资料，优化审验时序，减少客户临柜次数。

实行营业厅"一证受理"，在收到客户用电主体资格证明并签署"承诺书"后，正式受理用电申请，现场勘查时收资。

提供网上、电话受理服务，根据预约时间完成现场勘查并收资。已有客户资料或资质证件尚在有效期内，则无需客户再次提供。

617. 根据国家电网公司关于印发《进一步精简业扩手续、提高办电效率的工作意见》（国家电网营销〔2015〕70号）要求，申请业扩业务有哪些服务渠道？

答：推广低压居民客户申请免填单，实现同一地区可跨营业厅受理办电申请。

积极拓展95598网站、手机客户端、95598电话、移动作业终端等渠道，实现电子资料传递、信息通知、业务交费、咨询沟通、预约服务等业务的线上办理及信息共享。

618. 简述国家电网公司关于印发《进一步精简业扩手续、提高办电效率的工作意见》（国家电网营销〔2015〕70号）中供电方案主要内容。

答：（1）客户用电申请概况：户名、用电地址、用电容量、行业分类、负荷特性及分级、保安负荷容量、电力用户重要性等级。

（2）接入系统方案：各路供电电源的接入点、供电电压、频率、供电容量、电源进线敷设方式、技术要求、投资界面及产权分界点、分界点开关等接入工程主要设施或装置的核心技术要求。

（3）受电系统方案：用户电气主接线及运行方式，受电装置容量及电气参数配置要求；无功补偿配置、自备应急电源及非电性质保安措施配置要求；谐波治理、调度通信、继电保护及自动化装置要求；配电站房选址要求；变压器、进线柜、保护等一、二次主要设备或装置的核心技术要求。

（4）计量计费方案：计量点的设置、计量方式、用电信息采集终端安装方案，计量柜（箱）等计量装置的核心技术要求；用电类别、电价说明、功率因数考核办法、线路或变压器损耗分摊办法。

（5）其他事项：客户应按照规定交纳的业务费用及收费依据，供电方案有效期，供用电双方的责任和义务，特别是取消设计审查和中间检查后，用电人应履行的义务和承担的责任（包括自行组织设计、施工的注意事项，竣工验收的要求等内容），其他需说明的事宜及后续环节办理有关告知事项。

619. 国家电网公司关于印发《进一步精简业扩手续、提高办电效率的工作意见》（国家电网营销〔2015〕70号）的指导思想是什么？

答：全面深化党的群众路线教育实践活动，贯彻落实公司"两个转变"和"五位一体"建设要求，坚持"你用电、我用心"，构建以客户需求为导向，方便、快捷、高效的业扩报装服务新模式，提高客户满意度。

620. 线上受理时，高压企业办电需要填写什么信息？

答：线上受理时，高压企业办电需要填写企业名称、法人代表姓名、法人代表手机号码、身份证号码、经办人姓名、经办人手机号码、用电地址，上传身份证反正面照片、营业执照或组织机构代码二选一。

621. 客户可以查看业务办理工单的流程信息、工单详情有哪些？

答：（1）流程信息内容包括申请编号、业务类型、申请时间、办理进度流程图（已办环节、未开展环节、当前所处环节以颜色区分）环节起止时间、流程状态、温馨提示。

（2）工单详情包括用户名称、用电地址、电压等级、申请容量、申请时间等信息。

（3）流程信息中的温馨提示是指业扩办理流程处在当前环节时，给客户展示的提示内容。

622. 简述国家电网公司关于印发《进一步精简业扩手续、提高办电效率的工作意见》（国家电网营销〔2015〕70号）在简化报装资料方面的工作要求。

答：居民、非居民、高压客户申请资料种类，分别由2种、3种、4种均减少为1种，实行"一证受理"。

623. 简述国家电网公司关于印发《进一步精简业扩手续、提高办电效率的工作意见》（国家电网营销〔2015〕70号）的工作原则。

答：（1）一次告知、手续最简、流程最优。

（2）协同运作、一口对外。

（3）全环节量化、全过程管控。

（4）互动化、差异化服务。

624. 《国家电网公司业扩报装工作规范（试行）》规定，用户受电工程设计文件和有关资料应一式两份送交供电企业审核。高压供电的用户应提供哪些文件和资料？

答：（1）客户受电工程设计及说明书。

（2）用电负荷分布图。

（3）负荷组成、性质及保安负荷。

（4）影响电能质量的用电设备清单。

（5）主要电气设备一览表。

（6）节能篇及主要生产设备。

（7）生产工艺耗电以及允许中断供电时间。

（8）高压受电装置一、二次接线图与平面布置图。

（9）用电功率因数计算及无功补偿方式。

（10）隐蔽工程设计资料。

（11）配电网络布置图。

（12）自备电源及接线方式。

（13）设计单位资质审查资料。

（14）继电保护、过电压保护及电能计量装置的方式。

（15）其他。

625. 供电企业对用户送审的受电工程设计文件和有关资料审核重点是什么？

答：（1）对低压供电的客户，电能计量和用电信息采集装置的配置应符合《电能计量装置技术管理规程》，国家电网公司智能电能表以及用电信息采集系统相关技术标准进户线缆截面、配电装置应满足电网安全及客户用电要求。

（2）对高压供电的客户，主要电气设备技术参数、主接线方式、运行方式、线缆规格应满足供电方案要求，继电保护、通信、自动装置、接地装置的设置应符合有关规程进户，线缆型号截面、总开关容量应满足电网安全及客户用电的要求，电能计量和用电信息采集装置的配置应符合《电能计量装置技术管理规程》、国家电网公司智能电能表以及用电信息采集系统相关技术标准要求。

（3）对重要电力客户，自备应急电源及非电性质保安措施还应满足有关规程、规定的要求。

（4）对有非线性阻抗用电设备（高次谐波、冲击性负荷、波动负荷、非对称性负荷等）的客户，还应审核谐波负序治理装置及预留空间、电能质量监测装置是否满足有关规程、规定要求。

626. 用户受电工程竣工报验时，需要向供电企业提供哪些资料？

答：（1）客户竣工验收申请书。

（2）工程竣工图及说明。

（3）变更设计说明。

（4）隐蔽工程的施工及试验记录。

（5）电气试验及保护整定调试报告。

（6）电气工程监理报告和质量监督报告。

（7）安全用具的试验报告。

（8）运行管理的有关规定和制度。

（9）值班人员名单及记录。

（10）其他。

627. 受电工程正式接电前必须具备哪些条件？

答：接电条件包括启动送电方案已审定，新建的供电工程已验收合格，客户的受电工程已竣工、检验合格，《供用电合同》及相关协议已签订，业务相关费用已结清，电能计量装置、用电信息采集终端已安装、检验合格，客户电气人员具备上岗资质没，客户安全措施已齐备等。

628. 简述《国家电网公司业扩报装工作规范（试行）》中的一口对外原则。

答：建立有效的业扩报装管理体系和协调机制，由客户服务中心负责统一受理用电申请，承办业扩报装的具体业务，并对外答复客户。营销、发策、生产、调度、基建等部门按照职责分工和流程要求，完成业扩报装流程中的相应工作内容。

629. 简述《国家电网公司业扩报装工作规范（试行）》中的"便捷高效"原则。

答：以客户为中心，优化业扩报装流程，整合服务资源和信息资源，推行"首问负责制""客户经理制"，严格按照《供电监管办法》及国家电网公司"十项承诺"要求的时限办理业扩报装各环节业务。

630. 简述《国家电网公司业扩报装工作规范（试行）》中的"三不指定"原则。

答：严格执行统一的技术标准、工作标准、服务标准，尊重客户对业扩报装相关政策、信息的知情权，对设计、施工、设备供应单位的自主选择权，对服务质量、工程质量的评价权，杜绝直接、间接或者变相指定设计单位、施工单位和设备材料供应单位。

631. 简述《国家电网公司业扩报装工作规范（试行）》中的"办事公开"原则。

答：在营业场所、95598 客户服务网站或通过宣传资料，公布统一的业扩报装服务项目、业务流程、收费标准等信息；配置自助服务终端，方便客户查询业务办理进程、具备资质的受电工程设计、施工单位信息以及有关政策。主动接受客户及社会的监督。

632. 根据《国家电网公司业扩报装工作规范（试行）》，客户办理新装用电时应提供哪些资料？

答：（1）用电申请表（报告）。

（2）经办人居民身份证原件及复印件和法人委托书原件（或法人代表身份证原件及复印件）。

（3）营业执照（或组织机构代码证）复印件。

（4）企业法人身份证原件或复印件（个人电力客户提供身份证原件及复印件）。

（5）税务登记证复印件。

（6）一般纳税人资格证书复印件。

（7）房产证复印件（或相关法律文书）。

（8）总平面图原件及复印件，建筑总平面图、用电负荷特性说明、用电设备明细表、近期及远期用电容量。

（9）政府主管部门立项或批复文件。对高耗能等特殊行业客户，须提供环境评估报告、生产许可证等。

633. 现场勘查的主要内容包括哪些？

答：现场勘查时，应重点核实客户负荷性质、用电容量、用电类别等信息，结合现场供电条件，初步确定电源、计量、计费方案。勘查的主要内容应包括：

（1）对新装、增容的居民客户，应核定用电容量，确认供电电压、计量装置位置和接户线的路径、长度。其中，新建居民小区客户应现场调查小区规划，初步确定供电电源、供电线路、配电变压器分布位置、低压线缆路径等。

（2）对申请新装、增容用电的非居民客户，应审核客户的用电需求，确定新增用电容量、用电性质及负荷特性，初步确定供电电源、供电电压、供电线路、计量方案、计费方案等。

（3）对拟定的重要电力客户，应根据《国家电监会关于加强重要电力用户供电电源及自备应急电源配置监督管理的意见》，审核客户行业范围和负荷特性，并根据客户供电可靠性的要求以及中断供电危害程度进行分级。

（4）对申请增容的客户，应核对客户名称、用电地址、电能表箱位、表位、表号、倍率等信息，检查电能计量装置和受电装置运行情况。

634. 竣工检验重点项目应包括哪些内容？

答：竣工检验重点项目应包括线路架设或电缆敷设高、低压盘（柜）及二次接线，继电保护装置及其定值配电室建设及接地检验变压器及开关试验环网柜、电缆分支箱，中间检查记录，电力设备入网交接试验记录，运行规章制度及入网工作人员资质检验，安全措施检验等。

635. 业扩报装工作应按照什么原则开展工作？

答：按照"一口对外、便捷高效、三不指定、办事公开"的原则开展工作。

636.《国家电网公司业扩供电方案编制导则》规定，哪些用电可实施临时供电？

答：对基建施工、市政建设、抗旱打井、防汛排涝、抢险救灾、集会演出等非永久性用电，可实施临时供电。

637. 什么是供电方案？

答：供电方案指由供电企业提出，经供用双方协商后确定，满足客户用电需求的电力供应具体实施计划。供电方案可作为客户受电工程规划立项以及设计、施工建设的依据。

638. 低压供电客户供电方案的基本内容有哪些？

答：（1）客户基本用电信息：户名、用电地址、行业、用电性质、负荷分级，核定的用电容量。

（2）供电电压、公用配电变压器名称、供电线路、供电容量、出线方式。

（3）进线方式、受电装置位置、计量点的设置、计量方式、计费方案、用电信息采集终端安装方案。

（4）无功补偿标准、应急电源及保安措施配置、继电保护要求。

（5）受电工程建设投资界面。

（6）供电方案的有效期。

（7）其他需说明的事宜。

639. 居民客户供电方案的基本内容有哪些？

答：（1）客户基本用电信息：户名、用电地址、行业、用电性质，核定的用电容量。

（2）供电电压、供电线路、公用配电变压器名称、供电容量、出线方式。

（3）进线方式、受电装置位置、计量点的设置、计量方式、计费方案、用电信息采集终端安装方案。

（4）供电方案的有效期。

640. 什么叫主供电源、备用电源、自备应急电源？

答：主供电源指能够正常有效且连续为全部用电负荷提供电力的电源。

备用电源指根据客户在安全、业务和生产上对供电可靠性的实际需求，在主供电源发生故障或断电时，能够有效且连续地为全部或部分负荷提供电力的电源。

自备应急电源指由客户自行配备的，在正常供电电源全部发生中断的情况下，能够至少满足对客户保安负荷不间断供电的独立电源。

641. 什么是双电源？

答：双电源指由两个独立的供电线路向同一个用电负荷实施的供电。这两条供电线路是由两个电源供电，即由来自两个不同方向的变电站或来自具有两回及以上进线的同一变电站内两段不同母线分别提供的电源。

642. 什么是保安负荷？

答：保安负荷指用于保障用电场所人身与财产安全所需的电力负荷。一般认为，断电后会造成下列后果之一的，为保安负荷：

（1）直接引发人身伤亡的。

（2）使有毒、有害物溢出，造成环境大面积污染的。

（3）将引起爆炸或火灾的。

（4）将引起重大生产设备损坏的。

（5）将引起较大范围社会秩序混乱或在政治上产生严重影响的。

643. 什么是电能质量？通常以什么指标衡量电能质量？

答：电能质量指供应到客户受电端的电能品质的优劣程度。

通常以电压允许偏差、电压允许波动和闪变、电压正弦波形畸变率、三相电压不平衡度、频率允许偏差等指标来衡量。

644. 什么是谐波源？

答：谐波源指向公共电网注入谐波电流或在公共电网中产生谐波电压的电气设备。如电气机车、电弧炉、整流器、逆变器、变频器、相控的调速和调压装置、弧焊机、感应加热设备、气体放电灯以及有磁饱和现象的机电设备。

645. 简述确定供电方案的基本原则。

答：（1）应能满足供用电安全、可靠、经济、运行灵活、管理方便的要求，并留有发展余度。

（2）符合电网建设、改造和发展规划要求，满足客户近期、远期对电力的需求，具有最佳的综合经济效益。

（3）具有满足客户需求的供电可靠性及合格的电能质量。

（4）符合相关国家标准、电力行业技术标准和规程，以及技术装备先进要求，并应对多种供电方案进行技术经济比较，确定最佳方案。

646. 简述确定供电方案的基本要求。

答：（1）根据电网条件以及客户的用电容量、用电性质、用电时间、用电负荷重要程度等因素，确定供电方式和受电方式。

（2）根据重要客户的分级确定供电电源及数量、自备应急电源及非电性质的保安措施配置要求。

（3）根据确定的供电方式及国家电价政策确定电能计量方式、用电信息采集终端安装方案。

（4）根据客户的用电性质和国家电价政策确定计费方案。

（5）客户自备应急电源及非电性质保安措施的配置、谐波负序治理的措施应与受电工程同步设计、同步建设、同步验收、同步投运。

（6）对有受电工程的，应按照产权分界划分的原则，确定双方工程建设出资界面。

647. 根据《国家电网公司业扩供电方案编制导则》，如何界定重要电力客户？

答：重要电力客户是指在国家或者一个地区（城市）的社会、政治、经济生活中占有重要地位，对其中断供电将可能造成人身伤亡、较大环境污染、较大政治影响、较大经济损失、社会公共秩序严重混乱的用电单位或对供电可靠性有特殊要求的用电场所。

648. 重要电力客户是如何分级的？

答：根据对供电可靠性的要求以及中断供电危害程度，重要电力客户可以分为特级、一级、二级重要电力客户和临时性重要电力客户。

649. 什么是特级重要电力客户？

答：特级重要电力客户是指在管理国家事务中具有特别重要作用，中断供电将可能危害国家安全的电力客户。

650. 什么是一级重要电力客户？

答：一级重要电力客户是指中断供电将可能产生下列后果之一的电力客户：

（1）直接引发人身伤亡的。

（2）造成严重环境污染的。

（3）发生中毒、爆炸或火灾的。

（4）造成重大政治影响的。

（5）造成重大经济损失的。

（6）造成较大范围社会公共秩序严重混乱的。

651. 什么是二级重要电力客户？

答：二级重要电力客户是指中断供电将可能产生下列后果之一的电力客户：

（1）造成较大环境污染的。

（2）造成较大政治影响的。

（3）造成较大经济损失的。

（4）造成一定范围社会公共秩序严重混乱的。

652. 什么是临时性重要电力客户？

答：临时性重要电力客户是指需要临时特殊供电保障的电力客户。

653. 客户设备投运的安全危险点有哪些？

答：（1）多单位工作协调配合不到位，缺乏统一组织。

（2）投运手续不完整，客户工程未竣工检验或检验不合格即送电。

（3）工作现场清理不到位、临时措施未解除，未达到投运标准。

（4）双电源及自备应急电源与电网电源之间切换装置不可靠。

654. 确定供电电压等级的一般原则是什么？

答：（1）客户的供电电压等级应根据当地电网条件、客户分级、用电最大需量或受电设备总容量，经过技术经济比较后确定。

（2）具有冲击负荷、波动负荷、非对称负荷的客户宜采用由系统变电站新建线路或提高电压等级供电的供电方式。

655. 什么情况宜采用 10kV 供电？

答：客户受电变压器总容量在 50kVA～10MVA 时（含 10MVA），宜采用 10kV 供电。无 35kV 电压等级的地区，10kV 电压等级的供电容量可扩大到 15MVA。

656. 重要电力客户配置供电电源的一般原则是什么？

答：（1）特级重要电力客户应具备三路及以上电源供电条件，其中的两路电源应来自两个不同的变电站，当任何两路电源发生故障时，第三路电源能保证独立正常供电。

（2）一级重要电力客户应采用双电源供电，二级重要电力客户应采用双电源或双回路供电。

（3）临时性重要电力客户按照用电负荷重要性，在条件允许情况下，可以通过临时架线等方式满足双电源或多电源供电要求。

657. 供电电源点确定的一般原则是什么？

答：（1）电源点应具备足够的供电能力，能提供合格的电能质量，满足客户的用电需求，保证接电后电网安全运行和客户用电安全。

（2）对多个可选的电源点，应进行技术经济比较后确定。

（3）根据客户分级和用电需求，确定电源点的回路数和种类。

（4）根据城市地形、地貌和城市道路规划要求，就近选择电源点。路径应短捷顺直，减少与道路交叉，避免近电远供、迂回供电。

658.《国家电网公司业扩供电方案编制导则》规定居住区住宅用电容量配置原则是什么？

答：（1）居住区住宅以及公共服务设施用电容量的确定应综合考虑所在城市的性质、社会经济、气候、民族、习俗及家庭能源使用的种类，同时满足应急照明和消防设施要求。

（2）建筑面积在 $50m^2$ 及以下的住宅用电每户容量宜不小于 4kW，大于 $50m^2$ 的住宅用电每户容量宜不小于 8kW。

（3）配电变压器容量的配置系数，应根据住宅面积和各地区用电水平，由各省（自治区、直辖市）电力公司确定。

659. 什么是自备应急电源？

答：自备应急电源是指由客户自行配备的，在正常供电电源全部发生中断的情况下，能够至少满足对客户保安负荷不间断供电的独立电源。

660. 自备应急电源配置的一般原则是什么？

答：（1）重要电力客户应配置自备应急电源及非电性质的保安措施，满足保安负荷应急供电需要。对临时性重要电力客户可以租用应急发电车（机）满足保安负荷供电要求。

（2）自备应急电源配置容量应至少满足全部保安负荷正常供电的需要。有条件的可设置专用应急母线。

（3）自备应急电源的切换时间、切换方式、允许停电持续时间和电能质量应满足客户安全要求。

（4）自备应急电源与电网电源之间应装设可靠的电气或机械闭锁装置，防止倒送电。

（5）对于环保、防火、防爆等有特殊要求的用电场所，应选用满足相应要求的自备应急电源。

661. 非电性质保安措施配置的一般原则有哪些？

答：非电性质保安措施应符合客户的生产特点、负荷特性，满足无电情况下保证客户安全的需要。

662. 供电企业对申请临时用电的客户收取什么费用？如何规定？

答：供电企业对申请临时用电的客户收费临时接电费用。办理临时用电的电力客户应与供电企业以合同方式约定临时用电期限并预交相应容量的临时接电费用。临时用电期限一般不超过 3 年。在合同约定期限内结束临时用电的，预交的临时接电费用全部退还用户，确需超过合同约定期限的，由双方另行约定。

663.《国家电网公司业扩供电方案编制导则》中对确定电能计量方式有何规定？

答：（1）低压供电的客户，负荷电流为 60A 及以下时，电能计量装置接线宜采用直接接入式负荷电流为 60A 以上时，宜采用经电流互感器接入式。

（2）高压供电的客户，宜在高压侧计量但对 10kV 供电且容量在 315kVA 及以下、35kV 供电且容量在 500kVA 及以下的，高压侧计量确有困难时，可在低压侧计量，即采用高供低计方式。

（3）有两条及以上线路分别来自不同电源点或有多个受电点的客户，应分别装设电能计量装置。

（4）客户一个受电点内不同电价类别的用电，应分别装设电能计量装置。

（5）有送、受电量的地方电网和有自备电厂的客户，应在并网点上装设送、受电电能计量装置。

664. 什么是分布式电源？

答：分布式电源主要是指布置在电力负荷附近，能源利用效率高并与环境兼容，可提供电、热（冷）的发电装置，如微型燃气轮机、太阳能光伏发电、燃料电池、风力发电和生物质能发电等。

665. 哪些电源可作为应急电源？

答：（1）独立于正常电源的发电机组。

（2）供电网络中独立于正常电源的专用的馈电线路。

（3）蓄电池。

（4）干电池。

666. 根据允许中断供电的时间，用户应如何选择应急电源？

答：（1）允许中断供电时间为15s以上的供电，可选用快速自启动的发电机组。

（2）自投装置的动作时间能满足允许中断供电时间的，可选用带有自动投入装置的独立于正常电源的专用馈电线路。

（3）允许中断供电时间为毫秒级的供电，可选用蓄电池静止型不间断供电装置、蓄电池机械储能电机型不间断供电装置或柴油机不间断供电装置。

667. 符合哪些条件时，用户宜设置自备电源？

答：符合下列条件之一时，用户宜设置自备电源。

（1）需要设置自备电源作为一级负荷中的特别重要负荷的应急电源时或第二电源不能满足一级负荷的条件时。

（2）设置自备电源比从电力系统取得第二电源经济合理时。

（3）有常年稳定余热、压差、废弃物可供发电，技术可靠、经济合理时。

（4）所在地区偏僻，远离电力系统，设置自备电源经济合理时。

（5）有设置分布式电源的条件，能源利用效率高、经济合理时。

668. 设计低压配电系统时，宜采取哪些措施以降低三相低压配电系统的不对称度？

答：（1）220V或380V单相用电设备接入220V/380V三相系统时，宜使三相平衡。

（2）由地区公共低压电网供电的220V负荷，线路电流小于或等于60A时，可采用220V单相供电；大于60A时，宜采用220V/380V三相四线制供电。

669. 采用并联电力容器作为无功补偿装置时，应符合哪些要求？

答：采用并联电力容器作为无功补偿装置时，宜就地平衡补偿，并符合下列要求：

（1）低压部分的无功功率，应由低压电容器补偿。

（2）高压部分的无功功率，宜由高压电容器补偿。

（3）容量较大，负荷平稳且经常使用的用电设备的无功功率，宜单独就地补偿。

（4）补偿基本无功功率的电容器组，应在配、变电站内集中补偿。

（5）在环境正常的建筑物内，低压电容器宜分散设置。

670. 如何计算无功补偿容量？

答：无功补偿容量宜按无功功率曲线或按下式确定，即

$$Q_c = P(\tan\varphi_1 - \tan\varphi_2)$$

式中　Q_c——无功补偿容量，kvar；

P——用电设备的计算有功功率，kW；

$\tan\varphi_1$——补偿前用电设备自然功率因数的正切值；

$\tan\varphi_2$——补偿后用电设备功率因数的正切值，取 $\cos\varphi_2$ 一般不小于 0.9 值。

671. 什么情况时宜采用手动投切的无功补偿装置？

答：无功补偿装置的投切方式具有下列情况之一时，宜采用手动投切的无功补偿装置。

（1）补偿低压基本无功功率的电容器组。

（2）常年稳定的无功功率。

（3）经常投入运行的变压器或每天投切次数少于三次的高压电动机及高压电容器组。

672. 什么情况时宜装设无功自动补偿装置？

答：无功补偿装置的投切方式，具有下列情况之一时，宜装设无功自动补偿装置：

（1）避免过补偿，装设无功自动补偿装置在经济上合理时。

（2）避免在轻载时电压过高，造成某些用电设备损坏，而装设无功自动补偿装置在经济上合理时。

（3）只有装设无功自动补偿装置才能满足在各种运行负荷的情况下的电压偏差允许值时。

673. 如何确定无功自动补偿的调节方式？

答：无功自动补偿的调节方式，宜根据下列要求确定：

（1）以节能为主进行补偿时，宜采用无功功率参数调节。当三相负荷平衡时，也可采用功率因数参数调节。

（2）提供维持电网电压水平所必要的无功功率及以减少电压偏差为主进行补偿时，应按电压参数调节，但已采用变压器自动调节者除外。

（3）无功功率随时间稳定变化时，宜按时间参数调节。

674. 电容器分组时应满足哪些要求？

答：（1）分组电容器投切时，不应产生谐振。

（2）应适当减少分组组数和加大分组容量。

（3）应与配套设备的技术参数相适应。

（4）应符合满足电压偏差的允许范围。

675. 重要电力用户的自备应急电源配置应符合哪些要求？

答：（1）自备应急电源配置容量标准应达到保安负荷的 120%。

（2）自备应急电源启动时间应满足安全要求。

（3）自备应急电源与电网电源之间应装设可靠的电气或机械闭锁装置，防止倒送电。

（4）临时性重要电力用户可以通过租用应急发电车（机）等方式，配置自备应急电源。

676. 重要电力用户的自备应急电源在使用过程中应杜绝和防止哪些情况发生？

答：（1）自行变更自备应急电源接线方式。

（2）自行拆除自备应急电源的闭锁装置或者使其失效。

（3）自备应急电源发生故障后长期不能修复并影响正常运行。

（4）擅自将自备应急电源引入，转供其他用户。

（5）其他可能发生自备应急电源向电网倒送电的。

677. 业扩受理的危险点有哪些？如何预控？

答：业扩受理的危险点有客户申请资料不完整或与实际不符，致后续环节存在安全隐患。

预控措施：受理环节严格按照《业扩报装工作规范》，全面收集客户信息。对于资料欠缺或不完整的，应告知客户先行补充完整后再报装。

678. 业扩现场勘察危险点有哪些？如何预控？

答：（1）现场勘察工作，误碰带电设备造成人身伤亡。

（2）误入运行设备区域、客户生产危险区域。

（3）查看带电设备时，安全措施不到位，安全距离无法保证。

（4）现场通道照明不足，基建工地易发生高空落物、碰伤、扎伤、摔伤等意外情况。

预控措施：

（1）进入带电设备区现场勘察工作至少两人共同进行，实行现场监护。勘察人员应掌握带电设备的位置，与带电设备保持足够安全距离，注意不要误碰、误动、误登运行设备。

（2）工作班成员应在客户电气工作人员的带领下进入工作现场，并在规定的工作范围内工作，做到对现场危险点、安全措施等情况清楚了解。

（3）进入带电设备区设专人监护，严格监督带电设备与周围设备及工作人员的安全距离是否足够，不得操作客户设备。对客户设备状态不明时，均视为运行设备。

（4）进入客户设备运行区域，必须穿工作服、戴安全帽，携带必要照明器材。需攀登杆塔或梯子时，要落实防坠落措施，并在有效的监护下进行。不得在高空落物区通行或逗留。

679. 供电方案拟定与执行危险点有哪些？如何预控？

答：供电方案拟定与执行危险点有：

（1）供电方案制定中存在缺陷和安全隐患。

（2）擅自变更供电方案。

预控措施：

（1）提高业扩勘察质量，严格审核客户用电需求、负荷特性、负荷重要性、生产特性、用电设备类型等，掌握客户用电规划，严格执行《供电营业规则》《国家电网公司业扩供电方案编制导则》《关于加强重要电力客户供电电源及自备应急电源配置监督管理的意见》等规定，供电企业内部要建立供电方案审查的相关制度，规范供电方案的审查工作。

（2）供电方案出现变更。因客户原因造成变更的，应书面通知客户重新办理用电申请，因电网原因造成变更的，应与客户协商，重新确定供电方案后并书面答复客户。

680. 受电工程设计审查危险点有哪些？如何预控？

答：受电工程设计审查危险点有：

（1）客户提供的受电工程设计资料和其他相关资料不全，设计单位资质不合规定。

（2）供电企业审核人员审核错漏造成客户工程安全隐患。

（3）设计不符合规范要求，存在装置性安全隐患。

（4）电气设备防误操作措施缺失或不完整。

预控措施：

（1）严格审核设计单位资质，审核客户受电工程设计文件和有关资料的完整性、准确性。

（2）供电企业内部建立设计资料审核的相关制度，规范设计资料审核工作的内容。

（3）严格按照国家、行业电气设计规范（标准），审查客户设计资料，杜绝装置性隐患。

（4）客户电气主设备应具有完善的"五防"联锁功能，有效防止误操作，并配置带电或故障指示器。配电装置有倒送电源时，应装设有带电显示功能的强制闭锁。

681. 中间检查危险点有哪些？如何预控？

答：中间检查危险点有：

（1）误碰带电设备触电、误入运行设备区域、客户生产危险区域触电。

（2）现场通道照明不足，基建工地易发生高空落物、碰伤、扎伤、摔伤等意外。

（3）现场安装设备与审核合格的设计图纸不符，私自改变接线方式或运行方式。

预控措施：

（1）中间检查工作至少两人共同进行。要求客户方或施工方进行现场安全交底，做好相关安全技术措施，确认工作范围内的设备已停电、安全措施符合现场工作需要，明确设备带电与不带电部位、施工电源供电区域，不得随意触碰、操作现场设备，防止触电伤害。

（2）进入客户设备运行区域，必须穿工作服、戴安全帽，携带必要照明器材。需攀登杆塔或梯子时，要落实防坠落措施，并在有效的监护下进行。不得在高空落物区通行或逗留。

（3）客户工程中间检查的重点包括检查隐蔽工程质量、有无装置性违章问题、是否与审核合格的设计图纸相符、有无对电网安全影响的隐患。检查合格后才能进行后续工程施工。中间检查时发现的隐患，及时出具书面整改意见，督导客户落实整改措施，形成闭环管理。

682. 竣工检验危险点有哪些？如何预控？

答：竣工检验危险点有：

（1）误碰带电设备触电，误入运行设备区域、客户生产危险区域触电。

（2）客户竣工报验资料和手续不全。

（3）多专业、多班组工作协调配合不到位，出现组织措施、技术措施缺失或不完整。

（4）客户工程未竣工检验或检验不合格即送电。

（5）现场安装设备与审核合格的设计图纸不符，私自改变接线方式或运行方式。

（6）现场通道照明不足，基建工地易发生高空落物、碰伤、扎伤、摔伤等意外。

预控措施：

（1）竣工检验工作至少两人共同进行。要求客户方或施工方进行现场安全交底，做好相关安全技术措施，确认工作范围内的设备已停电、安全措施符合现场工作需要，明确设备带电与不带电部位、施工电源供电区域，竣工检验中工作人员不得擅自操作客户设备，确需操作的，也必须由客户专业人员进行。

（2）严把报验资料关，报验资料不完整、施工单位资质不符要求等情况，不安排竣工检验。

（3）涉及多专业、多班组参与的项目，由竣工检验现场负责人牵头（客服中心），由各相关专业技术人员参加，成立检验小组。现场负责人对工作现场进行统一安全交底，明确职责，各专业负责落实相关安全措施和责任。现场负责人应做好现场协调工作。工作必须由客户方或施工方熟悉环境和电气设备的人员配合进行。

（4）对未经检验或检验不合格已经接电的客户受电工程，必须立即采取停电措施，严肃处理有关责任人和责任单位，按照公司统一的业扩报装程序重新办理业扩报装竣工报验手续。

（5）严格按照电气装置安装工程设计、施工和验收标准与规范进行检验，竣工检验时发现的隐患，及时出具书面整改意见，督导客户落实整改措施，形成闭环管理。复验合格后，方可安排投运工作。

（6）在竣工检验工作中，必须穿工作服、戴安全帽、携带照明器材。需攀登杆塔或梯子时，要落实防坠落措施，并在有效的监护下进行。不得在高空落物区通行或逗留。

683. 受理客户用电申请时，营业受理人员应告知客户哪些内容？

答：主动向客户提供《客户业扩报装办理告知书》，告知办理用电需提供的资料、办理的基本流程、相关的收费项目和标准。

684. 什么是冷备用？热备用？

答：热备用指设备（不包括带串补装置的线路和串补装置）开关断开，而隔离开关仍在合闸位置。

冷备用指线路、母线等电气设备的开关断开，其两侧隔离开关和相关接地开关处于断开位置。

685. 在受理高耗能、高排放行业用电申请时需要客户提供哪些政府许可文件？

答：政府主管部门立项或批复文件、环境评估报告、土地预审批文等。

686. 简述供用电安全风险的主要内容。

答：供用电安全风险是指在电力供应与使用过程中，由于业扩报装管理不规范、客户电气设备带缺陷运行、重要客户安全隐患未及时有效治理、未依法签订并履行供用电合同等原因，引起的客户设备损坏、人身伤亡、异常停电等安全用电事故风险。

687. 阐述业扩管理风险的主要内容。

答：业扩管理风险主要有因用电项目审核不严、客户重要负荷识别不准确、供电方案制定不合理、受电工程设计审核不到位、中间检查和竣工检验不规范等原因，引起的重要客户供电方式不符合安全可靠性要求、客户受电装置带隐患接入电网等风险。

第五节　抄表收费及需求侧管理

688. 什么是"抄表段"？

答："抄表段"是指对用电客户和考核计量点进行抄表的一个管理单元。

689. 营销信息系统内抄表段管理包括哪些功能？

答：（1）建立包括抄表段名称、编号、管理单位等抄表段基本信息。

（2）建立和调整抄表方式、抄表周期、抄表例日等抄表段属性。

（3）对空抄表段进行注销等管理。

690. 简述《国家电网公司电费抄核收工作规范》中抄表段划分的原则。

答：划分抄表段应综合考虑客户类型、抄表周期、抄表例日、抄表方式、地理分布、便于线损管理等因素，新装客户应及时编入抄表段，注销客户应及时撤出抄表段。调整抄表段应不影响相关客户正常的电费计算；新建、调整、注销抄表段，须经过审批并妥善保存审批记录。

691. 新建抄表段应注意哪些事项？

答：新建抄表段应从符合实际工作要求的角度出发；需要进行台区线损考核的，同一台区下的多个抄表段的抄表例日必须相同；采用手工抄表、抄表机抄表、自动抄表不同抄表方式的客户不可混编在一个抄表段内；执行功率因数调整电费的客户抄表周期不执行两部制电价的客户抄表周期不能大于一个月。

692. 建立抄表段时需确定哪些信息？

答：建立抄表段时需建立包括抄表段名称、编号、管理单位等抄表段基本信息；建立和调整抄表方式、抄表周期、抄表例日等抄表段属性。

693. 新户分配抄表段的原则是什么？

答：根据新装客户计量装置安装地点所在管理单位、抄表区域、线路、配电台区以及抄表周期、抄表方式、抄表段的分布范围等资料，为新装客户分配抄表段。

694. 简述《国家电网公司电费抄核收工作规范》中对抄表周期的相关规定。

答：（1）抄表周期为每月一次。确需对居民客户实行双月抄表的，应考虑单、双月电量平衡并报省公司批准后执行。

（2）对用电量较大的客户、临时用电客户、租赁经营客户以及缴纳电费信用等级较差的客户，应根据电费收缴风险程度，实行每月多次抄表，并按国家有关规定或合同约定实行预收或分次结算电费。

（3）对高压新装客户应在接电后的当月进行抄表。对在新装接电后当月抄表确有困难的其他客户，应在下一个抄表周期内完成抄表。

（4）对实行远程抄表及（预）购电卡表客户，至少每三个抄表周期到现场对客户用电计量装置记录的数据进行核抄。对按照时段、阶梯、季节等方式计算电量电费的（预）购电卡表客户，每个抄表周期应到现场抄表。

695. 抄表例日的调整原则是什么？

答：经批准确定的抄表例日不得随意变更，确需变更须办理审批手续。抄表例日变更前，应事先告知相关客户。

696. 对高压新装客户应在什么时间进行首次抄表？

答：国网抄核收工作规范中要求：对高压新装客户应在接电后的当月进行首次抄表。

697. 售电收入包括哪些明细科目？

答：售电收入包括电费、三峡基金、农网还贷资金（一省多贷）、水库移民后期扶持资金、可再生能源附加、差别电价收入、城市公用事业附加、电力平衡资金、农村集体资产维护费转出、国家重大水利工程建设基金、其他基金及附加。

698. 什么是营业收入？

答：营业收入是指企业在日常活动中形成的、会导致所有者权益增加的、与所有者投入资本无关的经济利益的总流入，包括主营业务收入和其他业务收入。

699. 电力主营业务收入包括哪些？

答：电力主营业务收入包括售电收入、输电收入、高可靠性供电收入、自备电厂系统备用容量费收入、可中断电价收入、农网还贷资金返还收入、受托运行维护收入、农村集体资产维护费收入、"租赁收入"、售热收入、产品销售收入、商品销售收入、技术收入、勘测设计收入、工程结算收入、其他主营业务收入等。

700. 什么是营业外收入？

答：营业外收入是指企业发生的与其日常活动无直接关系，计入当期损益的各项利得，主要包括非流动资产处置利得、非货币性资产交换利得、债务重组利得、政府补助、盘盈利得、捐赠利得、确实无法支付而按规定程序经批准后转作营业外收入的应付款项、出售债权收益、违约金收入等。

701. 什么是抄表计划管理？

答：根据抄表段的抄表例日、抄表周期及抄表人员等信息以抄表段为单位产生抄表计划，或经过审批调整抄表计划的过程。

702. 什么是抄表计划执行率？

答：抄表计划执行率又称为抄表及时率，即

$$抄表及时率＝（按抄表例日完成的抄表户数/实抄户数）×100\%$$

703. 什么是"抄表计划日"？

答：是本次抄表实际计划的抄表日期，抄表计划日一般根据抄表例日和抄表周期来确定。

704. 制定和调整抄表计划有哪些注意事项？

答：（1）客户抄表日期一经确定不得擅自变更，如需调整抄表日期，必须上报审批。

（2）抄表日期变更时，应考虑到客户对阶梯电价的敏感性，抄表责任人员必须事前告知客户。

（3）新装客户的第一次抄表，必须在送电后的一个抄表周期内完成，严禁超周期抄表。

（4）对每月多次抄表的客户，严格按《供用电合同》条款约定的日期进行抄表。

（5）抄表计划的调整只影响本次的抄表计划，下次此抄表段生成抄表计划时，仍然是按照区段的原始数据形成计划。如果想彻底修改，需要到抄表段管理中进行调整。

705. 为什么要对抄表员进行抄表区轮换？

答：（1）防止因抄表员对抄表工作区熟悉到一定程度时出现工作上麻痹大意、履职不到位的情况。

（2）防止因抄表员对固定的客户群熟悉到一定程度时出现"人情电""关系电""权利电"等问题。

（3）在抄表区轮换过程中，可以由接任的抄表员对前任抄表员的抄表工作质量进行全面核查，提高工作质量。

706. 抄表数据下装时应注意什么？

答：抄表数据下装时应严格按照抄表计划进行，抄表员必须按例日进行下装操作；下装时应注意核对抄表户数，检查抄表机内下载数据是否正确、完整；下装时要做好抄表机与服务器的对时工作；下装抄表信息后，应核对抄表下装内容与抄表通知单、催费通知单等内容是否相符。

707. 防范电费风险的基本法律方法有哪些？

答：（1）依法签订供用电合同。

（2）杜绝供用电合同的效力瑕疵。

（3）规范签约程序，严格履行法定义务，防范败诉风险。

（4）适当运用不安抗辩权，化解风险。

（5）及时运用撤销权，降低电费风险。

（6）积极探索担保手段在供用电合同中的运用。

708. 抄表数据主要包括哪些内容？

答：抄表数据的主要内容有资产号、客户编号、客户名称、用电地址、电价、陈欠电费总金额、示数类型、本次示数、上次示数、综合倍率、抄表状态、抄表异常情况、上次抄表日期、本次抄表日期、抄见电量、上月电量、前三月平均电量、电费年月、抄表段编号、抄表顺序、表位数、联系人、联系电话。

红外抄表还应有以下几项数据：红外标志、实际抄表方式、表计对时前日期、表计对时前时间、是否是新装增容客户、是否是变更户、资产编号等。

709. 抄表数据复核的主要内容有哪些？

答：（1）峰平谷电量之和大于总电量。

（2）本月示数小于上月示数。

（3）零电量、电能表循环、未抄、有协议电量或修改过示数的。

（4）抄表自动带回的异常。

（5）翻转、估抄等。

（6）与同期或历史数据比较进行查看，电量突增突减的客户。

（7）按电量范围进行查看，看客户数据是否正确。

（8）连续 3 个月估抄或连续 3 个月零电量的。

710. 现场抄表前的准备工作有哪些？

答：出发前，认真检查抄表工作包内必备的抄表工器具是否完好、齐全。抄表数据（包括抄表客户信息、变更信息、新装客户档案信息）下装准备工作应在抄表前一个工作日或当日出发前完成，并确保数据完整、正确。

711. 写出远程抄表应遵守的工作规范？

答：远程抄表时，应定期与客户端用电计量装置记录的有关用电计费数据进行现场核对。

（1）在采用远程抄表方式后的三个抄表周期内，应每月进行现场核对抄表。发现数据异常，立即报职责部门进行处理。

（2）正常运行后，至少每三个抄表周期与现场计费电能表记录数据进行一次现场核对。对连续两个抄表周期出现抄表数据为零度的客户，应抽取不少于 20% 的客户进行现场核实。

（3）当抄表例日无法正确抄录数据时，应在抄表当日进行现场补抄，并立即报职责部门进行消缺处理。

712. 载波式远程抄表有哪些特点？

答：电力线载波是电力系统特有的通信方式，特点是集中器与载波电能表之间的下行通道采用低压电力线载波通信。载波电能表由电能表加载波模块组成。每个客户装设的载波电能表就近与交流电源线相连接，电能表发出的信号经交流电源线送出，设置在抄表中心站的主机则定时通过低压用电线路以载波通信方式收集客户电能表测得的用电数据信息。上行信道一般采用公用电话网或无线网络。

713. 抄表过程中发现客户用电量突变应如何处理？

答：抄表过程中发现客户电量突变，应核对抄录示数是否正确，检查计量装置是否正常，了解客户生产变化情况，同时做好现场记录，提出异常报告并及时报相关部门处理。

714. 抄表员在抄表时发现计量装置故障应如何处理？

答：（1）抄表员在抄表时发现计量装置故障后，首先在现场分析了解，设法取得故障发生的时间和原因，如客户的值班记录、客户上次抄表后至今的生产情况、客户有无私自增容的情况。

（2）将计量装置的故障情况及相关数据记录下来，如电能表当时的示数、负荷情况、客户生产班次及休息情况等。回公司后将客户计量装置故障情况及现场所做的记录上报并配合处理。

715. 抄表中发现门锁客户应如何处理？

答：抄表过程中，遇到表计安装在客户室内，客户门锁无法抄表时，抄表员应设法与客户取得联系入户抄表或在抄表周期内另行安排时间抄表。对确实无法抄见的一般居民客户，只可估抄一次。如是经常门锁客户，应与客户约时上门抄表或向公司建议将客户表计移到室外。

716. 什么是电能表的实抄率？

答：抄表人员每月的实际抄表户数与计划安排的应抄户数之比的百分数称为抄表员的月实抄率。季、年为累积实抄率，计算公式为

$$实抄率＝（实抄户数/应抄户数）×100\%$$

717. 合表用电客户总、分表之间为什么会出现差额？

答：（1）总表和分表电量抄错，分表的尾数未计，或总、分表抄表日期不一致。

（2）总表内的内线有漏电现象或在总表范围的客户中可能有窃电现象。

（3）在运行中，从总表到分表的一段导线也会消耗电量，分表本身也要消耗电量，这些都被总表计量，而分表不能计量该部分。

（4）分表负载不合理，造成部分耗电仅在总表上反映出来，而加大了总、分表之间

的差额。

（5）分表使用年久、失准。

718. 降低线损的组织措施有哪些？

答：（1）建立线损管理体系，制定线损管理制度。

（2）加强基础管理，建立健全各项基础资料。

（3）开展线损理论计算，通过开展理论计算，全面掌握各供电环节的线损状况及存在问题，为进一步加强线损管理提供准确、可靠的理论依据。

（4）制定线损计划，严格线损考核。

（5）开展线损下指标活动。

（6）建立各级电网的负荷测录制度。

（7）加强计量管理，提高计量的准确性，降低线损。

（8）定期开展变电站母线电量平衡工作。

（9）合理计量和改进抄表工作。

（10）组织用电普查，堵塞营业漏洞。

（11）开展电网经济运行工作。

719. 通过电流互感器的计量装置，其电量如何计算？

答：通过电流互感器的计量装置，其电能表测得的电量计算式为

$$W = (W_2 - W_1)K_1$$

式中　W——电能表测得的电量，kWh；

　　　W_1——前一次抄见读数；

　　　W_2——后一次抄见读数；

　　　K_1——电流互感器额定变比。

720. 如何正确计算电能表潜动的电量？

答：根据下列公式计算电能表潜动的电量，即

$$A = 60t/Cv \times n$$

式中　A——电能表潜动的电量值，kWh；

　　　t——电能表每天停用小时数；

　　　C——电能表常数，r/kWh；

　　　v——潜动速度，潜动一周分钟数；

　　　n——天数。

721. 为什么要实行功率因数调整电费的办法？

答：在客户结算电费中，还要实行功率因数调整电费的办法，是因为客户功率因数的高低，对发、供、用电的经济性和电能使用的社会效益有着重要影响。提高和稳定用电功率因数，能提高电压质量，减少供、配电网络的电能损失，提高设备的利用率，减少电力设施的投资和节约有色金属。由于供电部门的发供电设备是按一定功率因数标准建设的，所以客户的功率因数也必须符合一定的标准。因此，要利用功率因数调整电费

的办法来考核客户的功率因数，促使客户提高功率因数并保持稳定。

722. 抄表管理不规范风险主要包括哪些内容？

答：（1）未按规定安排抄表例日。

（2）未按抄表例日抄表。

（3）抄表准备、数据上下装时限超过工作标准规定，与现场换表等其他业务流程冲突。

（4）对电卡表、远程抄表系统、集抄系统等客户未定期开展现场核对及维护工作。

723. 抄表管理不规范对电费管理造成哪些风险影响？

答：（1）发生电费差错，影响正常缴费周期。

（2）易造成与客户在电量电费确认方面的纠纷。

（3）影响电费及时回收。

724. 如何防范抄表管理不规范造成的电费管理风险？

答：（1）制定抄表管理工作标准，明确抄表例日、抄表数据上下装时限、自动化抄表系统现场核对周期的规定。

（2）规范工作流程，避免在抄表期间进行换表等其他业务。

（3）加强抄表质量管理，定期开展抄表业务稽查，建立差错考核制度。

（4）推广自动化抄表方式，减少人员因素导致的抄表差错。

725. 现行的营销业务系统中，对执行峰谷分时电价用户有转供用电时如何处理？

答：执行峰谷分时电价的用电户，有转供用电时，应首先核减被转供户的电量，被转供户装有分时电能表，其电量应从转供户各时段电量中核减，如果被转供户未装分时电能表，应按总表峰、谷、平电量占总量比例分摊被转供户电量，分别扣减。

726. 审核的基本信息包括哪些？

答：审核的基本信息包括客户全称、客户编号、详细地址、开户银行、税务登记号、联系电话、申请书号、申请时间、申请容量、设备参数、线路、变压器信息（计算变压器损耗、线损、基本电费、客户的用电类别、电压等级、确定电价、各用电类别占总用电量的比例或定量、抄表示度数（本次、上次），有功电能表（总、尖、峰、谷、平）及无功电能表示度数、正反向无功示度数、最大需量、拆除计量装置表底电量等。审核电费收据，复核应收电费，审核无误后加盖收费章与托收电费章，并生成总应收电费日报表。

727. 如何进行抄表数据下载？

答：首先根据抄表日程，将抄表信息下装到抄表机，然后逐项核对数据是否完整、正确。遇新增客户、计费容量变更、电能计量装置变动等异动情况应详细核对有关信息。

728. 电量电费审核的内容包括哪些？

答：（1）审核动态是否正确，动态涉及的计费参数（电价类别和标准、倍率、功率因数标准等）和电量电费处理方式（新旧表相加、分日记、退电量、补电量等）是否

185

正确。

（2）对电量电费突增突减户分析原因，提请抄表员对抄表读数进行确认。

729. 电量电费核算有哪几种类型？

答：（1）抄表信息上装结束并确认后，电费审核员应及时进行电量电费计算。

（2）审核时发现有漏抄客户需要及时交抄表员补抄，并在补抄数据录入后对补抄户进行计算。

（3）对差错、退补、临时用电、违约窃电等电量电费进行计算。

730. 电费核算时，遇到电费需量值异常应如何处理？

答：在电费复核时，当发现客户参与电费计算的需量值存在明显异常时，电费复核人员应及时与抄表人员、用电检查人员取得联系，请他们到客户现场确定。为避免影响其他客户的正常结算。未正式确定前，可考虑先按客户申请的需量限值计算电费，然后根据实际值单独作退补来进行修正。

731. 如何规避需量示数的异常？

答：多功能电能表在记录当月最大需量的同时，还记忆着本月最大需量发生时间及保存着上月最大需量值和需量发生时间。抄表工作人员在抄录电能表本月最大需量的同时，将最大需量发生时间及上月最大需量值、需量发生时间同步抄录，这样将能有效地保证客户基本电费结算的正确性。

732. 哪些情况下会引起客户的电量电费异常？如何处理？

答：正常情况下，客户申请变压器暂停当月，一般都将引发电量电费的波动（突变）；带电调换计费电能表，调换过程中需短接电流互感器，也存在有电量退补的问题；在实际电费复核时，经常会遇到有计费电能表、互感器的调换记录，而没有电量退补的联系单（传票）的现象，此部分电量需要通过退补的形式进行补收。

733. 单一制电价有哪些优缺点？

答：单一制电价单纯按照用电量的多少计费，只与客户实用电量相关，可促使客户节约用电。执行这种电价抄表、计费都相当方便。

单一电价缺点是不能合理体现电力成本，对客户造成不公平的负担。

734. 若分时表的峰平谷之和与总电量不等时，如何计算？

答：若分时表的峰平谷之和与总电量不等时，以总、峰、谷三个示数为基准，平电量等于总电量与峰谷电量之差。

735. 两部制电价由哪几部分构成？

答：两部制电价由电度电价和基本电价两部分构成。电度电价是指按用户用电度数计算的电价。基本电价是指按用户用电容量计算的电价。基本电价按变压器容量或按最大需量计费，由用户选择，但在一年之内保持不变。实行两部制电价的用户，按国家有关规定同时实行功率因数调整电费办法。

736. 执行两部制电价有哪些优越性？

答：执行两部制电价，有效发挥了价格的杠杆作用，促进客户合理使用用电设备，改善用电功率因数，提高设备利用率，压低最大负荷，减少了电费开支，使电网负荷率也相应提高，减少了无功负荷，提高了电力系统的供电能力，使供用电双方从降低成本中都获得了一定的经济效益。

737. 变压器损耗电量计算原则是什么？

答：用电计量装置原则上应安装在供电设施的产权分界处。如产权分界处不适宜装表的，对专线供电的高压用户，可在供电变压器出口装表计量；对公用线路供电的高压用户，可在用户受电装置的低压侧计量。当用电计量装置不安装在产权分界处时，线路与变压器损耗的有功与无功电量均须由产权所有者负担。变压器的损耗按天计算，日用电不足 24h 的，按一天计算。

738. 高供低计客户变压器报停时，变压器损耗电量如何计算？

答：因变压器损耗的计算方法已经计算到日，而变压器的暂停只是运行天数发生变化，则根据变压器暂停的启停日计算出运行天数后即可使用损耗计算公式计算变压器的暂停情况的损耗。

739. 线损电量的计算方式有几种？

答：线损计算采用的方式有以下三种：采用线路参数和用电量公式计算、采用与客户协定损耗电量计算、采用与客户协定线路损耗系数计算。

740. 什么是功率因数调整电费？

答：功率因数调整电费是按照用户的实际功率因数及该户所执行的功率因数标准对用户承担的电费按功率因数调整电费表系数进行相应调整的电费。

741. 什么情况下可以不执行功率因数标准？

答：根据电网的具体情况，对不需要增设补偿设备，用电功率因数就能达到规定标准的用户，或离电源点较近、电压质量较好、勿需进一步提高用电功率因数的用户，可以降低功率因数标准值或不实行功率因数调整电费办法，但须经省、市、自治区电力局批准，并报电网管理局备案。降低功率因数标准的用户的实际功率因数，高于降低后的功率因数标准时，不减收电费，但低于降低后的功率因数标准时，应增收电费。

742. 装有带防倒装置的反向无功电能表的客户功率因数如何计算？

答：供电部门应在计量点加装带有防倒装置的反向无功电能表，按倒送的无功电量与实用无功电量两者绝对值之和计算月平均功率因数。

743. 设配电网的最大负荷月的平均有功功率为 P，补偿前的功率因数为 $\cos\Phi_1$，补偿后的功率因数为 $\cos\Phi_2$，则所需的补偿容量 Q 的计算公式是什么？

答：$Q = P(\tan\Phi_1 - \tan\Phi_2)$

744. 在营销信息系统内异常发起后的用户电费如何计算？

答：（1）在本期电费计算有效期内返回异常处理且需要电费重新计算的，则对此类异常客户发起单户流程重新计算。

（2）对经处理未发现异常的客户，则正常发行原计算电费。

（3）在本期计算有效期内未返回的异常处理，则取消本期电费计算，转入下期电费计算。

745. 政策性退补的工作要求有哪些？

答：政策性调价退补电费，不论金额大小，一律按政策规定办理；政策性调价退补时不涉及对用户档案及抄表示数的调整，只涉及调价退补发行的电价版本和退补时间范围。

746. 简述非政策性退补的业务描述。

答：由于计量故障、抄表失误、档案差错、违约窃电等原因，对用电客户进行退补电量电费，退补采用流程管理，包含退补电量电费的申请、审核、审批和发行，其中根据退补电量和电费的额度可设置不同的岗位审批，既可退补电量，也可退补电费。

747. 说明平均电价的分析步骤。

答：（1）确定所分析的对象的口径，主要是以电力销售区域界定。

（2）设计计算模型，计算所需分析对象的平均电价。

（3）依据计算结果，参照历史变化，分析平均电价的变动情况，找出影响平均电价主要因素。

（4）依据分析结果，确定改进措施。

748. 电费结算协议包括哪些内容？

答：客户的（即付款单位）名称、用电地址、户号、开户行名称、账号；供电企业（即收款单位）名称、开户银行名称、账号；供电方的抄表时间，用电方缴纳电费期限；电费结算方式，电费滞纳违约责任，电费纠纷处理等。

749. 收取客户电费的依据是什么？

答：收取客户电费的依据是国家规定的电价、法定计量机构认可的计量装置和供用电合同的约定。

750. 应收电费余额的定义是什么？

答：应收电费余额是指在考核期内按财务口径在月末和年末 24 点时的应收电费账面余额。

751. 应收电费余额占月均应收电费比重（％）的定义是什么？

答：应收电费余额占月均应收电费比重（％）是指在考核期内的当月应收用户电费余额（财务口径）与当年月均应收用户电费的比值。

752. 预付费电卡表作用是什么？

答：安装预付费电卡表是实现客户先购电、后用电结算方式的一种途径，对信誉度不高、长期欠费及临时用电性质的用电客户，通过安装预付费电卡表可有效地促进电费回收，预防恶意欠费的发生。

753. 什么是电费收费人员的款项交接单？

答：电费收费人员的款项交接单是指根据营销系统电费收费人员，每日收取电费金额的汇总单，经电费实收专责和银行进账单核实并与收费人员签字确认后的一种凭据。

754. 抄核收工作规范中对电费回收有哪些规定？

答：（1）加强电费回收风险控制和管理，及时对电费账龄进行分析排查。

（2）在收取电费时，首先确保不发生当期欠费，然后按照发生欠费的先后时间排序，先追缴早期的欠费，最大程度防范电费回收风险。

（3）追缴欠费工作中，要采取切实措施，避免超过诉讼时效。

755. 收费员在收费或解款过程中，错选银行账号，会对账务处理造成什么样的影响？

答：收费员在进行收费操作或解款时，将收费或解款银行账号错选，会造成后期账务处理中，银行存款信用社明细账信息失真，借方发生额与实际不相符。

756. 销售电价的计价方式有哪些？

答：单一制电度电价和两部制电价。销售电价实行峰谷、丰枯和季节电价，具体时段划分及差价依照所在电网的市场供需情况和负荷特性确定。具备条件的地区，销售电价可实行高可靠性电价、可中断负荷电价、节假日电价、分档递增或递减电价等电价形式。

757. 根据《中华人民共和国发票管理办法》规定，什么是发票？

答：发票是指在购销商品、提供或者接受服务以及其他经营活动中，开具、收取的收付款凭证。

758. 现金收取后如何处理？

答：每日收取的现金及支票应当日解交银行。由专人负责每日解款工作并落实保安措施，确保解款安全。当日解款后收取的现金及支票按财务制度存入专用保险箱，于次日解交银行。

759. 资产的概念是什么？

答：资产是指企业过去的交易或者事项形成的、由企业拥有或者控制的、预期会给企业带来经济利益的资源。一项资源在同时满足与该资源有关的经济利益很可能流入企业，且该资源的成本或者价值能够可靠地计量时，确认为资产。

760. 账务处理的原则是什么？

答：电费账务应准确清晰。按财务制度建立电费明细账，编制实收电费日报表、日累计报表、月报表，严格审核，稽查到位。

761. 电费账务日报应如何核对？

答：每日应审查各类日报表，确保实收电费明细与银行进账单数据一致、实收电费与进账金额一致、实收电费与财务账目一致、各类发票及凭证与报表数据一致。不得将未收到或预计收到的电费计入电费实收。

762. 电费违约金、违约使用电费、罚款的概念和区别是什么？

答：电费违约金：电费违约金是用户未能履行供用电双方签订的《供用电合同》，因未在规定的期限内交清电费而承担的电费滞纳的违约责任。电费违约金由电费部门按迟交金额×迟交天数×规定的比例（千分之一至千分之三）计算。

违约使用电费：违约使用电费是用户违反供用电双方签订的《供用电合同》中约定的正常用电行为，应承担其相应的违约责任。它由供电企业根据违约行为的性质按规定收取。违约使用电费不是电费收入，而是供电企业的营业外收入。

罚款：罚款是电力管理部门对供用电各方违反《电力法》和《电力供应与使用条例》等法律法规的规定而给予的行政处罚。罚款是行政处罚行为，罚款应上交各级地方财政。

763. 能效服务网络的重点是什么？宗旨是什么？工作目标是什么？总体要求是什么？

答：能效服务网络以活动小组建设为重点，以为用能单位提供优质、规范、高效能效服务为宗旨，以激发用能单位节能积极性为工作目标，按照"政策引领、服务广泛、注重实效"的总体要求进行建设。

764. 试对错峰、避峰、限电、拉闸四个名词进行解释。

答：错峰是指将高峰时段的用电负荷转移到其他时段，通常不减少电能使用。

避峰是指在用电高峰时段，组织用户削减或中断用电负荷，减少一天中的用电高峰需求，一般会减少电能使用。

限电是指在特定时段限制某些用户的部分或全部用电需求，根据限电时段及程度不同，可分为临时限电、轮停限电、停产限电，一般会减少电能使用。

拉闸是指各级调度机构发布调度命令，切除部分线路用电负荷的限电措施，不包含因机组非计划停运或电网紧急状态下，调度机构为保证电网安全而采取的紧急切除线路措施。

765. 编制有序用电方案时应优先保障哪几类用电？

答：（1）应急指挥和处置部门，主要党政军机关，广播、电视、电信、交通、监狱等关系国家安全和社会秩序的用户。

（2）危险化学品生产、矿井等停电将导致重大人身伤害或设备严重损坏企业的保安负荷。

（3）重大社会活动场所、医院、金融机构、学校等关系群众生命财产安全的用户。

（4）供水、供热、供能等基础设施用户。

（5）居民生活，排灌、化肥生产等农业生产用电。

（6）国家重点工程、军工企业。

766. 电网企业电力电量节约量包含哪几部分？哪些项目不予计入电网企业电力电量节约量？

答：电网企业电力电量节约量包括电网企业自身、所属节能服务公司实施社会项目、购买社会服务和推动社会节能所节约的电力电量四部分。

计入统计的项目数据应可检测或可核查，下列项目不予计入：

（1）以商业运营为主要目的的新能源发电项目。

（2）电力电量节约量难以合理认定和审核的项目。

（3）通过实施有序用电减少的电力电量。

767. 什么是合同能源管理（EPC）？分为哪几种类型？

答：合同能源管理（EPC）是一种新型的市场化节能机制。其实质就是以减少的能源费用来支付节能项目全部成本的节能业务方式。

依照具体的业务方式，可以分为分享型合同能源管理业务（节能效益分享型）、承诺型合同能源管理业务（节能量保证型）、能源费用托管型合同能源管理业务（能源费用托管型）。

768. 需求侧管理的目标是什么？

答：需求侧管理的目标主要集中在电力和电量的改变上，一方面采取措施降低电网的峰荷时段的电力需求或增加电网的低谷时段的电力需求，以较少的新增装机容量达到系统的电力供需平衡；另一方面，采取措施节省电力系统的发电量，在满足同样的能源服务的同时节约了社会总资源的耗费。从经济学的角度看，DSM 的目标就是将有限的电力资源最有效地加以利用，使社会效益最大化。

769. 需求侧管理的资源包括哪些？

答：（1）提高照明、空调、电动机及系统、电热、冷藏、电化学等设备用电效率所节约的电力和电量。

（2）蓄冷、蓄热、蓄电等改变用电方式所转移的电力。

（3）能源替代、余能回收所减少和节约的电力和电量。

（4）合同约定可中断负荷所转移或节约的电力和电量。

（5）建筑物保温等改善用电环境所节约的电力和电量。

（6）用户改变消费行为，减少或转移用电所节约的电力和电量。

（7）自备电厂参与调度后电网减供的电力和电量。

770. 需求侧管理（DSM）的特点有哪些？

答：（1）DSM 适合市场经济运行机制。

（2）节能节电具有量大面广和极度分散的特点。

（3）DSM 立足于长效和长远社会可持续发展的目标。

（4）用户是节能节电的主要贡献者。

771. 能效活动小组活动的主要内容有哪些？

答：能效活动小组活动的主要内容包括但不限于：成员单位基本信息管理、能效数据与节能项目统计、初步能源审计与咨询、节能政策法规宣传、节能标准宣贯、节能技术讲座、节能案例分析与经验交流、新技术与新产品推广、现场参观学习、年度计划与工作总结等。

772. 需求侧管理的对象主要包括哪六方面？

答：（1）用户终端的主要用电设备。

（2）可与电能相互替代的用能设备。

（3）与电能利用有关的余热回收。

（4）与用电有关的蓄能设备。

（5）自备发电厂。

（6）与用电有关的环境设施。

773. 什么是电力蓄冷？其意义是什么？

答：电力蓄冷就是利用低谷电力制冷，以冰或水的形式储存冷量，供需要时使用。电力蓄冷的意义如下：

（1）利用电力清洁能源，减少环境污染，符合环保政策。

（2）减少制冷主机的容量与数量，减少系统的电力容量与变、配电设施费。

（3）利用电网峰谷电力差价，降低运行费用。

（4）易于实现低温送风，提高室内空气品质。

（5）具有应急功能，空调系统的可靠性高。

（6）系统冷量调节灵活，过渡季节少开或不开制冷主机。

（7）平衡电网峰谷负荷，优化电力资源配置。

774. 负荷曲线调整的基本原则和效果是什么？

答：负荷曲线调整的基本原则是在合理高效的原则下实现供电方和需求方共同的最小费用资源利用计划。

负荷曲线调整的直观效果是降低峰期负荷，提高了低谷负荷，使负荷曲线平坦，从而使发电厂与输电设备的投入量可以延缓或减少，现有设备的利用率可以提高，运行效率得以改善。负荷曲线的调整除了改善负荷曲线的有功特性外，还可以在一定程度上减少网损，降低运行成本。这不仅可以减少电力系统的运营开支，还可以有利于环境保护。

775. 电力市场分析有何基本要求？

答：（1）制度化。形成一定的分析制度，做到持之以恒。

（2）规范化。做到综合分析和重点分析结合，以数据为基础，数据和文字并重。

（3）时效性。能够在领导决策之前及时提出有参考价值的信息和建议。

（4）准确性。报告中使用的数据和列举的事例都应准确、真实。

（5）政策性。能把国家的有关方针政策和本地区的具体情况有机地结合起来，用事实说明方针政策的贯彻落实情况。

（6）科学性。善于运用先进的经济理论和预测分析方法，对预期内供需形势提出准确判断和相应对策。

776. 电力需求侧管理与传统用电负荷管理有哪些差异？

答：（1）电力需求侧管理不是电力公司单方面管理用电负荷，而是调动客户的积极性，与客户共同组成能源管理系统，将节约的效果看作是可替代供电资源的一种资源，使节约与开发有机地融为一体。

（2）电力需求侧管理是市场经济条件下一种商业性的优质能源服务行为，参与者都可从中受益。

（3）电力需求侧管理需要政府的参与和政策的支持。

（4）电力需求侧管理使资源节约与环境保护有机地联系起来，成为人类社会可持续发展的重要手段之一。

777. 电力需求侧管理的技术与产品应满足哪些要求？

答：（1）符合国家有关技术标准和规范。

（2）削峰填谷，提高用电负荷率。

（3）实现用电设备经济运行，提高电能利用效率。

（4）改善用电结构，降低污染物排放，减少环境污染。

（5）实现用电负荷实时监控和可转移负荷可实时调度。

778. 有序用电的原则是什么？

答：有序用电应优先满足维护社会秩序、避免发生人身或重大设备安全事故、保障群众生命财产安全和居民生活的用电需求。

779. 可以通过哪些措施降低线损？

答：鼓励电网企业采用节能变压器，合理减少供电半径，增强无功补偿，引导用户加强无功管理，实现分电压等级统计分析线损等，稳步降低线损率。

780. 满足电力需求应坚持什么原则？

答：满足电力需求应坚持节约与开发并举、节约优先的原则，在增加供应的同时，统筹考虑并优先采用需求侧管理措施。

781. 什么是电力需求侧管理？

答：电力需求侧管理是指为提高电力资源利用效率，改进用电方式，实现科学用电、节约用电、有序用电所开展的相关活动。

782. 《国家电网公司能效服务网络管理办法（试行）》中规定的能效服务网络活动小组成员单位享有的权利有哪些？

答：（1）向组长单位提出活动需求和工作建议。

（2）参加活动小组组织的节能政策法规宣传、标准宣贯培训、技术讲座、经验交流会、新技术及新产品推广、典型节能案例现场参观学习等活动。

（3）分享本小组各成员单位的节能典型案例信息及其他服务信息等，要求各成员单位对提供的相关信息保密。

（4）享受本活动小组组织的初步能源审计与咨询服务。

783.《合同能源管理财政奖励资金管理暂行办法》中规定的支持对象和范围是什么？

答：支持对象：财政奖励资金支持的对象是实施节能效益分享型合同能源管理项目的节能服务公司。

支持范围：财政奖励资金用于支持采用合同能源管理方式实施的工业、建筑、交通等领域以及公共机构节能改造项目。已享受国家其他相关补助政策的合同能源管理项目，不纳入本办法支持范围。

784.《合同能源管理财政奖励资金管理暂行办法》中规定的符合支持条件的节能服务公司应实行什么管理制度？如何操作？

答：符合支持条件的节能服务公司实行审核备案、动态管理制度。节能服务公司向公司注册所在地省级节能主管部门提出申请，省级节能主管部门会同财政部门进行初审，汇总上报国家发展改革委、财政部。国家发展改革委会同财政部组织专家评审后，对外公布节能服务公司名单及业务范围。

785.《关于加快推行合同能源管理促进节能服务产业发展的意见》中的指导思想是什么？

答：高举中国特色社会主义伟大旗帜，以邓小平理论和"三个代表"重要思想为指导，深入贯彻落实科学发展观，充分发挥市场机制作用，加强政策扶持和引导，积极推行合同能源管理，加快节能新技术、新产品的推广应用，促进节能服务产业发展，不断提高能源利用效率。

786.《关于加快推行合同能源管理促进节能服务产业发展的意见》中的发展目标是什么？

答：到 2012 年，扶持培育一批专业化节能服务公司，发展壮大一批综合性大型节能服务公司，建立充满活力、特色鲜明、规范有序的节能服务市场。到 2015 年，建立比较完善的节能服务体系，专业化节能服务公司进一步壮大，服务能力进一步增强，服务领域进一步拓宽，合同能源管理成为用能单位实施节能改造的主要方式之一。

787. 国家电网公司开展社会节能服务具有哪些优势？

答：公司开展社会节能服务具有独特优势，首先公司拥有庞大的营销网络资源，掌握着准确的用户用能信息，与用户建立了良好的互动、互信关系；其次，公司作为能源供应企业，在用能节能方面拥有深厚技术积累和丰富专业经验；第三，多年来公司实施需求侧管理示范项目、开展国际合作，培养了一批专业的节能服务队伍；第四，公司具有较强的资金实力和融资能力，可以实施一般节能服务公司无法完成的特大型节能项目。

第六节　计量管理

788. 什么是检定？

答：检定是指查明和确认测量仪器符合法定要求的活动，包括检查、加标记和/或出具检定证书。

789. 什么是检测？

答：检测是指对给定产品，按照规定程序确定某一种或多种特性、进行处理或提供服务所组成的技术操作。

790. 什么是仲裁检定？

答：仲裁检定指用计量基准或社会公用计量标准所进行的以裁决为目的的计量检定、测试活动。

791. 什么是实验室能力验证？

答：利用实验室间比对确定实验室的检定、校准或检测的能力。

792. 什么是计量器具？

答：计量器具是指能用以直接或间接测出被测对象量值的装置、仪器仪表、量具和用于统一量值的标准物质，包括计量基准、计量标准、工作计量器具。

793. 计量标准考核对环境条件及设施有何要求？

答：（1）温度、湿度、洁净度、振动、电磁干扰、辐射、照明、供电等环境条件应当满足计量检定规程或技术规范的要求。

（2）应当根据计量检定规程或技术规范的要求和实际工作需要，配置必要的设施和监控设备，并对温度、湿度等参数进行监测和记录。

（3）应当对检定或校准工作场所内互不相容的区域进行有效隔离，防止相互影响。

794. 什么是社会公用计量标准？

答：社会公用计量标准对社会上实施计量监督具有公认作用。县级以上地方人民政府计量行政部门建立的本行政区域内最高等级的社会公用计量标准，须向上一级人民政府计量行政部门申请考核；其他等级的，由当地人民政府计量行政部门主持考核。

经考核符合《计量法实施细则》规定条件并取得考核合格证的，由当地县级以上人民政府计量行政部门审批颁发社会公用计量标准证书后，方可使用。

795. 什么是法定计量检定机构？

答：质量技术监督部门依法设置或者授权建立并经质量技术监督部门组织考核合格的计量检定机构。

796. 什么是检定结果通知书？

答：说明计量器具被发现不符合或不再符合相关法定要求的文件。

797. 什么是检定证书？

答：证明计量器具已经检定并符合相关法定要求的文件。

798. 什么是校准？

答：在规定条件下的一组操作，其第一步是确定由测量标准提供的量值与相应示值之间的关系，第二步则是用此信息确定测量示值获得测量结果的关系，这里测量标准提供的量值与相应示值都具有测量不确定度。

799. 计量检定人员出具的检定数据，在裁决计量纠纷或实施计量监督中是否具有法律效力？

答：按照国家质量监督检验检疫总局令第 105 号《计量检定人员管理办法》第 18 条，计量检定人员出具的检定数据，在裁决计量纠纷或实施计量监督中具有法律效力。

800. 计量检定人员应履行的义务是什么？

答：（1）依照有关规定和计量检定规程开展计量检定活动，恪守职业道德。

（2）保证计量检定数据和有关技术资料的真实完整。

（3）正确保存、维护、使用计量基准和计量标准，使其保持良好的技术状况。

（4）承担质量技术监督部门委托的与计量检定有关的任务。

（5）保守在计量检定活动中所知悉的商业秘密和技术秘密。

801. 不合格计量器具的含义是什么？破坏计量器具的含义又是什么？

答：不合格计量器具是指经检定不合格的器具、超周期使用的器具、无合格印证的器具。

破坏计量器具是指为牟取非法利益通过作弊使计量器具失准。

802. 测量误差的来源主要有哪些？

答：（1）测量设备误差。

（2）测量环境带来的误差。

（3）测量人员带来的误差。

（4）测量方法带来的误差。

（5）被测对象的误差。

803. 什么是测量结果？

答：由与其他有用的相关信息一起赋予被测量的一组量值。

804. 什么是测量准确度？

答：简称准确度，指无穷多次重复测量所得来那个值的平均值与一个参考量值相同的一致程度。

805. 什么是实验标准偏差？

答：对同一测量作 n 次测量，表征测量结果分散性的量 s 可按下式算出，即

$$s(q_k)=\sqrt{\frac{\sum\limits_{k=1}^{n}(q_k-\overline{q})^2}{n-1}}$$

式中　q_k——第 k 次测量结果；

　　　$\overline{q}$——n 次测量的算术平均值。

806. 什么是测量不确定度的 A 类评定和 B 类评定？

答：测量不确定度的 A 类评定是对在规定测量条件下测得的量值用统计分析的方法进行的测量不确定度分量的评定。

测量不确定度的 B 类评定是用不同于测量不确定度 A 类评定的方法对测量不确定度分量进行的评定。

807. 什么是合成标准测量不确定度？

答：合成标准测量不确定度是指由在一个测量模型中各输入量的标准测量不确定度获得的输出量的标准测量不确定度。

808. 什么是自由度？

答：在方差的计算中，和的项数减去对和的限制数。

809. 什么是置信概率？

答：在规定的包含区间内包含被测量的一组值的概率。

810. 什么是测量误差？

答：测得的量值减去参考量值即为测量误差。

811. 什么是修正值？

答：用代数法与未修正测量结果相加，以补偿其系统误差的值称为修正值。

812. 对含有粗差的异常值如何处理和判别？

答：对含有粗差的异常值应从测量数据中剔除。在测量过程中，若发现有的测量条件不符合要求，可将该测量数据从记录中划去，但须注明原因。在测量进行后，要判断一个测量值是否异常，可用异常值发现准则，如格拉布斯准则、来伊达 3σ 准则等。

813. 按 DL/T 448—2016《电能计量装置技术管理规程》的规定，电能表现场检验的周期如何划分？

答：（1）新投运或改造后的 I、II、III、IV 类高压电能计量装置应在一个月内进行首次现场检验。

（2）I 类电能表至少每 3 个月现场检验一次，II 类电能表至少每 6 个月现场检验一次；III 类电能表至少每年现场检验一次。

814. DL/T 448—2016《电能计量装置技术管理规程》对互感器二次回路的连接导线有什么要求？

答：互感器二次回路的连接导线应采用铜质单芯绝缘线。对电流二次回路，连接导线截面积应按电流互感器的额定二次负荷计算确定，至少应不小于 $4mm^2$。对电压二次回路，连接导线截面积应按允许的电压降计算确定，至少应不小于 $2.5mm^2$。

815. 电能表脉冲常数是如何确定的？

答：电能表的脉冲常数由下式决定并取百位整数，即

$$C=(2\sim3)\times107/(mU_nI_{max}t)$$

式中 C——电能表脉冲常数，imp/kWh；

m——测量单元数；

U_n——参比电压；

I_{max}——最大电流；

t——时间间隔，为 1h。

816. 智能电能表时钟电池是如何规定的？

答：采用绿色环保锂电池，在电能表寿命周期内无需更换，断电后可维持内部时钟正确工作时间累计不少于 5 年。电池电压不足时，电能表应自动提示、报警。

817. 智能电能表校时是如何规定的？

答：通过 RS485、红外等通信接口可对电能表校时，除广播校时外，校时必须在编程状态下才能进行。

广播校时无需编程键和通信密码配合，每天只允许一次，电能表可接受的广播校时范围不得大于 5min，应避免在电能表执行冻结或结算数据转存操作前后 5min 内进行；当校正时间大于 5min 时，电能表只有通过现场进行校时。

818. 智能电能表负载电流升降变差是如何规定的？

答：电能表基本误差按照负载电流从小到大，然后从大到小的顺序进行两次测试，记录负载点误差；在功率因数为 1.0.负荷电流在 $0.01I_b$（I_n）$\sim I_{max}$ 变化范围内，同一只被试样品在相同负载点处的误差变化的绝对值不应超过 0.25%。

819. 智能电能表 ESAM 模块定义是什么？

答：嵌入在设备内，实现安全存储、数据加/解密、双向身份认证、存取权限控制、线路加密传输等安全控制功能。

820. 本地费控电能表定义是什么？

答：本地费控电能表是在智能电能表本地实现费控功能的电能表。本地费控电能表支持 CPU 卡、射频卡等固态介质进行充值及参数设置，同时也支持通过虚拟介质远程实现充值、参数设置及控制功能的电能表。即本地预付费与远程预付费是本地费控电能表所应具有的两种预付费方式，本地费控电能表的费控功能都是在智能电能表内部实现的。

821. 智能电能表质量监督工作涵盖哪些环节？包括什么内容？

答：智能电能表质量监督工作涵盖招标前、供货前、到货后、运行中直至退出运行的全过程、全寿命周期各个环节，包括供应商评价、招标前质量监督、供货前质量监督、到货后质量监督、运行中质量监督等内容。

822. 什么是机电式交流电能表潜动？实验室检定如何规定？

答：电能表在运行中，当负载电流等于零时，它的转盘仍然在不停止地转动，这种现象叫潜动，也称空走。

电能表各电流线路无负载电流时，各电压线路加 80%～110%的参比电压，转盘转动应小于 1min。

823.　电子式电能表潜动是如何规定的？

答：电压回路加参比电压，电流回路中无电流时，安装式电能表在启动电流下产生一个脉冲的 10 倍时间内，测量输出应不多于 1 个脉冲。

824.　智能电能表规范对潜动试验是如何规定的？

答：电流回路中无电流，电压回路加 115%U_n 时，安装式电能表在启动电流下产生一个脉冲的 10 倍时间内，电能表输出应不多于 1 个脉冲。

825.　什么是机电式交流电能表启动电流值？机电式交流电能表启动试验实施是如何规定的？

答：在额定电压、额定频率、$\cos\varphi=1.0$ 的条件下，使电能表转盘开始连续转动的最小电流值为启动电流值。

在参比频率、参比电压和 $\cos\varphi=1$（对有功电能表）和 $\sin\varphi=1$（无功电能表）的条件下，电能表电流线路通以规定的电流值（三相电能表各相加电压和通电流），转盘应连续转动。

826.　智能电能表规范对启动试验是如何规定的？

答：在额定电压、额定频率和 $\cos\varphi=1.0$ 的条件下，负载电流达到规程规定值时，电能表应有脉冲输出或代表电能输出的指示灯闪烁，启动时间不超过下述公式计算结果要求，即

$$t_Q = 1.2 \times \frac{60 \times 1000}{C \times P_Q}$$

式中　t_Q——启动规定时间，min；

　　　C——脉冲常数，imp/kWh；

　　　P_Q——启动功率，W。

827.　机电式交流电能表交流耐压试验是如何规定的？

答：电能表所有电压电流线路对地之间、工作中不相连接的所有电压与所有电流线路之间，应能承受住频率为 50Hz 或 60Hz 的实用正弦波交流电压 2kV（有效值）历时 1min 的试验。

对 II 级类防护绝缘包封的电能表，其电压电流线路对地交流耐压为 4kV（有效值）。

828.　电子式电能表交流耐压试验是如何规定的？

答：电能表在室温和空气相对湿度不大于 80% 的条件下，电压端子、电流端子和参比电压大于 40V 的辅助线路端子对机壳和机壳外可触及的金属部位之间，应能承受频率为 50Hz、实际正弦波交流电压 2kV（有效值）历时 1min 的试验。

829.　安装式电子式电能表检定项目有哪些？

答：（1）工频耐压试验。

（2）直观检查和通电检查。

（3）启动、潜动试验。

（4）校核记度器示数。

（5）确定电能测量基本误差。

（6）确定电能测量标准偏差估计值。

（7）确定日计时误差和时段投切误差。

（8）确定需量误差。

（9）确定需量周期误差。

830. 多功能安装式电能表日计时误差和时段投切误差是如何规定的？

答：多功能安装式电能表（含复费率表），日计时误差应不超过 0.5s/d，时段投切误差应不大于 5min，并应备有供方便地检测日计时误差和时段投切误差的检测部位（其允许值含累计日计时误差和时间预置误差）。

831. 什么是多功能电能表的时段投切误差？应如何测定？

答：多功能电能表任一预置时段起始或终止时间与实际时间的差值称为时段投切误差。确定时段投切误差至少应检验两个时段。

在预置时段内用标准时钟或电台报时声所得的实际起始（或终止）时间 t_0 与预置时段起始（或终止）时间 t 比较，即得时段投切误差，即

$$\Delta t = t - t_0$$

832. 电子式电能表的标准偏差如何测定？

答：在参比电压 U_n、参比频率 f_n 和 I_b 电流下，对功率因数为 1 和 0.5（L）两个负载点分别做不少于 5 次的相对误差测量，然后按下式计算标准偏差估计值 S（%），即

$$S = \sqrt{\frac{1}{n-1}\sum_{i=1}^{n}(r_i - \overline{r})^2}$$

式中　n——对每个负载点进行重复测量的次数，$n \geq 5$；

　　　r_i——第 i 次测量得出的相对误差，%；

　　　$\overline{r}$——各次测量得出的相对误差平均值，%。

即　　　　　　$$\overline{r} = \frac{r_1 + r_2 + r_3 + \cdots + r_n}{n}$$

833. 电子式电能表如何确定需量周期误差？

答：在 U_n、f_n、I_b 及 $\cos\varphi = 1.0$ 条件下，当需量周期开始时启动标准测时器，当需量周期结束时停住标准测时器，用下式计算需量周期误差 r_t（%），r_T 应不大于 1%，即

$$r_T = \frac{t - t_0}{t_0}$$

式中　t——选定的需量周期，s；

　　　t_0——标准测时器测得的需量周期。

834. 按国家检定规程要求，检定 0.5 级基本误差时，电子式电能表应满足哪些条件？

答：（1）环境温度对标准值的偏差为 $\pm 2℃$。

（2）电压对额定值的偏差为 $\pm 0.5\%$。

（3）频率对额定值的偏差为±0.5%。

（4）波形畸变系数不大于 2%。

（5）参比频率下的外部磁感强度不大于 0.025mT。

（6）相对温度在 60%±15%范围内。

（7）$\cos\varphi$ 相对规定值的偏差为±0.01。

835. 按国家检定规程要求，检定 0.2 级基本误差时，电子式电能表应满足哪些条件？

答：（1）环境温度对标准值的偏差为±2℃。

（2）电压对额定值的偏差为±0.5%。

（3）频率对额定值的偏差为±0.2%。

（4）波形畸变系数不大于 1%。

（5）参比频率下的外部磁感强度不大于 0.025mT。

（6）相对温度在 60%±15%范围内。

（7）$\cos\varphi$ 相对规定值的偏差为±0.01。

836. 按国家检定规程要求，检定 1.0 级基本误差时，电子式电能表应满足哪些条件？

答：（1）环境温度对标准值的偏差为±2℃。

（2）电压对额定值的偏差为±1.0%。

（3）频率对额定值的偏差为±0.5%。

（4）波形畸变系数不大于 3%。

（5）参比频率下的外部磁感强度不大于 0.025mT。

（6）相对温度在 60%±15%范围内。

（7）$\cos\varphi$ 相对规定值的偏差为±0.01。

837. 按国家检定规程要求，检定 2.0 级基本误差时，电子式电能表应满足哪些条件？

答：（1）环境温度对标准值的偏差为±2℃。

（2）电压对额定值的偏差为±1.5%。

（3）频率对额定值的偏差为＋0.5%。

（4）波形畸变系数不大于 5%。

（5）参比频率下的外部磁感强度不大于 0.025mT。

（6）相对温度在 60%±15%范围内。

（7）$\cos\varphi$ 相对规定值的偏差为±0.01。

838. 电子式电能表直观检查时，发现哪些缺陷不予检定？

答：（1）标志不完整、字迹不清楚。

（2）开关、旋钮、拨盘等换挡不正确，外部端钮损坏。

（3）标准电能表不备有控制累计电能启动和停止的功能。

（4）没有防止非授权人输入数据或开表操作的措施。

839. 电子式有功电能表的启动电流值是如何规定的？

答：对于全电子式有功电能表，当负载电流不超过表 3-7 规定时，电能表应启动并连续记录。

表 3-7　　　　　　　　　　　电子式有功电能表允许启动电流值

等级	0.1、0.2、0.5	1	2
启动电流值	$0.001I_b$	$0.004I_b$（$0.002I_b$）	$0.005I_b$（$0.003I_b$）

注　（　）内数据适用于互感器接入式电能表。

840. 互感器校验仪检定规程的适用范围是什么？

答：适用于采用差值法原理、工作频率为 50Hz、测量电流互感器和电压互感器比例误差的互感器校验仪的首次检定、后续检定和使用中检定。

841. 互感器校验仪的谐波抑制要求是什么？

答：校验仪的测量回路对高次谐波信号应有足够的抑制能力。对于准确度等级为 1 级、2 级、3 级的校验仪，其三次以上谐波抑制比应分别大于 32、26、20dB。

842. 互感器校验仪为什么需要具有一定的谐波抑制能力？

答：互感器的误差定义为基波误差，因此谐波必须排除在测量信号之外。由于电源的谐波在线路不能完全抵消，同时互感器铁芯的非线性磁化作用，也会产生新的谐波。对于电工式校验仪，谐波会影响线路的平衡调节，并干扰平衡终点的正确位置；对于数显式校验仪，谐波会干扰信号过零点，叠加在信号上谐波会使采样信号失真。这两种情况都会影响校验仪使用中的测量准确度，因此必须根据校验仪的准确度等级提出相应的谐波抑制能力要求。

843. 为什么互感器校验仪计算同相分量允许误差时，还要加上正交分量的附加误差项？

答：直角坐标式的校验仪是通过同相与正交两个回路的信号组合进行测量的，每个回路都会有相位误差，因此当正交回路有非零输出时，会产生同相信号输出，叠加到同相分量上形成附加误差。因此，在计算同相分量允许误差时，还要加上正交分量的附加误差项。

844. 为什么要限制互感器校验仪的差压差流回路负荷？有何具体要求？

答：因为校验仪的差值回路也是互感器二次负荷的一部分，直接影响到标准器和被检互感器的误差，最后影响到检定结果的误差。根据互感器检定规程的要求，校验仪差值回路负荷产生的附加误差不大于被测互感器误差限值的 1/20，为此需要规定校验仪差压回路的电流不得超过 1mA，差流回路的压降不得超过 50mV。

845. 为什么要求互感器校验仪的工作电压回路和工作电流回路与差值回路绝缘？

答：校验仪的工作电压回路和工作电流回路与差值回路绝缘可以消除两个回路的相互干扰，用于互感器误差测量以及进行整体检定时接线简单，干扰可忽略，大大简化了校验仪的使用与检定操作，因此规程提出这一要求。

846. 检定互感器校验仪时对标准器的准确度有什么要求？

答：检定 1 级准确度的校验仪，应使用 0.2 级准确度的整体检定装置；检定 2 级和 3 级准确度的校验仪，应使用 0.2 或 0.3 级准确度的整体检定装置。

847. JJG 313—2010《测量用电流互感器》对电流互感器检定环境条件是如何规定的？

答：（1）环境温度为 10～35℃，相对湿度不大于 80%。

（2）用于检定的设备如升流器、调压器等在工作中产生的电磁干扰引入的测量误差不大于被检电流互感器误差限值的 1/10。

（3）由外界电磁场引起的测量误差不大于被检电流互感器误差限值的 1/20。

848. JJG 313—2010《测量用电流互感器》对误差测量装置的要求是什么？

答：由误差测量装置所引起的测量误差应不大于被检电流互感器误差限值的 1/10。其中，装置灵敏度引起的测量误差不大于 1/20，最小分度值引起的测量误差不大于 1/15，差流测量回路的附加二次负荷引起的测量误差不大于 1/20。

849. JJG 313—2010《测量用电流互感器》对电流负荷箱的要求是什么？

答：电流负荷箱在额定频率为 50Hz（或 60Hz），额定电流的 20%～120%、环境温度为 20℃+5℃时，电流负荷（与规定的二次引线电阻一并计算）的有功分量和无功分量的相对误差不得超过+3%，当 $\cos\varphi=1$ 时，残余无功分量不得超过额定负荷的+3%。周围温度每变化 10℃时，负荷的误差变化不超过+2%。

电流负荷箱在电流百分数 20%以下的附加误差限值：电流百分数每变化 5%，误差增加 1%。

850. JJG 313—2010《测量用电流互感器》对外直观检查的要求是什么？

答：外直观检查时有下列缺陷之一的电流互感器，必须修复后再检定：

（1）无铭牌或铭牌中缺少必要的标志。

（2）接线端子缺少、损坏或无标志。

（3）有多个电流比的互感器没有标示出相应接线方式。

（4）绝缘表面破损或受潮。

（5）内部结构件松动。

（6）其他严重影响检定工作进行的缺陷。

851. JJG 314—2010《测量用电压互感器》对电压负荷箱的要求是什么？

答：电压负荷箱在额定频率 50Hz（或 60Hz）、额定电压为 20%～120%、环境温度为 20℃+5℃时，电压负荷的有功分量和无功分量的误差不得超过+3%，当 $\cos\varphi=1$ 时，残余无功分量不得超过额定负荷的+3%。周围温度每变化 10℃时，负荷的误差变化不超过+2%。

852. JJG 314—2010《测量用电压互感器》对外观检查的要求是什么？

答：外观检查时有下列缺陷之一的电压互感器，必须修复后再检定：

（1）无铭牌或铭牌中缺少必要的标志。

（2）接线端子缺少、损坏或无标志。

（3）有多个电压比的互感器没有标示出相应接线方式。

（4）绝缘表面破损，油位或气体压力不正确。

（5）内部结构件松动。

（6）其他严重影响检定工作进行的缺陷。

853. JJG 314—2010《测量用电压互感器》对绝缘电阻测量的要求是什么？

答：1kV 及以下的电压互感器用 500V 绝缘电阻表测量，一次绕组对二次绕组及接地端子之间的绝缘电阻不小于 20MΩ；1kV 以上的电压互感器用 2500V 绝缘电阻表测量，不接地互感器一次绕组对二次绕组及接地端子之间的绝缘电阻不小于 10MΩ/kV，且不小于 40MΩ；二次绕组对接地端子之间以及二次绕组之间的绝缘电阻不小于 40MΩ。

854. 互感器负荷箱的绝缘电阻是如何规定的？

答：在非工作状态下，互感器负荷箱输出端子对机壳的金属部分在 500V 直流电压下的绝缘电阻值不小于 20MΩ。

855. 对交流电能表检定装置同名端钮电位差是如何规定的？

答：（1）无接入电压互感器的装置，标准表和被检表的同相两对电压同名端钮间电位差之和与输出电压的百分比应不超过装置最大允许误差的 1/6。

（2）接入电压互感器的装置，被检表和互感器相连的同相两对电压同名端钮间电位差之和与输出电压的百分比不应超过装置最大允许误差的 1/6，标准表和互感器相连的同相两对电压同名端钮电位差之和与标准表参比电压的百分比不应超过装置最大允许误差的 1/8。

856. 对交流电能表检定装置稳定性变差是如何规定的？

答：（1）短期稳定性变差：装置基本误差符合规程规定的同时，在 15min 内的最大变化值应不超过对应最大允许误差的 20%。

（2）检定周期内变差：检定周期内，装置基本误差符合规程规定的同时，0.03 级及以上装置基本误差的最大变化值应不超过对应最大允许误差。

857. 对交流电能表检定装置外观检查是如何要求的？

答：装置的标志应符合国家相关技术文件的规定，装置应明示以下信息：

（1）制造计量器具许可证标志及编号。

（2）产品名称及型号。

（3）出厂编号（或设备编号）。

（4）辅助电源的额定电压和额定频率。

（5）准确度等级及对应的测量范围（或量限）。

（6）生产日期。

（7）制造厂商（或商标）。

858. 对交流电能表检定装置结构是如何要求的？

答：（1）装置应设有接地端钮，并标明接地符号。

（2）装置的开关、端钮、按键、接口等控制和调节机构应有明确标志。

（3）装置配套仪表的放置位置应固定，用于置放被检表的支（只）架应保证被检电能表处于正常的工作位置，对连接线有特殊要求时应配置专用导线。

（4）装置的结构应整齐合理、线路正确、连接可靠。

859. 用交流电能表检定装置如何确定输出功率稳定度？

答：（1）后续检定时选择控制量限，分别带最小、最大负载，在功率因数为 1.0、0.5（L）时进行。选用稳定性与分辨力足够高的功率参考标准，1~1.5s 读一次功率，测量时间至少 2min。中间不允许对输出进行调节。三相装置应分别在三相平衡负载和不平衡负载下进行。

（2）装置输出负载功率的稳定度按下式计算，计算中应去掉粗大误差，即

$$r_p(\%) = \frac{4\cos\varphi\sqrt{\dfrac{1}{n-1}\sum_{i=1}^{n}(P_i-\overline{P})^2}}{\overline{P}} \times 100$$

式中　P_i——第 i 次测量的功率读数（$i=1$，2，3，…，n）；

$\overline{P}$——n 次功率读数的平均值；

n——测量次数。

860. 什么是电力用户用电信息采集系统？

答：电力用户用电信息采集系统是对电力用户的用电信息进行采集、处理和实时监控的系统，实现用电信息的自动采集、计量异常监测、电能质量监测、用电分析和管理、相关信息发布、分布式能源监控、智能用电设备的信息交互等功能。

861. 什么是用电信息采集终端？

答：用电信息采集终端是对各信息采集点用电信息采集的设备，简称采集终端。可以实现电能表数据的采集、数据管理、数据双向传输以及转发或执行控制命令的设备。用电信息采集终端按应用场所分为专变采集终端、集中抄表终端（包括集中器、采集器）、分布式能源监控终端等类型。

862. 什么是专用变电器采集终端？

答：专用变电器采集终端是对专用变电器用户用电信息进行采集的设备，可以实现电能表数据的采集、电能计量设备工况和供电电能质量监测，以及客户用电负荷和电能量的监控，并对采集数据进行管理和双向传输。

863. 什么是集中抄表终端？

答：集中抄表终端是对低压用户用电信息进行采集的设备，包括集中器、采集器。集中器是指收集各采集器或电能表的数据，并进行处理储存，同时能和主站或手持设备进行数据交换的设备。采集器是用于采集多个或单个电能表的电能信息，并可与集中器交换数据的设备。采集器依据功能可分为基本型采集器和简易型采集器。基本型采集器

抄收和暂存电能表数据，并根据集中器的命令将储存的数据上传给集中器。简易型采集器直接转发集中器与电能表间的命令和数据。

864. 什么是分布式能源监控终端？

答：分布式能源监控终端是对接入公用电网的用户侧分布式能源系统进行监测与控制的设备，可以实现对双向电能计量设备的信息采集、电能质量监测，并可接受主站命令，对分布式能源系统接入公用电网进行控制。

865. Q/GDW 373—2009《电力用户用电信息采集系统功能规范》中是如何将电力用户进行分类的？

答：通过需求分析，按照电力用户性质和营销业务需要，将电力用户划分为六种类型。

（1）大型专用变压器用户（A 类）：用电容量在 100kVA 及以上的专用变压器用户。

（2）中、小型专用变压器用户（B 类）：用电容量在 100kVA 以下的专用变压器用户。

（3）三相一般工商业用户（C 类）：包括低压商业、小动力、办公等用电性质的非居民三相用电。

（4）单相一般工商业用户（D 类）：包括低压商业、小动力、办公等用电性质的非居民单相用电。

（5）居民用户（E 类）：用电性质为居民的用户。

（6）公用配电变压器考核计量点（F 类）：即公用配电变压器上的用于内部考核的计量点。

866. 主站如何实施费控管理？

答：根据用户的缴费信息和定时采集的用户电能表数据，计算剩余电费，当剩余电费等于或低于报警门限值时，通过采集系统主站或其他方式发催费告警通知，通知用户及时缴费。当剩余电费等于或低于跳闸门限值时，通过采集系统主站下发跳闸控制命令，切断供电。用户缴费成功后，可通过主站发送允许合闸命令，允许合闸。

867. 终端如何实施费控管理？

答：根据用户的缴费信息，主站将电能量费率时段和费率以及费控参数包括购电单号、预付电费值、报警和跳闸门限值等参数下发终端并进行存储。当需要对用户进行控制时，向终端下发费控投入命令，终端定时采集用户电能表数据，计算剩余电费，终端根据报警和跳闸门限值分别执行告警和跳闸。用户缴费成功后，可通过主站发送允许合闸命令，允许合闸。

868. 电能表如何实施费控管理？

答：根据用户的缴费信息，主站将电能量费率时段和费率以及费控参数包括购电单号、预付电费值、报警和跳闸门限值等参数下发电能表并进行存储。当需要对用户进行控制时，向电能表下发费控投入命令，电能表实时计算剩余电费，电能表根据报警和跳闸门限值分别执行告警和跳闸。用户缴费成功后，可通过主站发送允许合闸命令，允许合闸。

869. 集中器采集电能表数据的方式有哪些？

答：（1）实时采集：集中器直接采集指定电能表的相应数据项或采集器存储的各类

电能数据、参数和事件数据。

（2）定时自动采集：集中器根据主站设置的抄表方案自动采集采集器或电能表的数据。

（3）自动补抄：集中器对在规定时间内未抄读到数据的电能表应有自动补抄功能。补抄失败时，生成事件记录，并向主站报告。

870．采集器数据传输功能有哪些？

答：（1）可以与集中器进行通信，接收并响应集中器的命令，向集中器传送数据。

（2）中继转发，采集器支持集中器与其他采集器之间的通信中继转发。

（3）通信转换，采集器可转换上、下信道的通信方式和通信协议。

871．集中器的抗接地故障能力是如何规定的？

答：集中器的电源由非有效接地系统或中性点不接地系统的三相四线配电网供电时，在接地故障及相对地产生10%过电压的情况下，没有接地的两相对地电压将会达到1.9倍的标称电压；在此情况下，终端不应出现损坏。供电恢复正常后，终端应正常工作，保存数据应无改变。

872．用电信息采集总体建设目标中"全覆盖"含义是什么？

答："全覆盖"指采集系统覆盖范围为国家电网公司经营区域内包括大型专用变压器用户、中小型专用变压器用户、三相一般工商业用户、单相一般工商业用户、居民用户的全部电力用户计量点和公用配电变压器考核计量点。

873．用电信息采集总体建设目标中"全采集"含义是什么？

答："全采集"指采集系统实现公司生产、经营、管理业务所需要的电力用户和公用配电变压器考核计量点的全部电气量信息的采集。

874．用电信息采集总体建设目标中"全费控"含义是什么？

答："全费控"指采集系统的功能设计、设备选型满足预付费业务要求，具备预付费条件，为全面实施预付费管理提供技术支持。

875．采集系统建设中项目执行什么管理制度？

答：采集系统建设中主站系统、通信信道建设工程项目实行项目法人制、招标投标制、工程监理制和合同管理制；采集设备和电能表购置执行物资招标采购程序和要求；采集设备和电能表安装调试执行合同管理制、工程监理制，或者实施内部工作计划管理和内部监督管控。

876．智能电能表质量监督坚持的工作方针和原则是什么？

答：智能电能表质量监督应坚持"质量至上、尊重事实、依法办事、公正透明"的工作方针，遵循"标准统一、内容完整、流程规范、方法一致"的工作原则。

877．什么是互感器的比差？

答：互感器的比差即为比值误差，即指互感器的实际二次电流（电压）乘上额定变比与一次实际电流（电压）的差，对一次实际电流（电压）的百分数。

878. 什么是互感器的角差？

答：互感器的角差即为相角误差，即指互感器的二次电流（电压）相量逆时针转180°后与一次电流（电压）相量之间的相位差。

879. 什么是互感器额定二次负载？

答：互感器额定二次负载是指为保持互感器误差不超出准确度等级规定，在互感器二次侧允许接用的负载。

880. 简述电流互感器误差表示方式。

答：电流互感器的误差分为比值差和相位差。

比值差是通过二次回路间接测量到的电流值，即

$$\Delta I\% = \frac{K_e I_2 - I_1}{I_1} \times 100\%$$

相位差是指二次电流相量旋转180°后，与一次电流相量间的夹角，又称角差，并规定二次电流相量超前一次电流相量时，误差为正，反之为负。

881. 简述机电式交流电能表潜动现象产生的原因。

答：机电式交流电能表在运行中，当负载电流等于零时，它的转盘仍然不停止转动，这种现象就叫做潜动（或空转）。引起潜动的主要原因是由于轻载补偿力矩过大或电磁元件不对称等引起的。从理论上讲，可以把补偿力矩调整得恰好，但实际上这往往是做不到的，因为至少电网的电压是在一定范围内波动的。而补偿力矩是和电压的平方成正比的，所以当电压升高时，就会引起轻载补偿力矩增大。此外，电磁元件安装位置倾斜，也会产生一个像轻载补偿力矩那样的附加力矩。有时检定和使用时接线相序不同，对于三相电能表会引起电磁干扰力矩的变化，也可能引起潜动。

882. 在测定机电式交流电能表误差之后，若无论怎样调整，都不能消除潜动，怎么办？

答：应重新进行轻载调整，使其误差比原来的稍向负值变化一点，但不可超过误差限范围直至消除潜动。如果仍然不能消除潜动，则应重新检修装配各元件。

883. 电能表的基本误差指的是什么？它就是电能表在允许的工作条件下的相对误差吗？为什么？

答：电能表的基本误差是指在规定的试验条件下（包括影响量的范围、环境条件，试验接线等）电能表的相对误差值，它反映了电能表测量的基本准确度。它并非电能表在使用时的真实误差。原因是电能表规定的使用条件要比测定基本误差时的条件宽。

884. 为什么机电式交流电能表要进行走字试验？

答：因为电能表的误差测定，通常都是以计读电能表转盘转数的方法来确定电能量的，而电能表计度器的传动比与进位是否正常等都未经过校核和检查。此外，电能表基本误差的测定都是在比较短时间内完成的。由于种种原因，可能造成电能表误差不稳定，甚至在测定基本误差中，也可能会出现差错，而这些情况都不易发现。所以，电能表在

其所有其他检定项目测试完之后，还需要做走字试验。

885. 使用电能表检定装置的检定人员需掌握哪些知识和技能才能从事检定工作？

答：使用检定装置的检定人员要熟悉装置的原理和性能，掌握装置的操作方法；学习国家和行业的有关标准和规程；掌握有关安全操作规程，并持有计量检定人员证书的人员才能从事电能表的检定工作。

886. 机电式交流电能表轻载时的误差变化较大，时快时慢，可能存在哪些原因？

答：（1）计度器处于两位以上字轮在进位状态。

（2）各部分工作气隙中有铁屑等微粒。

（3）计度器、轴承有缺陷。

887. 防止机电式交流电能表潜动的方式有几种？作用原理是什么？

答：有两种方式：

（1）在圆盘上钻两个对称小孔，当孔经过电压磁极下时，能分散转盘上感应涡流，从而制止了潜动。

（2）在转轴上安装防潜钩，使其与电压铁芯上伸出的磁化舌接近时，产生吸引力而制止表盘潜动。

888. 电子式电能表通电检查时，发现哪些缺陷不予检定？

答：（1）对已编入程序的电能表自检功能不正常。

（2）显示数字不清楚，不正确。

（3）显示不能回零，显示时间和内容不正确或不齐全。

（4）标准电能表显示位数和显示其被检表误差的分辨率不符合检定规程规定要求。

（5）标准电能表在额定输入功率下，高频脉冲输出频率不符合检定规程规定要求。

889. 为什么要规定电能表的功率消耗？

答：主要为了降低电压线路损耗，减少电费流失。

890. 四象限无功的含义是什么？

答：正、反向有功和正、反向无功功率之间关系构成四象限计量关系，如图3-1所示。

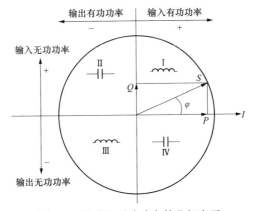

图 3-1 有功和无功功率的几何表示

在这四个象限状况时，分别计量无功电量就构成了四象限无功。

891. 判断电能表启动试验是否合格有哪几种方法？

答：判断电能表启动试验是否合格，总的技术要求是在参比电压、参比频率及功率因数为 1 的条件下，通以规定的负载电流，机电式交流电能表圆盘应连续转动且在规定时限内不少于 1rim，电子式电能表应有连续脉冲输出。

对于不同的电能表可以有不同的方法来进行试验：

（1）捕捉黑标。通过启动定标将电能表圆盘控制在同一起始位置，然后按规定要求进行试验，根据圆盘再次转到初始位置所用的时间来判断启动试验是否合格（机电式交流电能表）。

（2）脉冲信号法即采样电能表脉冲端钮的输出信号。通常有两种方法，适用于电子式电能表。

1）脉冲计数。在启动试验规定的时间内，将采样的脉冲个数设置相比较，来判断启动试验是否合格。

2）误差法。在启动试验规定的时间内，观察是否有误差显示。在无任何干扰的情况下，显示误差的电能表，启动试验合格。

892. 什么是电能表的爬电距离？

答：电能表的爬电距离是指两导体间沿绝缘表面测量的最短距离。如 220V/380V 的三相四线有功电能表，其端子座的最小爬电距离为 3.2mm。

893. 电子式电能表为何校核常数？

答：电子式电能表进行常数校核主要看端钮脉冲输出数量（保持电量最小分辨率的整数倍）与内存电量的改变、计度器电量的变化和铭牌标志是否相符，为了提高可靠性，应尽量多走些字。

考虑不同的控制主板对掉电时脉冲信号的处理方式不同。如线路掉电时，累积的脉冲数不到计度器最小分辨率，有些电能表主板将这些电量脉冲丢失，有些则是记存起来，当再次上电时，再参与累积。因此，在进行电子式电能表的常数校核前，先让计度器（包括电子计度器）末位数字翻转一个字。

894. 为什么工频耐压试验宜在其他试验项目之前做？

答：工频耐压试验在其他试验项目之前做的好处是一旦耐压试验对电能表内部元件有损伤，可以在接下去的其他试验中被发现。尤其是电子式电能表，如主板器件损坏，外表不易看出，只有通过其他试验项目才能发觉。

895. 如何消除实验室检定过程中的红外通信干扰？

答：（1）在通信时尽量输入全表号，以免造成同号。

（2）有条件的话，对于不同的通信内容尽量采用 RS-485 通信口进行一对一方式通信。对于相同的通信内容，如时钟校对，则可采用广播通信。

（3）实验室空间尽可能大，操作人员不宜过于密集。

（4）实验室采取隔离措施，防止信号互串。

896. 为什么要对电子式电能表进行浪涌抗扰度试验？

答：电能表在不同环境与安装条件下可能遇到雷击、供电系统开关切换、电网故障等，造成的电压和电流浪涌可能使电能表工作异常甚至损坏。浪涌抗扰度试验可评定电能表在遭受高能量脉冲干扰时的抗干扰能力。

897. 浪涌抗扰度试验对电子式电能表会产生哪些影响？

答：浪涌抗扰度试验可能会损坏电能表的电源输入部分，缩短压敏电阻的使用寿命，损坏电子线路板上的元器件，影响计量准确度，程序出错，功能不正常等。

898. 静电放电抗扰度试验对电子式电能表会产生哪些影响？

答：静电放电抗扰度试验可能损坏电能表的元器件（如芯片、液晶、数码管等），出现多余电量，时钟复位、停走或走时不准，内存数据破坏，需量复位，功能不正常等。

899. 进行静电放电抗扰度试验时为什么优先选择接触放电方式？

答：空气放电由于受到放电枪头接近速度、试验距离、环境温度和试验设备结构等的影响，其可比性和再现性较差，所以应优先采用接触放电方式。空气放电一般在不能采用接触放电的场合下才使用。

900. 为什么要对电子式电能表进行高频电磁场抗扰度试验？

答：电磁辐射对大多数电子设备会产生影响，尤其是随着手提移动电话的普及，当使用人员离电子设备距离很近时，可产生强度达几十特斯拉的电磁场辐射，它对产品的干扰作用是很大的。为了评价电能表抵抗由无线电发送或其他设备发射连续波的辐射电磁能量的能力，有必要进行高频电磁场抗扰度试验。

901. 如何根据现场的有、无功电能表计算出用户当前的功率因数？

答：假定有功电能表常数为 C_y（r/kWh）；无功电能表常数为 C_w（r/kWh）。通过记录相应的时间 t（s）内二只电能表转数 r_1、r_2 则有功功率的计算方法为

$$\tan\varphi = \frac{C_y \times r_2}{C_w \times r_1}$$

求出 φ 角，则 $\cos\varphi$ 就是用户当前的功率因数。

902. 分析电流互感器产生误差的主要原因。

答：在实际中，理想的电流互感器是不存在的。因为要使电磁感应这一能量转换形式持续存在，就必须持续供给铁芯一个励磁磁动势 $I_0 W_1$。所以实际的电流互感器中，其磁动势平衡方程式应该是

$$\dot{I}_1 W_1 + \dot{I}_2 W_2 = \dot{I}_0 W_1$$

式中　I_1——一次绕组中的电流；

　　　I_2——二次绕组中的电流；

　　　I_0——励磁电流；

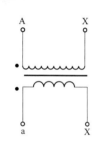

图 3-2　变压器绕组

W_1——一次绕组的匝数；

W_2——二次绕组的匝数。

可见，励磁磁动势的存在是电流互感器产生误差的原因。

903．何谓电压互感器的减极性或加极性？

答：如图 3-2 所示，大写字母 A、X 表示一次绕组出线端子，小写 a、x 表示二次出线端子。电压互感器极性是表明一次绕组和二次绕组在同一瞬间的感应电动势方向相同还是相反。相同者称为减极性，如图称为中标志，相反者称为加极性。

904．电压互感器二次压降产生的原因是什么？

答：在发电厂和变电站中，测量用电压互感器与装有测量表计的配电盘距离较远，而且由电压互感器二次端子互配电盘的连接导线较细，电压互感第二次回路接有隔离开关辅助触头及空气开关。由于触头氧化，使其电阻增大。如果二次表计和继电保护装置共用一组二次回路，则回路中电流较大，它在导线电阻和接触电阻上会产生电压降落，使得电能表端的电压低于互感器二次出口电压，这就是压降产生的原因。

905．运行中的电流互感器二次开路时，二次感应电动势大小与哪些因素有关？

答：（1）与开路时的一次电流值有关。一次电流越大，其二次感应电动势越高，在短路故障电流的情况下，将更严重。

（2）与电流互感器的一、二次额定电流比有关。其变比越大，二次绕组匝数也就越多，其二次感应电动势越高。

（3）与电流互感器励磁电流的大小有关。励磁电流与额定电流比值越大，其二次感应电动势越高。

906．如何正确地选择电流互感器的电流比？

答：选择电流互感器应按其长期最大的二次工作电流 I_2，选择其一次额定电流 I_1n，使 $I_1n \geq I_2$，但不宜使电流互感器经常工作在额定的一次电流的 1/3 以下，并尽可能使其工作在一次额定电流的 2/3 以上。

907．何谓电流互感器的额定容量？

答：电流互感器的额定容量是二次额定电流 I_{2e} 通过二次额定负载 Z_{2e} 时所消耗的视在功 S_{2e}，即 $S_{2e} = I_{2e}^2 \cdot Z_{2e}$

908．电压互感器二次短路后会产生什么后果？

答：电压互感器二次绕组短路，则二次电流增大，这个电流产生与一次电流相反的磁通，一次磁通减小，感应电动势变小，一次绕组电流增加。二次短路电流越大，一次电流越大，直到烧坏。

909．为什么要选用 S 级的电流互感器？

答：由于 S 级电流互感器在额定电流的 1%～120% 之间都能准确计量，故对长期处在负载电流小，但又有大负荷电流的用户，或有大冲击负荷的用户和线路，为了提高计量准确度，则可选用 S 级电流互感器。

910. 电流互感器的额定电压是什么含义？

答：（1）该电流互感器只能安装在小于和等于额定电压等级的电力线路中。

（2）说明该电流互感器的一次绕组的绝缘强度。

911. 电流互感器在进行误差测试之前进行退磁的目的是什么？

答：由于电流互感器铁芯不可避免地存在一定的剩磁，将使互感器增加附加误差，所以在误差试验前，先消除或减少铁芯的剩磁影响而进行退磁。

912. 简述电压互感器的工作原理。

答：当电压互感器一次绕组加上交流电压 U_1 时，绕组中流过电流 I_1，铁芯内就产生交变磁通 Φ_0，Φ_0 与一次、二次绕组交连，根据电磁感应定律，则在一、二次绕组中分别感应动势 E_1、E_2，由于一、二次匝数不同，就有 $E_1 = KE_2$（K 为系数）。

913. 简述电压互感器产生误差的主要原因。

答：当 U_1 在铁芯中产生磁通时，就一定有励磁电流 I_0 存在，由于一次绕组存在电阻和漏抗，I_0 在这阻抗上产生了电压降，就形成了电压互感器的空载误差，当二次绕组接有负载时，产生的负载电流在二次绕组的内阻抗及在一次绕组中感应的一个负载电流分量在一次绕组内阻抗上产生的电压降，形成了电压互感器的负载误差。可见，电压互感器的误差主要由励磁电流在一次绕组内阻抗上产生的电压降和负载电流在一、二次绕组的内阻抗上产生的电压降引起的。

914. 什么是电能计量装置二次回路？

答：互感器二次侧和电能表及其附件相连接的线路叫电能计量装置二次回路。

915. 将单进单出接线的电能表按双进双出的接线方式接线，会造成何种后果？

答：将单进单出接线的电能表按双进双出的接线方式接线，会造成电源短路，轻者熔丝熔断，严重时会造成烧表或电弧伤人。

916. 单相机电式交流电能表现场运行中常见的故障情况有哪些？试分析电能表明显快的原因。

答：运行中常见的故障情况有电能表停走；电能表转盘转动，但计度器字轮不走；拉开负荷开关后，电能表仍自转；电能表有响声；电能表转速明显快等。

电能表转速明显快的原因可能是永久磁钢退磁，磁性减弱；永久磁钢固定螺钉松动，引起位置变化；电压线圈匝间短路；现场电压太低，自制力矩减小，使电能表误差偏正。

917. 三相四线用电为什么不能装三相三线表？

答：如三相负荷不对称将使计量不准确。极端情况下如仅 v 相有负荷就计量不到电量，如仅 u 相有负荷应该计量到的电量 $W_u = U_u I_{ua} \cos\varphi$，而与表计实际计量到的电量 $W_u' = U_{uv} I_{ua} \cos(30° + \varphi)$ 差异很大，同样如仅有 w 相负荷，应计量的电量和实际计量到的电量也不一致。

918. 试述电能表现场校验的内容。

答：为了确定电能表在运行中是否正确计量，必须定期进行现场校验。现场校验的主要内容有：

（1）在实际运行中测定电能表的误差。

（2）检查电能表和互感器的二次回路接线是否正确。

（3）检查计量差错和不合理的计量方式。

919. 对新装和改装的电能计量装置投运前，均应在停电的情况下，在安装现场对计量装置进行哪些项目的检查和试验？

答：（1）检查计量方式的正确性与合理性。

（2）检查一次与二次接线的正确性。

（3）核对倍率。

（4）核对电能表的检验证（单）。

（5）在现场实际状态下检查互感器的极性（或接线组别），并测定互感器的实际二次负载以及该负载下互感器的误差。

（6）测量电压互感器二次回路的电压降。

920. 在线路无负荷情况下电能表是否有损耗？

答：当电能表投入运行后，如无负荷电流时，表内电流绕组是没有损耗的，但电压绕组并联在火线与地线之间，则经常是耗电的，但由于它的线径小，匝数多，其耗电功率一般不超过 1.5W。

921. 在现场测试运行电能表时，对现场条件有哪些要求？

答：（1）环境温度应在 0～35℃ 之间。

（2）电压对额定值的偏差不应超过 ±10%。

（3）频率对额定值的偏差不应超过 ±2%。

（4）现场检验时，负荷电流不低于被检电能表标定电流的 10%（S 级电能表为 5%）；或功率因数低于 0.5 时，不宜进行误差测定。

（5）负荷相对稳定。

922. 电能表安装接线图包括什么？

答：电能表安装接线图包括盘面布置图、二次安装接线图，以及用于简单二次回路的安装原理接线图。

923. 电能计量装置综合误差包括哪几部分？

答：电能计量装置综合误差包括三大部分，即电能表的误差、互感器的合成误差和电压互感器二次回路压降引起的误差，用公式表示为

$$\gamma = \gamma_h + \gamma_b + \gamma_d$$

式中　γ_h——互感器的合成误差；

　　　γ_b——电能表的误差；

γ_d——电压互感器二次回路压降所引起的计量误差。

924. 六角图分析法基本原理是什么？

答：六角图分析法基本原理是在三相电路里用一只功率表保持通过电流绕组为同一相电流，电压绕组分别加以两个不同的线电压，功率表的指示值就分别为此电流相量在这两个电压相量上的投影，两个投影的合成即是此电流相量。

925. 为什么电能表联合接线时要选用联合接线盒？

答：电能表联合接线应安装联合接线盒，这样能使现场负荷检表和带电状态下拆表、装表做到方便安全，以保证操作过程中防止电流二次回路开路和电压二次回路短路。

926. 互感器负荷箱校准的环境条件是什么？

答：（1）环境温度为 20℃±5℃。

（2）相对湿度小于或等于 80%。

（3）环境电磁干扰引起标准器误差的变化应小于被校互感器负荷箱最大允许误差的 1/10。

927. 校准互感器负荷箱使用的标准器要求有哪些？

答：校准电流互感器负荷箱使用的标准器包括工频阻抗电桥、工频阻抗仪等；校准电压互感器负荷箱使用的标准器包括工频导纳电桥、工频导纳仪等。

互感器负荷箱也可使用互感器校验仪整体检定装置进行校准。

928. 电力互感器的磁饱和裕度要求是什么？

答：电流互感器铁芯磁通密度在相当于额定电流和额定负荷状态下的 1.5 倍时，误差应不大于额定电流及额定负荷下误差限值的 1.5 倍。

929. JJG 314—2010《测量用电压互感器》对电压互感器检定环境条件是如何规定的？

答：（1）环境温度为 10～35℃，相对湿度不大于 80%。

（2）用于检定的设备如升压器、调压器等在工作中产生的电磁干扰引入的测量误差不大于备件电压互感器误差限值的 1/10。

（3）由外界电磁场引起的测量误差不大于被检电压互感器误差限值的 1/20。

930. 试述电力互感器运行变差的定义。

答：电力互感器运行变差定义为互感器误差受运行环境的影响而发生的变化。它可以由运行状态如环境温度、剩磁、邻近效应引起，也可以由运行方式引起，如变换高压电流互感器一次导体对地电压，变换大电流互感器一次导体回路等。

931. 对电力互感器运行变差提出要求有何意义？

答：电力互感器的实际运行工况不同于检定时的工况，在实际运行环境下互感器会产生附加误差。如果不加以限制，检定合格的互感器可能使用时是超差的，这样就使检定失去意义。因此必须对运行时可能产生的误差加以限制，保证实际使用时也能达到预期的准确限值要求。

932. 为什么电流负荷箱要标明外部接线电阻？

答：电流负荷箱必须使用二次引线与互感器二次端子及校验仪接线端子连接，导线总是有电阻的，如果要求导线的电阻可以忽略就要使用很粗的导线，这样做既不经济也不方便。实际上只要把二次引线计入负荷箱的电阻就可以满足二次负荷准确度要求，负荷箱减小的电阻值也就是二次引线应具有的电阻值，必须在电流负荷箱上标明。

933. 电能表标准装置所带的最大负载和最小负载是指什么？

答：电能表标准装置所带的最大负载是指以装置的出厂说明书为依据，输出最大功率时所带的负载；最小负载是指装置输出端仅带检验标准。

934. 什么是接户线？

答：接户线是指由供电公司低压架空线路或沿墙铁板线直接接至用户墙外支持物间的线路部分。

935. 什么是进户线？

答：进户线是指由户外接户线引到用户室内计费电能表的一段线路。

936. 无功实行双向计量的意义是什么？

答：由于当用户向电网大量倒送无功时，同样会存在在电网向用户大量输送无功时出现的情行，会造成电网线损增加，变压器出力下降等不利情况，故无功实行双向计量对改善用电效率，合理用电具有积极的意义。

937. 什么是计量单位？什么是量值？

答：在同一类量中，选定某一个特定的量作为一个参考量，则这一类量中任何其他的量都可以用这个量与一个数的乘积表示，这个数称为该量的数值，这个参考量就称为该量的计量单位。数值和单位的乘积称为量值。

938. 什么是电能表的额定最大电流？

答：电能表的额定最大电流是指电能表能满足其制造标准规定的准确度的最大电流值，用 I_{max} 表示。

939. 试说明电能表是如何分类的。

答：根据其结构、原理及测量对象的性质，可以作不同的分类：

（1）按其结构的不同，电能表可分为机电式交流电能表、机电一体式电能表、电子式电能表。

（2）根据功能的不同，电能表可分为有功电能表、无功电能表、有功无功组合电能表、复费率电能表、最大需量电能表、多功能电能表。

（3）按相线规格的不同，电能表可分为单相电能表、三相三线电能表，三相四线电能表。

（4）按接入方式的不同，电能表可分为直接接入式电能表、经互感器接入式电能表。

（5）按准确度级别的不同，电能表可分为 0.2、0.2S、0.5、0.5S、1、2、3 级。

940. 电能表一般有哪些误差？

答：（1）基本误差。指电能表在其检定规程规定的正常条件下运行所显示的误差，该误差随负载电流和功率因数变化的关系曲线称为基本误差特性曲线，或称为负载特性曲线。

（2）附加误差。指电能表在使用时因温度、倾斜等外界因素以及电压、负载、频率等运行条件变化所引起的误差。

941. 什么是电能表的常数？

答：电能表记录的电能和相应的转数或脉冲数之间的关系是电能表常数。

942. 什么是感应系电能表的驱动元件？

答：感应系电能表的驱动元件又称为电磁元件，由电压元件、电流元件和调整装置组成，其作用是接受被测电路的电压和电流，移进磁通与其在圆盘上产生的感应电流相互作用，产生驱动力矩，使转盘转动。

943. 什么是感应系电能表的电压元件？

答：感应系电能表的电压元件由电压铁芯、电压线圈、回磁极组成，电压线圈并接于被测电路中，在电压铁芯中产生电压磁通，其中电压工作磁通穿过转盘经回磁板形成回路。

944. 什么是感应系电能表的电流元件？

答：感应系电能表的电流元件由电流铁芯和电流线圈组成，电流线圈串接在被测电路中，在电流铁芯中产生电流磁通，其中电流工作磁通经电压铁芯两次穿过圆盘形成回路。

945. 什么是感应系电能表的制动元件？

答：感应系电能表的制动元件由永久磁钢及其调整装置等组成，其作用是产生与驱动力矩方向相反的制动力矩，以便使圆盘的转速与被测电路的功率成正比。

946. 什么是感应系电能表的转动元件？

答：感应系电能表的转动元件由铝质的圆盘和转轴组成，其作用是在驱动元件建立的交变磁场的作用下，在圆盘上产生驱动力矩使转盘连续转动，并把转动的圈数传递给计度器。

947. 什么是感应系电能表的满载调整装置？

答：感应系电能表的满载调整装置又称为制动力矩调整装置，它通过改变电能表永久磁钢的制动力矩来改变圆盘的转速，用于调整 20%～100%基本电流范围内电能表的误差。

948. 什么是感应系电能表的轻载调整装置？

答：感应系电能表的轻载调整装置又称为补偿力矩调整装置，它主要是用来补偿电能表在 5%～20%基本电流范围内运行时的摩擦误差和电流铁芯工作磁通的非线性误差，以及由于装配的不对称而产生的潜动力矩。

949. 什么是感应系电能表的相位角调整装置？

答：感应系电能表的相位角调整装置又称为功率因数调整装置，主要用于调整电能表电压工作磁通 Φ_U 与电流工作磁通 Φ_I 之间的相位角，使它们之间的相角差满足要求，以保证电能表在不同功率因数的负载下都能正确计量。

950. 简述感应系电能表的转动原理。

答：电能表接在交流电路中，当电压线圈两端加以线路电压，电流线圈中流过负载电流时，电压元件和电流元件就产生在空间上不同位置、相角上不同相位的电压和电流工作磁通，它们分别通过圆盘并各在圆盘上产生感应电流，于是电压工作磁通与电流工作磁通产生的感应电流相互作用，电流工作磁通与电压工作磁通产生的感应电流相互作用，作用的结果在圆盘中就形成以圆盘转轴为中心的转动力矩，使电能表的圆盘始终按一个方向转动起来。

951. 感应系电能表由哪几部分组成？

答：感应系电能表由驱动元件、转动元件、轴承、计度器、永久磁铁、端钮盒、基架、底座、表盖等相互结合为一体。

952. 电流互感器的作用是什么？

答：电流互感器的作用是为避免测量仪表和工作人员与高压回路直接接触，保证人员和设备的安全；使测量仪表小型化、标准化；利用电流互感器扩大表计的测量范围，提高仪表测量的准确度。

953. 什么是互感器的减极性？

答：当互感器一次电流从首端流入、从尾端流出时，二次电流从首端流出，经二次负载从尾端流入，这样的极性标志为减极性。

954. 什么是电流互感器的同极性端？

答：电流互感器的同极性端是指在一次绕组通入交流电流，二次绕组接入负载，在同一瞬间一次电流流入的端子和二次电流流出的端子。电流互感器为减极性时，一、二次绕组的首端 L1 和 K1 称为同极性端。

955. 用直流法如何测量电流互感器的极性？

答：（1）将电池"＋"极接在电流互感器一次侧的 L1，电池"－"极接 L2。

（2）将万用表的"＋"极接在电流互感器二次侧的 K1，"－"极接 K2。

（3）在开关合上或电池接通的一刻万用表的毫安档指示应从零向正方向偏转，在开关拉开或电池断开的一刻万用表指针反向偏转，则其极性正确。

956. 在使用穿芯式电流互感器时，怎样确定电流互感器一次侧的匝数？

答：（1）根据电流互感器铭牌上安培和匝数算出该电流互感器设计的安匝数。

（2）用所算安匝数除以所需一次电流数，所得即为一次侧匝数（一定要整数），即

$$匝数 = \frac{设计安匝数}{所需安培数}$$

（3）一次线穿过电流互感器中间孔的次数，即为电流互感器的一次侧的匝数。

957. 简述电压互感器的结构、作用。

答：电压互感器由彼此绝缘的两个（或几个）绕组及公共铁芯构成。

主要作用如下：

（1）将交流高电压变成标准电压可直接测量的交流低电压。

（2）使高电压回路与测量仪表及维护人员隔离。

958. 三相三线制电能计量装置的电压互感器高压侧为什么不接地？

答：因为三相三线制电能计量装置计量的线路大多为中性点非有效接地系统的高压线路，为了避免一次侧电网发生单相接地时，产生过电压使电压互感器烧坏，故电压互感器高压侧不接地。

959. 简述带电检查电能表接线是否正确的方法。

答：带电检查电能表接线是否正确的方法有相量图法和力矩法。相量图法包括相位表法和六角相量图法；力矩法包括断 B 相电压法和 A、C 相电压置换法。

960. 什么是 A/D 变换？

答：A/D 变换即将电压、电流等模拟量转换为相应的数字量。

961. 单相电能表在火线和零线互换情况下是否能正确计量？

答：单相电能表在火线和零线互换情况下仍能正确计量，但当负荷侧存在接地漏电时会少计电量，同时也会给用户造成方便窃电的条件。

962. 三相四线电能表在电流回路分别断开或短接一相、二相、三相的情况下能否正确计量？计量电量为多少？

答：（1）一相开路时，一个元件的测量值为零，电能表仅计量两相电量。

（2）二相开路时，两个元件的测量值为零，电能表仅计量一相电量。

（3）三相开路时，三个元件的测量值均为零，电能表停转。

963. 霍尔乘法器实现静止式电能表的主要优缺点是什么？

答：优点：（1）频率响应宽。

（2）可以不需要电流互感器，不存在引入互感器的误差。

（3）电压、电流回路彼此独立。

（4）检测和校准相当容易，且线形也较好。

缺点：工艺复杂，精度也不容易达到很高。

964. 什么是需量和最大需量？

答：需量指的是每个需量周期内的平均功率。

最大需量指的是某段积算时间内各需量中的最大值。

965. 什么是复费率电能表？

答：复费率电能表是指有多个计度器分别在规定的不同费率时段内记录有功或无

功电能的电能表。

966. 什么是多功能电能表？

答：多功能电能表是指由测量单元和数据处理单元等组成，除计量有功（无功）电能量外，还具有分时、测量需量等两种以上功能，并能显示、储存和输出数据的电能表。

967. 电子式电能表中电源降压电路的实现方式有哪几种形式？

答：（1）变压器降压方式。

（2）电阻或电容降压方式。

（3）开关电源方式。

968. 多费率电能表通常由哪几部分组成？

答：多费率电能表按常用功能划分，通常由电能采样回路单片机、存储器、时钟回路、显示器、脉冲输出、通信接口、复位电路、电源电路等部分组成。

969. 单相电子式电能表的脉冲输出正常，显示器电量输出也一定正常吗？

答：单相电子式电能表的脉冲输出正常只能说明该表的电压、电流采样是正确的，基本误差是符合要求的，但不能代表显示器电量输出也一定正常。

目前，绝大多数居民用电子表在设计上是这样处理的：端钮脉冲直接从计量芯片送出，而供电量累计的脉冲则通过 CPU 进行计算后送出，这里有个脉冲常数的换算问题，如果常数正确，则该电子表的端钮脉冲输出数与累计的电量相符；如果常数错误，就会出现误差正常，但电量错误的现象。

970. 复费率电能表的时钟回路有哪几种实现方式？

答：（1）机械钟。其工作过程类似于机械手表，完全通过齿轮的传动，产生时间信号。

（2）由时钟芯片，锂电池等器件构成的时钟回路，产生时间信号。

（3）利用单片机程序通过对单片机内部或外部定时中断的计数，计算出实时时间。

971. 具有正、反向送电的计量点应装设什么样的电能表？

答：具有正、反向送电的计量点应装设计量正向和反向有功电量以及四象限无功电量的电能表。

972. 三相三线制电能计量装置的电压互感器高压侧为什么不接地？

答：因为三相三线电力系统为中性点非有效接地系统，如果电压互感器高压侧中性点接地，当系统发生单相接地时，电压互感器的承受电压由原来的相电压上升为线电压。为避免一次侧电力系统发生单相接地时，产生过电压烧坏电压互感器，所以电压互感器高压侧中性点不宜接地。

973. 如何确定电能表的标定电流？

答：经电流互感器接入的电能表，其标定电流宜不超过电流互感器额定二次电流的

30%，其额定最大电流应为电流互感器额定二次电流的120%左右。直接接入式电能表的标定电流应按正常运行负荷电流的30%左右进行选择。

974．执行功率因数调整电费的用户，应安装什么样的电能计量装置？

答：执行功率因数调整电费的用户，应安装能计量有功电量、感性和容性无功电量的电能计量装置。

975．有功、无功电能表的概念是什么？

答：有功、无功电能表是分别用来计量电能的有功、无功部分即视在功率的有功、无功分量和时间的乘积的累积式仪表，其测量结果是在某一段时间内电路里所通过电能的总和。

976．电能计量装置哪些部位应加封？

答：电能计量装置下列部位应加封：

（1）电能表两侧表耳和编程开关盖板。

（2）电能表尾盖板。

（3）试验接线盒盖板。

（4）电能表箱（柜）门锁。

（5）互感器二次接线端子。

（6）互感器柜门锁。

（7）电压互感器一次侧隔离开关操作手柄。

（8）独立就地端子箱或端子盒。

977．何谓计度器容量？我国对计度器容量有何规定？

答：电能表在额定最大功率下运行，计度器各位字轮的示数都从"0"变到"9"所需要的时间，用计度器容量来说明。我国规定计度器容量应不小于1500h。

978．多费率电能表的日计时误差为何要严格控制？

答：多费率电能表的时钟是控制费率切换的根本依据，时钟的准确与否会直接影响分时计量的准确性，其在电能计量中的地位不亚于基本误差。因此，对复费率电能表的检定，必须严格控制其日计时误差。

979．多费率电能表的显示器有哪几类？各有什么优缺点？

答：多费率电能表的显示器有三种：LED数码管显示器、LCD液晶显示器、FIP荧光数码管显示器。

LED数码管显示器的优点是响应速度快，使用温度的范围较大，视角大，使用寿命长；缺点是功耗大。

LCD液晶显示器的优点是功耗小；缺点是在高、低温条件下使用寿命将明显缩短，而且视角小，不可受强光直射，潮湿的环境也会使液晶显示器表面电阻降低，造成显示不正常。

FIP荧光数码管显示的字形漂亮，但功耗大，使用寿命较短，一般很少使用。

980. 为什么电子式标准电能表的测量方式大多采用热电转换型或时分割乘法器型？

答：热电转换型和时分割乘法器型具有精度高、成本低、启动电流小、电磁兼容性好、外磁场影响小等特点。尤其是热电转换型的电能表，在很低的功率因数和带很大波形畸变的电路中测量精确，而时分割乘法器型则具有较低的温度漂移和时间漂移。因此，大多数标准电能表的测量方式采用热电转换型或时分割乘法器型。

981. 简述时钟芯片的作用。

答：时钟芯片主要是为 CPU 提供准确的时间，以使 CPU 判断当前所处的时段。

时钟芯片与 CPU 有两条信号线，分别让 CPU 读出时间和写入时间，时钟芯片与 CPU 的数据交换是时时刻刻在进行的，这样保证了 CPU 与时钟芯片在时间上的一致性。

982. 互感器或电能表误差超出允许范围时应怎样退补电量？

答：互感器或电能表误差超出允许范围时，以"0"误差为基础，按验证后的误差值退补电量。退补时间从上次校验或换装后投入之日起至误差更正之日止的 1/2 时间计算。

983. 更正系数的计算公式是什么？

答：因为电能表无论是在正确接线还是在错误接线的情况下测定的电量都与加入的功率成正比，故可以根据功率表达式算出更正系数。

先根据错误接线时的接线方式求出误接线时的功率表达式，再算出更正系数 K。

984. 差错电量 ΔW 的计算公式及计算结果正负值的含义分别是什么？

答：根据更正系数 K 可算出实际消耗电量 W_0，再算出差错电量 ΔW，即 $\Delta W = W_0 - W = KW - W = (K-1)W$

计算结果如 ΔW 为正值，说明用户应补交电费；如 ΔW 为负值，说明应退给用户电费。

985. Q/GDW 354—2009《智能电能表功能规范》中"断相"指什么？

答：断相是指在三相供电系统中，某相出现电压低于电能表的临界电压，同时负荷电流小于启动电流的工况。

986. Q/GDW 354—2009《智能电能表功能规范》中"掉电"指什么？

答：掉电是指三相电压（单相表为单相电压）均低于电能表临界电压，且负荷电流不大于 5%额定（基本）电流的工况。

987. 智能电能表投入运行后，通过哪些主要指标分析评价其运行质量和监督管理水平？

答：智能电能表投入运行后（简称运行表），综合确定运行表抽检率、运行表抽检合格率、运行表分批故障率、运行表分类故障率、运行表批次不合格率和运行表可靠率指标，分析评价智能电能表运行质量和监督管理水平。

参 考 文 献

［1］刘铜锁. 供电服务知识与技能题解. 北京：中国电力出版社，2016.

［2］刘铜锁. 互联网＋电力营销服务新型业务知识及案例解析. 北京：中国电力出版社，2018.

［3］刘鹏. 云计算（第三版）. 北京：电子工业出版社，2015.

［4］杨正洪. 智慧城市 大数据、物联网和云计算之应用. 北京：清华大学出版社，2014.